英国宪章运动史

沈汉 著

图书在版编目(CIP)数据

英国宪章运动史 / 沈汉著. — 北京：商务印书馆，2021
ISBN 978-7-100-19372-6

Ⅰ.①英… Ⅱ.①沈… Ⅲ.①宪章运动（1837—1848） Ⅳ.①K561.43

中国版本图书馆CIP数据核字（2021）第005881号

本书由教育部创建"双一流"大学基金
和南京大学人文基金赞助出版

权利保留，侵权必究。

英国宪章运动史
沈汉 著

商 务 印 书 馆 出 版
（北京王府井大街36号 邮政编码 100710）
商 务 印 书 馆 发 行
北京兰星球彩色印刷有限公司印刷
ISBN 978-7-100-19372-6

2021年9月第1版　　开本 850×1168　1/32
2021年9月第1次印刷　印张 13　1/8

定价：88.00元

序 一

〔美〕格奥尔格·伊格尔斯
（国际历史科学委员会史学史和史学理论委员会前主席）

我以极大的兴趣读了收入这本文集的沈汉教授的论文的英文摘要，但是要对他关于英国历史发展，特别是农业领域发展的论文做出评述，我感到踌躇，因为我对关于这个题目大量的论辩的著述只有有限的知识。但是，指导他对英国经济和社会从封建主义向资本主义转变做出分析的理论假定，给我留下了极为深刻的印象。他的研究从马克思主义关于历史过程和经济作用的概念出发，但是随后把它们置于细致的考察和修正之中。诚然，存在着一种朝着近代社会的发展，但是这种发展极为复杂。强调社会和经济的复杂性，是沈汉进行历史洞察的核心。沈汉告诫我们，无法把封建主义视为清晰界定的类型，资本主义也同样如此。二者本质上都是等级制的。封建社会的等级制使得经济身份在构成社会结构时只具有较小的意义，他写道："在封建等级制社会中，社会集团并不是按照经济来划分的。"他指出，相反，"在近代社会的社会分层中，经济起了决定性的作用"，但并不是起着排斥其他一切的作用。其他的事实如文化也起了重要的作用。而且，在封建中世纪和近代资本主义社会二者之间存在着相当的重叠。资本主义从中起源的封建社会的经济结构是多维度的，资本主义社会的经济结构同样也是多维度的。中世纪的经济不完全是封建经济，同样，19世纪英国经济也不完全是资本主义经济。封建主义和资本主义甚至被马克思当作一种类型，当然，在《资本论》中，马克思比许多晚期马克思主义者更了解，还存在着不符合这种类型的其他方面。这样，在工业社会中存在着无产阶级和资产阶级两个阶级的概念就不能不只是相对的了。这样，就假定在19世纪资本主义的英国，在农村从家庭农场主到资本主义农场主之间存在一个谱系；在工业部门，从小作坊主到大工业家之间也存在一个谱系。这样，在历史发展阶段或社会诸阶级之间，并没有一个清晰的界限。如沈汉所说，总是"存在着一个复杂的过渡带"。他的社会和历史的概念接近于E. P. 汤普森对英国社会的探讨，后者不是把大工人阶级主要看作经济力量所形成的，尽管这起着重要的作用。但是，他们在进入近代工业社会时，深深地植根于过去的意识参与了构造这个世界，而不完全由这个世界来构造。此外，和汤普森一样，沈汉在描绘世界发展时，并不像马克思对社会历史发展阶段的公式化表述，而是在写一部特性化的英国史，而且甚至把这部历史看作是极为复杂的和多维度的。他这样强调，他所说的历史主体"处于特别的时间和地点环境的影响下"。这样，我们必须谨慎地用形态学的手段探讨历史。因此，他在论及历史形态的单个形式时，认为它是以"个性化"的形式表现出来的。沈汉这样就把必要的对社会和经济史的类型学描述与对历史复杂性的了解结合起来，同时注意到了类型学的局限性。我感到遗憾的是，我无法阅读由中文撰写的这些论文。它们也应当为英语读者公众所知。它们提供了如何探讨历史的重要思想。

2012年

纽约州立大学布法罗分校

序 二

陈崇武

（华东师范大学教授）

商务印书馆决定出版沈汉教授的多卷本史学文集，我认为这不仅对他本人，而且对世界史学界也是一件好事，值得庆贺。

读了沈汉教授的著作，有几点特别值得一谈。

首先，著作等身，成果斐然。

三十余年来，沈汉教授已写出的著作有十七部。其中包括《资本主义史》《世界史的结构和形式》《西方社会结构的演变——从中古到20世纪》《欧洲从封建社会向资本主义社会过渡研究——形态学的考察》《英国土地制度史》《英国宪章运动史》《非资本主义、半资本主义和资本主义农业——资本主义时代农业经济组织的系谱》《资本主义国家制度的兴起》《中西近代思想形成的比较研究——结构发生学的考察》等。此外，他还有译著五部，如《资本主义社会的国家》《宗教和资本主义的兴起》《共有的习惯》《近代国家的形成——社会学导论》等。著译作已有好几百万字。

我是搞世界史教学和研究的过来人，深知在世界史领域能写出一部有学术价值的专著谈何容易。有的学者一辈子能写一两本就算不错了。而像沈汉教授这样著作等身的确实不多，使我十分感叹。

沈汉教授的著作每本都下了很大的功夫。例如为写《英国土地制度史》一书，他曾多次到英国访问研究，尤其在雷丁大学乡村史中心和东盎格利亚大学历史学院做了半年研究，是在搜集和参考了18世纪英国各郡农业调查报告、英国农业渔业部出版的《1866至1966年大不列颠一个世纪的农业统计》等原始资料和数百种研究专著论文的基础上写成。比如写《资本主义史》及《非资本主义、半资本主义和资本主义农业——资本主义时代农业经济组织的系谱》，都引用了数百种外文资料。他的著作资料翔实，内容丰富，质量上乘，给人面目一新的感觉。

其次，善于吸收，锐意进取。

与某些见洋不食、故步自封、孤陋寡闻的史学家不一样，沈汉教授善于引进并吸收外国史学研究的最新成果和方法，融会贯通，成为自己学术研究的新鲜血液。如他对 E. P. 汤普逊、布罗代尔、勒高夫、拉布鲁斯、波朗查斯、密里本德等情有独钟。对国外诸多流派，如形态学、结构学、计量学、社会学等的研究成果和方法，加以有舍取的吸收，使其为己所用。他在吸收外来各学派及代表人物的研究成果和方法时，绝不囫囵吞枣、全盘照搬，而是经过自己消化，去伪存真，扬弃其糟粕，吸收其精华。他对某些权威学者的学术观点并非亦步亦趋，而是大胆挑战和质疑。如对诺贝尔经济学奖得主诺斯和托马斯"17世纪英国已经确立了土地绝对产权制度"的观点、勒高夫关于中世纪知识分子的分类方法、马克斯·韦伯对资本主义的定性，甚至马克思主义者关于资本主义起源于农业的论点等都提出了质疑。这是一种很值得赞扬的研究精神和态度。正因为如此，他所写的著作给人以与时俱进、不断创新的印象。

第三，把理论、史料、现实三者融为一体。

在我看来，史学研究中只有把理论、史料、现实三者密切结合，才能写出较好的著作，攀登史学研究的制高点。史学研究如果没有史料就等于是无米之炊；但如果没有理论也等于一个人只有躯壳而没有灵魂；如果没有现实感，史学研究也会失去价值和活力。从沈汉教授的著作来看，他能把三者巧妙地结合起来，犹如一位有经验的交响乐团的指挥，驾驭自如，游刃有余。例如在《资本主义国家制度的兴起》一书中，他在史料研究的基础上，能对马克思主义政治学必须包含的理论范畴做出阐述，这为未来我国政治体制的改革有理论启示，从而把史学研究推向一个有活力的更高阶段。

"宁静致远""淡泊明志"。从沈汉教授著述的内容和学术历程来看，他所走的是一条甘愿坐冷板凳、孜孜于埋头做学问的学术道路。沈汉教授之所以能写出如此多有分量的作品，固然是他的天赋使然，但更重要的是他的勤奋所致。

商务印书馆决定给沈汉教授出版文集，这不仅是对他本人的史学成果的充分肯定，也是对我们世界史学界同仁的莫大鼓舞和鞭策！

2018 年 2 月 25 日

致　谢

回首一顾，治史已四十载。教学之余，游走于英、法、德、奥、意、比、美诸国，结交友人，搜集历史资料，借火铸剑。时至今日，涉猎之英国宪章运动、英国议会政治史、西方国家制度史、西方社会结构史、欧洲从封建主义向资本主义过渡研究、英国土地制度史、20世纪60年代西方学生运动史、资本主义史、英国近代知识分子形成、资本主义时代农业经济组织研究、中西近代思想形成比较研究诸题均已完成，此外有译著几种出版，可聊以自慰。

新世纪某一年我在意大利都灵逗留时，东比埃蒙特大学埃多阿多·托塔鲁鲁教授（Professor Edoardo Tortaloro）某一日突然问起我为何不著一自传？友人之语醍醐灌顶，自己方才醒悟，埋头笔耕，不觉岁月已经流逝，已到了对自己以往的文字和思想做一整理的时候。遂有了汇编出版著述之替代计划。

《沈汉集》出版得到商务印书馆总编辑陈小文先生的鼎力支持。著名国际史学理论家、国际历史科学委员会史学史和史学理论委员会前主席格奥尔格·伊格尔斯教授（Professor Georg Iggers）为我忘年之交，知我甚深，在90岁高龄时允诺为我的著作集作序，我遂将各书提要寄去，不想他突染沉疴，骤然仙逝。现在只好将格奥尔格之前为我的自选论文集《世界史的结构和形式》题序转印于此，作一替代。华东师范大学历史系前系主任、世界史著名学者陈崇武教授在86岁耄耋之年欣然应邀为《沈汉集》作序。《沈汉集》的出版得到教育部创建"双一流"大学基金和南京大学人文基金的资助。

《沈汉集》出版,实为一介书生之幸事。上下求索间得到众多基金会资助和友人支持,在此一并致谢。

沈　汉
2021年7月

目 录

前 言 1

第一编　宪章运动的酝酿

第一章　宪章运动发生的社会经济背景 7
　城市的扩大和工人人数的增加 8
　工厂和矿山工人的状况 9
　手织工人的悲惨状况 11
　爱尔兰移民的遭遇 12
　工人实际生活水平低下 13
　早期工会运动 14
　鲁德运动 15
　威廉·科贝特和亨利·亨特 16
　批判资本主义的经济思想家和早期空想社会主义者 17
　伦敦技工学院　伦敦手工工匠中先进分子的成长 20

欧文早期的活动及欧文主义对工人阶级民主派的影响............... 22

第二章　宪章运动前夜的工人运动和民主运动............... 25
  不列颠促进合作知识协会和激进改革协会............... 25
  工人阶级全国联合会的成立............... 26
  《贫民卫报》和反印花税法运动............... 28
  1832年议会改革............... 31
  工人阶级阶级斗争理论的形成　布朗特里·奥布莱恩............... 33
  威廉·本鲍和"全国休假日"............... 37
  工会运动的新高潮............... 38
  科德巴思场事件　工人阶级全国联合会的分裂............... 40
  全国各业统一工会的兴衰............... 41
  托尔普都尔农业工人审判案............... 42
  工厂立法运动............... 44
  反对新济贫法运动............... 45
  奥康诺和激进政治协会............... 46

第二编　宪章运动的第一次高潮

第三章　宪章运动的兴起............... 51
  伦敦工人协会的成立............... 51
  1837年2月请愿书的提出............... 54

奥康诺和普选权俱乐部 ... 55
英格兰北部工人的发动 ... 57
东伦敦民主协会的建立　朱利安·哈尼 ... 57
格拉斯哥纺织工人大罢工 ... 59
《人民宪章》的起草 ... 60
伯明翰政治同盟的复兴 ... 61
工业区的工人阶级投身宪章运动 ... 63
奥康诺和《北极星报》 ... 64
大北联合会的成立 ... 67
《人民宪章》和《全国请愿书》的发表 ... 69
宪章派内部的分歧和争论 ... 73
"道义"和"暴力"政策的分歧 ... 76
推选国民大会代表的群众大会 ... 78

第四章　宪章运动的第一次高潮 ... 81

国民大会召开的背景 ... 81
国民大会的开幕　第一阶段的活动 ... 86
兰尼卢暴动 ... 94
国民大会的第二阶段 ... 99
牛场事件 ... 105
第一次请愿失败 ... 107

"神圣月" 109

国民大会在第一次宪章运动高潮中的组织和领导作用 117

左翼宪章派的暴动 119

卢卑克暴动 121

新港起义 123

设菲尔德和布雷德福起义 129

资产阶级政府的反革命两手政策 131

宪章派对于第一次高潮的总结 136

对宪章派的逮捕和审讯 137

第三编　宪章运动的第二次高潮

第五章　宪章运动的复兴和全国宪章协会 143

各种复兴宪章运动的计划 144

1840年7月曼彻斯特代表会议　全国宪章协会的成立及组织计划 147

全国宪章协会的特点 149

洛维特和柯林斯的"教育计划"　宪章派禁烟、禁酒运动和宪章派教会 152

宪章派的土地要求和奥康诺的计划 157

宪章派和里兹议会改革协会的斗争 159

宪章派和反谷物法同盟的斗争 162
宪章派和1841年大选 166
斯特季和全国选举协会4月会议 170

第六章 1842年英格兰北部工人大罢工和第二次全国请愿 175

1842年英国工人的悲惨状况 175
宪章派请愿的酝酿和准备 177
第二次请愿书及请愿书的性质 179
请愿后的宪章运动 184
1842年夏季总罢工的酝酿　工会和宪章运动 185
斯塔福德郡矿工的罢工 188
罢工的中心地区　兰开郡东南部的罢工 189
总罢工的爆发　罢工的第一阶段 191
曼彻斯特的罢工 192
罗其代尔和斯托克堡等地的罢工 197
普雷斯顿工人和警察的斗争 199
工会代表会议的筹备　曼彻斯特大会 201
曼彻斯特工会代表大会 203
宪章派国民大会和大罢工 206
总罢工的第二阶段 209
大罢工的余波 213

托利党格拉姆政府的镇压措施 214
　　1842年秋季对罢工被捕者的审讯 217
　　全国选举协会12月大会　宪章派同资产阶级激进派
　　　　决裂 224

第四编　宪章运动的第三次高潮

第七章　宪章派土地计划和国际主义活动 233
　　19世纪40年代经济发展的趋势和宪章运动的衰落 233
　　奥康诺的土地计划 235
　　伯明翰宪章派国民大会 236
　　哈尼和恩格斯最初的会见 238
　　合作运动的兴起 238
　　宪章派同自由贸易派的斗争 240
　　宪章派和工会运动 242
　　恩格斯和《英国工人阶级状况》 243
　　民主兄弟协会的创立 246
　　宪章派土地计划的实施 250
　　宪章派对土地计划的批评 253
　　对于英国是否具备了革命形势的讨论 256
　　厄内斯特·琼斯 260

宪章派和1846年克拉科夫起义 262

围绕自由贸易展开的斗争 264

1847年的大选　奥康诺当选为议员 267

第八章　1848年欧洲革命和宪章运动第三次高潮 270

革命风雨的前奏 270

宪章派和法国二月革命 272

3月伦敦的发动 274

4月宪章派国民大会 277

资产阶级的恐慌和政府的反革命措施 280

4月10日肯宁顿公地集会　向议会递交请愿书的游行 282

国民大会和国民会议 285

伦敦宪章运动的继续发展 287

宪章派左翼和巴黎无产阶级的六月起义 289

布雷德福等地宪章派的斗争和爱尔兰起义 291

8月15日伦敦宪章派起义计划的失败 292

宪章派的被捕和审讯　起义的总结 294

宪章派土地公司的破产 294

琼斯思想的进步 295

宪章派与资产阶级改革派妥协的倾向 297

休谟派和"小宪章" 298

奥布莱恩和全国改革同盟 299
哈尼同奥康诺的斗争 301
重组民主兄弟协会 303
宪章派伦敦代表会议 305

第五编　宪章运动的最后阶段

第九章　宪章运动的最后阶段 309
1848 年以后的历史环境和宪章运动发展的趋势 309
哈尼、厄内斯特·琼斯同奥康诺派的斗争 315
曼彻斯特协商会议的失败 320
宪章派国民大会和 1851 年纲领 321
哈尼同马克思、恩格斯的分歧 325
厄内斯特·琼斯创办《寄语人民》 329
全国宪章协会执委会的分裂和改选 330
厄内斯特·琼斯和基督教社会主义者在哈利法克斯的
　　辩论 331
《人民报》创刊 335
1852 年大选 337
宪章派和工会运动　普雷斯顿大罢工 339
1854 年工人议会 341

宪章派和克里米亚战争 343

1858年代表大会和哈利法克斯宪章派组织的消失 345

老宪章派继续在活动 347

宪章运动衰落的原因 348

结语：工人阶级和资产阶级民主运动 ... 351

参考文献 ... 354

大事年表 ... 374

译名对照表 ... 382

作者著译作目录 ... 398

前　言

英国宪章运动和法国里昂起义、德国西里西亚织工起义同属三大早期工人运动，国内迄今对它研究甚少。[①] 本书利用较丰富的资料努力重现这一运动的真实情况，致力于揭示它的特征和历史意义。

宪章运动是一场发生在特定的民主改革条件下的工人运动，从历史类型学而论，宪章运动基本上不属于严格意义上的革命运动，而属于政治运动。当然，其间不无工人暴动的尝试。宪章运动开展的时间为1836年到1858年。它发生在英国工业革命完成阶段。在这个时期，由于产业资本发展尚未成熟，新兴资产阶级在政治上亦未成熟，加之英国17世纪资产阶级革命的不彻底，到19世纪上半叶，英国的政治生活中仍保留着浓厚的贵族政治残余，资产阶级民主改革的任务尚未在英国完成。而此时英国两个有产阶级政党辉格党和托利党在资产阶级民主改革的历史性目标前已极其懦弱，他们无力去完成资产阶级政治民主化的任务。这一政治任务就历史地落到刚刚走上政治舞台的英国工人阶级肩上。参加宪章运动的主体是工人阶级，作为一个新兴阶级，他们意识到自己的目的是要争取工人的经济社会解放，他们

---

① 关于国外到20世纪80年代初对宪章运动的研究情况，见沈汉：《欧美宪章运动史学的演进》，《史学月刊》1984年第9期，第87—92页。

中的先进分子并不满足于争取政治民主的目标。所以，在宪章运动中便围绕着运动的纲领、非法的社会革命道路和合法的政治改革的路线之间的冲突和抉择。本书注意揭示英国民主政治的传统对于宪章运动这个独立的工人运动的巨大影响，同时更着力地揭示了宪章派超出彻底的资产阶级民主运动纲领的社会性要求，说明宪章运动是一个不同于过去诸多资产阶级民主运动的工人运动。本书同时说明了工人运动是过去一切进步的民主传统的继承。在工人运动历史上，独立的工人运动同左翼资产阶级民主运动之间并没有天壤之别，而有着不可分的密切联系。这对于历史地理解西方民主运动是有意义的。

宪章运动是一场规模空前的有数百万人参加的群众运动。本书汲取了研究群众运动和革命运动的拉布鲁斯学派的方法，努力揭示这场大规模的群众运动发展、盛衰的内在规律。本书通过研究说明，群众运动的领袖受到了一些理论思想的影响，他们较为成熟、较富有理智，而这场工人运动的广大参加者，却是在现实的直接的每况愈下的政治经济处境压迫下而投身到这场运动中来的。宪章运动的兴衰集中地表现在其群众性上，群众的境况和群众的情绪直接决定着运动的兴衰，运动领导人提出的纲领和口号主要通过群众影响于运动的兴衰，而当时影响工人群众生活状况的英国经济危机和波动则在运动的起伏兴衰中起了潜在的决定作用。宪章运动在19世纪40年代中期以后的急剧衰落，其原因不仅在于宪章运动内在的弱点，而且尤其是与资本主义进入黄金时代造成的工人生活状况的改善直接相联系。

宪章运动是马克思主义诞生以前发生的早期工人运动之一。过去学术界特别是理论界称之为"自发的"工人运动，对其思想成果注意甚少。宪章运动时期的资料表明，奥布莱恩和哈尼等优秀工人领袖凭借激进民主运动的经验和工人阶级的体验，对社会阶级的划分和阶级斗争的存在、有产阶级国家的本质、劳动价值论和资本主义剥削的实际，做出了深刻和清晰的理论阐述。他们的理论成就，尽管还有弱点，但今天来看仍使我们惊叹不已。这些思想成果是无产阶级思想宝库中最初的珍品，在近代政治思想史中亦占有重要的地位。更使人感兴趣的是宪章运动与马克思主义科学理论的诞生是否有一定的直接联系。宪章运动的大量资料表明，马克思和恩格斯在宪章运动时代即展开其早期活动，他们与宪章运动的领袖建立了友好的关系，宪章运动和宪章运动左翼思想家的理论对于马克思主义诞生看来起过一定的影响。本书充分肯定了宪章运动在理论层次上所取得的成就，同时也比较和分析了宪章运动时期工人活动家阶级斗争理论的弱点。

本书还对宪章运动内部围绕策略的派别斗争、工人政治民主派与欧文主义者及小资产阶级民主派、资产阶级改革派之间的关系、宪章运动地区中心的转移提出了独立的研究评价结论。

本书的撰写始于 80 年代初。当时我完成了研究生学位论文《论伦敦工人协会和宪章运动》，拟定了撰写一部宪章运动研究专著的计划。我有幸和英国研究宪章运动史的著名学者多萝西·汤普森（Dorothy Thompson）建立了联系。在我以后的对宪章运动的研究和对其他课题的研究中，她给予了我极大的帮助。1984 年底到 1985 年初，我得到英国爱丁堡大学和英国文化委员会的资助，短期访问英国，有机会浏览了伦敦大英博物馆手稿部和图书馆、英国公共档案馆、伦敦大学历史研究所、伦敦大学图书馆、伦敦政治经济学院图书馆、伦敦主教门学院图书馆、爱丁堡国立图书馆等处收藏的有关档案、报刊，阅读了在国内未读到的研究宪章运动的著作，终使本书得以完成。

在本书出版之际，我谨向在研究宪章运动中帮助过我的学者，尤其是多萝西·汤普森表示由衷的谢意。

第一编　宪章运动的酝酿

第一章　宪章运动发生的社会经济背景

英国的宪章运动发生在19世纪30年代至50年代，这是英国工业革命的完成时期和在政治社会领域发生巨大变动的时期，又是资产阶级和小资产阶级各种流派的激进思想和空想社会主义思潮在英国社会广泛传播的时期。工业革命造成的新的剥削关系、工业革命带来的社会阵痛、资本主义周期性的经济危机和萧条以及自然灾害都对英国工人阶级的生活造成了很大的影响，资产阶级议会改革运动也以空前的规模进一步展开。宪章运动就是在这样一种复杂的社会变革环境中发生的。

从18世纪60年代开始的工业革命到19世纪30年代末基本结束，工业革命给英国社会带来巨大的社会变动。随着英国近代工业的迅速发展，从工厂制中产生了新兴的资产阶级和无产阶级，生产方式发生根本性的变化，生产力大大提高。机器和机床的生产刺激了金属的生产，新发展起来的冶金工业使用焦炭而不再使用木炭，采煤、冶金和机器制造业在经济中居于重要地位。随着技术革命，运输工具也发生了变革。1825年英国建成了第一条铁路，而早在1812年第一艘轮船就在克莱德河上航行了。在工业革命中，英国的经济地理也发生了重要的变化，煤铁资源集中的地区如英格兰中部的伯明翰和科尔比附近的南斯塔福德煤田、北部纽卡斯尔地区、威尔士南部煤铁产区，以及兰开郡、约克郡和柯拉斯哥纺织工业区开始蓬勃发展。工业革命在英国造成的经济地理重心的转移和各行业发展趋势的变化直接影响到英国政治民主运动活跃中心的转移和工人运动中积极分子社会构成的变动，这在宪章运动中直接表现了出来。

城市的扩大和工人人数的增加

在工业革命中短短的数年里，原先是零散村落的地方现在形成了一个个工业区。新兴的工业城镇拔地而起，吸引了大批农业人口流入城市，城市人口迅速增加。例如，伯明翰在1801年有居民71000人，1842年增至183000人；里兹的人口从1801年的53000人增加至1841年的152000人，同期布雷德福的人口由13000人增加到67000人。[1] 曼彻斯特在1760年有17000人，1841年英国从事工商业的家庭为1229000户，占全国总户数的48%。[2] 一个人数众多力量强大的工人阶级已逐步形成。

机器生产不仅创造出大量的产品，而且也摧毁着传统的手工劳动。工业革命期间，机器生产的发展使手工工人的数量急剧减少。从1812年至1826年，32家使用手工劳动的花布工厂有26家倒闭，有半数以上的手工印布工人日渐衰落而无力扩大生产规模。[3] 但这一变革过程是逐渐进行的，到19世纪30年代宪章运动前夜，英国的产业工人阶级仍处于发展过程中，英国经济还远未达到工业化。即使在新

---

[1] 霍普金斯：《英国工人阶级简史》，伦敦1979年版，第18页。
[2] 霍普金斯：《英国工人阶级简史》，第2页。
[3] 西伯尔：《手机织工：英国工业革命时期棉纺织工业之研究》，剑桥大学出版社1969年版，第31页。

兴工业部门中，雇佣工人所占的比例、工厂的大小、机器的使用程度、工资水平等情况也相差甚远。工业劳动力具有各种异质的成分，其中有大量新招募进来的成分，工人还未形成同质的产业无产阶级。而工人运动的积极参加者、半无产阶级成分仍占相当的比例。[1]

工人队伍构成的复杂成分使得工人运动各派别的纲领和口号差别很大。有产阶级两个政党围绕政治权利进行的竞争、资产阶级和小资产阶级激进派的宣传鼓动也深深地影响着尚未成熟的工人运动。

工厂和矿山工人的状况

工厂在使用机器之后，工人的劳动密度成倍地增长了。在奥德姆使用骡机的纱厂中，1841年工人每分钟的动作是1814年的3倍，工人每天在车间里所走的路程则由原来的12哩增加到将近30哩。[2] 1844年艾释黎勋爵在下院证实说："在制造过程中雇佣工人的劳动量是开始实行这些操作时的3倍。""1815年工人在12小时内看管两台纺40支纱的走锭纺纱机等于步行8哩。1832年，在12小时内看管两台纺同样支纱的走锭精纺机所走的距离等于20哩"，"1819年蒸汽织机每分钟打梭60次，1842年是140次"，劳动强度大大增加了。[3]

工人的劳动时间很长，1832年以前工人每天通常工作12小时以

---

[1] 多布：《资本主义发展之研究》，伦敦1946年版，第265页。布里格斯：《宪章运动的再考察》，载罗伯特（主编）：《历史研究》，1959年，第43页。
[2] 弗斯特：《阶级斗争和工业革命》，伦敦1979年版，第91页。
[3] 艾释黎勋爵：《十小时工厂法案。1844年3月15日星期五在下院的演说》，转引自马克思：《资本论》，第1卷，人民出版社1975年版，第452—453页。

上。1824年麦克斯菲尔德的雇主企图把工作时间延长到13小时。工人们无法忍受，起来展开斗争，最后迫使雇主做出让步。1825年曼彻斯特工人每天劳动时间达到12.5小时到14小时不等。长时间的劳动摧残着工人的健康。①

工厂的劳动条件恶劣，当时人曾描述了缝纫工人的工作条件：在一间16至18码长、7至8码宽的车间里，有80名工人在做工，工人们膝盖挨膝盖地坐在一起。夏季，人的体温和熨斗的温度使室内温度比室外温度高出20至30度，使人感到窒息。②据1823年的《政治纪事报》报道，泰德斯莱的纺织工人常在华氏80至84度的高温下工作。

工厂主常实行盘剥工人的实物工资制，用滞销的商品抵付工人的工资，工人深受其苦。巴恩斯利的一位矿工曾说，他宁可要17先令现金，也不要20先令的实物工资。③

1820年到1850年间，随着工业部门机械化的提高，雇主大量使用女工和童工以代替成年男工。1839年英国419560名工厂工人中，有192887人年龄在18岁以下，约占46%。根据1840年议会调查材料，一家纺织厂的245名工人中，18岁以上的女性工人为129人，18岁以下的女性工人为38人；18岁以上的男性工人为42人，18岁以下的男性工人为36人。④以后，在工厂法改革运动的冲击下，工厂使用的童工人数稍有减少，但女工的比例却有增无减。

19世纪上半叶商业的波动、农业歉收和爱尔兰失业者流入等因

---

① J. L. and B. Hammond, *Town Labour*, London and New York, [1917] 1978.
② E. Hopkins, *A Social History of English Working Class, 1815-1845*, p. 5.
③ 克拉潘：《现代英国经济史》，上卷，商务印书馆1964年版，第691页。
④ 《议会文件》，1840年；西伯尔：《手机织工》，第607页。

素，造成了从拿破仑战争到1830年初失业流浪者明显增加了。机器的大量使用夺去了大批从事手工业劳动的工人的工作，圈地运动使成千上万失去土地的农民涌入城市，成为失业人口的一部分。而从1825年开始发生的周期性经济危机则加剧了失业现象。在考文垂，1831年12月有2/3的织布机停工。① 1837年春，曼彻斯特及附近地区，许多工厂每周只开工4天，数以千计的手工织工被解雇。1837年到1838年的那个冬天，各工业中心都有大量织布机被弃置。② 在1841年至1842年的萧条时期，利物浦的一个区，锻工和引擎工失业率达25%，德比的机械工人和造船工人失业率为50%，利物浦制鞋工人的失业率略低于50%，而该城裁缝则有2/3失业。博尔顿在1842年几乎所有行业的失业率都在50%以上，有的竟达到87%。③ 梅休估计说，通常情况下450万工人中只有150万人能持续就业，150万人处于半失业状况，另外150万人则为失业人口。日后成为宪章运动活跃地区的佩斯利、贝德福德、森德兰等地的失业率都很高，而且持续时间很长。④

手织工人的悲惨状况

在工业革命后期的英国，受机器生产排挤的工人如梳毛工、印布工、手机织工、编织工、制纽扣和项链工人、制靴及制鞋工，以及

---

① 霍威尔：《宪章运动》，曼彻斯特大学出版社1925年版，第13页。
② 罗森不拉特：《宪章运动的社会经济方面》，伦敦1967年版，第59页。
③ 泰勒（主编）：《工业革命时期英国的生活水平》，伦敦1980年版，第70页。
④ 戴维·琼斯：《宪章运动和宪章派》，企鹅丛书1975年版，第116—117页。

农业工人,在19世纪上半叶,工资都大幅度下降了。[①] 由于纺织业最早实现机械化,所以在纺织业中使用手工织机的织工遭到的打击尤其沉重。手织工人的周工资1797至1804年为26先令5便士,1832年仅有5先令6便士。[②] 据1839年宪章派国民大会的调查,布雷德福手机织工的工资1820—1838年间从20先令下降到5至6先令,在法福尔从11先令下降到5先令9便士,在内兹尔巴勒则从11先令减到7先令。[③] 根据詹姆士·凯1837年就伦敦斯宾特菲尔德手机织工状况向委员会济贫法的报告,该地区14000架手工织机有1/3没有活干,其余的织机中也有相当一部分开工不足。许多失业者在无法为生的情况下不得不加入手机织工的行列。根据议会专门委员会的统计,1834年至1835年间,棉、麻、丝、毛织业中手机织工共有840000人。[④] 他们是当时英国工人中经济处境最困难的一部分。长期的失业和半失业带来的贫困,严重地摧残着工人的身体健康。

爱尔兰移民的遭遇

1800年英爱合并法案通过后,大批爱尔兰移民移居英国,伦敦有爱尔兰贫民12万人,布里斯托尔有24万人,格拉斯哥有4万人,爱丁堡有29000人。相比之下,英格兰工人选择了有技术的工种,他们的工作条件较好,收入也较高。而大量受雇佣的爱尔兰人很少有人

---

① 《贫民卫报》第3卷,1833年8月29日,第651页。
② 《贫民卫报》第3卷,1833年8月29日,第651页。
③ 普雷斯手稿,Add.Mss.34245B。
④ 霍威尔:《宪章运动》,第14页。

干较好的工种，而且几乎都住在破房子里。① 在职业竞争中爱尔兰人很容易满足于极低的工资。雇主除了残酷榨取爱尔兰工人外，还通过雇佣爱尔兰工人以压低工厂中熟练工人的工资。爱尔兰移民大量涌入英国客观上加剧了英国工人的贫困状况。

工人实际生活水平低下

19世纪30年代初英国有相当大比例的工人极其贫困。1832年在阿尔蒙伯里，工人家庭成员每天的生活费只有2便士。工人要交纳极沉重的赋税。1834年有人做过统计，工人需把全部收入的1/2用于交纳苛捐杂税。② 工人实际收入的大部分用来购买食品。1843年索福克一个工人家庭每周收入为13.9先令。买面包用去9先令，占收入的2/3。1788至1812年，每个面包的价格由6便士上涨到20便士，而工人的工资仅从8先令增加到15先令。③ 面包价格上涨的幅度远远高于工资增长的幅度，英国工人的实际生活水平明显下降。工人的收入不能保证起码的生活需要，在1837年至1840年1月、1840年12月至1843年10月、1842年夏季、1843年2月至8月这几个时期，英国各地频繁地发生了因食品涨价引起的群众骚动。④

由于工业急速发展，人口迅速向新兴工业中心汇集，工人的居住条件成了一个大问题。在曼彻斯特，新来的工人只能把住房盖在靠近水边的河岸上，肮脏的河水的臭气弥散在工人住宅区。居住条件的

---

① 爱德华·汤普森：《英国工人阶级的形成》，企鹅丛书1979年版，第473—474页。
② 塔米斯：《工业革命文件，1750—1850年》，伦敦1971年版，第172—173页。
③ 《贫民卫报》第3卷，1833年10月12日，第325页。
④ 斯蒂芬森：《1750—1850年英国的群众骚动》，朗曼出版社1979年版，第254页。

恶劣影响到工人的健康状况和工人的寿命，工人的健康状况成为一个重大的社会问题。

早期工会运动

尽管工人阶级到工业革命后期才最后形成，英国的工会运动却在工业革命结束以前很久，甚至在工业革命大规模开展前，便已经非常活跃。最早的工会是在手工纺织业、矿工中组织起来的，它具有行业工会的色彩。早在1710、1744、1750和1765年，英格兰东北沿海的矿工曾进行罢工，发生骚乱，有几次曾烧毁存煤，捣毁矿井。1726年，萨默塞特等两个郡的织布工人曾向国王呈诉织布业雇主欺诈和压迫工人的情况，1728年格罗斯特郡工人曾向地方法庭请愿，初次为乡间织布工人争得较优厚的工资。18世纪50年代，工会的斗争更加发展，1776年，萨默塞特的织工、纺纱工、画线工及其他毛织业工人曾起来向议会请愿，反对在该行业采用纺织机。伦敦的织袜工人在1778年发起组成了英国中部各郡织袜工人工会，以保护该行业工人的利益。诺丁汉的编织工人在1783、1787、1791年曾联合举行罢工骚动。①

英国早期的工会组织具有同业工会的性质，它既维护工人群众在反对剥削斗争中的利益，又注意维护本行业的利益，这种行业性质反映了当时工人群众的觉悟尚不高。

然而，英国工人运动很快就在新的基础上发展起来。1760年以后，英国激进主义运动掀起了高潮，工人运动伴随着资产阶级民主运

---

① 韦伯夫妇：《英国工会运动史》，商务印书馆1959年版，第35—38页。

动有了很大发展。1792年1月伦敦通讯社成立,该组织以手工工匠为主要成分。它有很好的组织性,建立了一些以30人为单位的分社,它共有24个地方分社,一年后其社员达3000人。它把争取男子普选权和平等的代表权作为其纲领,认为建立一个公平的真正有代表性的议会便能改善劳动人民的处境。伦敦通讯社把法国资产阶级革命的民主精神在英国广为传播,在18世纪末英国声势浩大的民主运动中具有重要地位。

面对日益高涨的工人阶级民主派的运动,政府十分惊恐,不断派出暗探和煽动者打入工人组织并以制造阴谋的方法来破坏工人民主运动,为政府进行镇压提供口实。政府随后采取高压政策,在1797年颁布了禁止组织社团的法令,在1799年和1800年通过了臭名昭著的结社法,禁止一切结社活动。在以后25年中,结社法使工人运动的发展遇到很大的困难。但是,工人们坚决抵制结社法,使结社法在大部分工业部门中不起效果。

鲁德运动

1811年至1817年间,英国爆发了大规模的捣毁机器的鲁德运动。这一运动得名于30年前诺丁汉一个破坏织袜机的工人纳德·鲁德。[①] 鲁德运动最初于1811年底在诺丁汉附近地区发生,1811年冬和1812年春季发展到约克郡、兰开郡、德比郡和莱斯特郡。鲁德运动的爆发是由于机器在纺织业的采用使得手工工匠濒于失业的边缘,于是他们起来捣毁织袜机和织带机。暴动者不仅就机器的采用使其工

---

① 关于鲁德其人,有的人认为历史上确有其人,也有人认为是虚构的。

资下降表示抗议，同时也反对使用新机器导致产品质量的下降。鲁德分子通常在晚间活动，但他们很注意活动方式，从不使用流血行动对待任何人，因此得到公众的同情和支持。1812年受鲁德运动威胁的雇主召来士兵在霍尔斯福开枪镇压，使一批鲁德分子惨遭屠杀。利物浦勋爵政府还制订了镇压鲁德运动的立法。这种做法引起英国民主派人士的无比愤慨和强烈抗议。著名诗人拜伦在议会上院强烈谴责这种立法。1813年在约克对鲁德分子进行了大规模的审判，破坏了鲁德派的组织，一批参加者被处以绞刑或流放。在1816年英国经济萧条时期，鲁德运动再次出现短暂的高涨。

威廉·科贝特和亨利·亨特

1815年英法战争结束，和平环境为工人运动的发展创造了良好的条件。政府再也无法用图谋通敌的罪名来陷害改革派和工人运动的参加者。在参加鲁德运动和像纽卡斯尔、格拉斯哥等地工人骚动的过程中，工人群众的斗争积极性迅速提高。但这个时期工人群众在民主运动中仍然追随着资产阶级和小资产阶级激进政治家，当时对工人群众影响最大的激进政治家是威廉·科贝特和亨利·亨特。

威廉·科贝特（1763—1835年）是英国小资产阶级民主政论家，出生于小农场主家庭，年轻时参军，后因从事军职社会地位低下而退伍回乡，以后科贝特到过法国和美国，在美国他曾参加联邦党与民主党之间的论战，但当时思想尚属保守，1800年回到英国后，他逐渐转到民主主义立场上来。他在1802年创办了《政治纪事报》，一直办到去世时为止。他目睹了英国贵族专制暴虐的统治和广大人民面临贫困和死亡威胁的悲惨现实，认为是英国政府和一批压迫者寄生虫造成了这种罪恶，罪恶的根源则是腐败的议会选举制度即"衰败选区"制度，他认为"唯一的挽救办法就是在下院即人民院进行一次改革，给所有的直接税纳税人以投票选举权，并且议员要每年选举一次。除此以外，再无其他办法了"。[①] 科贝特从1832年至1835年一直是下院议员，他对于英国政治清晰的分析，对贵族、证券持有者、高利贷者和地主的嘲讽以及对劳动者的同情在民主运动中产生了巨大的影响。但科贝特的社会理想却是工厂制度建立以前的小农经济和宗法制社会。他曾写道："我希望英国的穷人能恢复到我还是孩子时他们的状况。"科贝特在民主运动中表现出两重性。

亨利·亨特（1773—1835年）是激进的政治改革家和演说家，享有"鼓动家"盛名，是19世纪初期激进主义运动的领导者之一，他努力宣传倡导普选权和每年召开一次议会的政治要求，把争取政治民主作为主要的斗争目标。亨特在社会理想方面和科贝特相似，也向往着已逝去的前工业化小生产时代，他不了解也不接受欧文的空想社会主义思想。1830年亨特被普雷斯顿和兰开郡选民选为下院议员。

批判资本主义的经济思想家和早期空想社会主义者

英国早期工人运动的活动家在自己的成长过程中广泛汲取了前人的思想养料，这就是批判资本主义的经济学思想和早期空想社会主义思想。到19世纪初，英国是世界上资本主义经济较早充分发展的国家，因此在这个国家中资本主义的内在矛盾也较早暴露出来。作为这种社会矛盾的最初的反映，出现了批判资本主义的经济学思想和空想

[①] 摩里斯（主编）：《从科贝特到宪章运动》，伦敦1948年版，第37页。

社会主义思想。

在对资本主义生产关系批判的最初阶段，资产阶级古典政治经济学家的后裔的理论活动具有重要的地位。1817年李嘉图写作的《政治经济学原理》不仅指出了劳动是衡量商品价值的自然尺度，而且进一步提出了一种收入分配学说。认为资本和劳动作为分享成果的对立双方而存在一方所得愈多，留给另一方的就愈少。在对资产阶级古典政治经济学家学说批判性的再估价的基础上，批判资本主义的经济理论发展起来。激进的经济学家认为，既然劳动是交换价值的来源，就应当承认它有权占有劳动产品，而其他非生产者对产品的占有则是非法的行为。这样，资产阶级古典经济学家赖以为理论武器的劳动价值论，就自然而然地成为批判资本主义的理论武器。19世纪初期，勃雷、威廉·汤普森、霍奇斯金等人先后汲取了这种学说，提出了空想社会主义思想。

威廉·汤普森（1775—1833年）在其思想形成时期曾广泛阅读过戈德汶、边沁、圣西门和西斯蒙第等人的著作，并与功利主义者边沁等人联系甚多。他还会见过罗伯特·欧文。但汤普森后来与边沁主义者和欧文主义者分道扬镳，他对欧文用合作的方法经营乡村的主张表示怀疑，觉得这只不过是改善管理穷人的办法而已。他发现阶级的存在不可避免地使富人作为一个阶级去反对穷人。他在《财富分配原则的探讨》（1824年）和《劳动的报酬》（1827年）中研究了劳动者在财产分配中的地位。汤普森认为保护劳动者是平等的同义语，保护劳动者就如同使奴隶取得人身自由权一样极其重要，劳动者拥有所有自己劳动产品的权利是分配的一个重要原则。他根据李嘉图的劳动价值论分析认为，资本"纯粹是由劳动加上物质资料创造出来的"，资本绝不是后者的创造者，"死的物质资料不能创造任何东西"。① 他还进而努力探究劳动者贫困的原因。他提出："这个国家有比其他任何国家都多的原料、机器、住宅、粮食和智慧勤劳的生产者，它显然有可以获得幸福的一切手段。"但是"为什么会存在这样的制度，它牺牲广大生产者的利益而使少数人致富，使穷苦的人陷于绝望的贫困中？"他指出，少数人占有生产资料是产生这些社会问题的根源。②

托马斯·霍奇斯金（1787—1869年）是劳动价值论的杰出宣传者，年轻时到过巴黎、罗马、佛罗伦萨、瑞士、维也纳和德意志北部，接触了许多激进思想家的学说。他赞成马尔萨斯、边沁、史密斯等人对政府诸种政策的批判态度，赞成戈德汶反对政府制订违背自然法的专断政策，指出这些政策是为了维护专制寡头的利益。霍奇斯金目睹了格拉斯哥、爱丁堡和利物浦等地劳动人民的悲惨境地，在1823年同一批激进派创办了《技工杂志》，并在同年与普雷斯一起创办了伦敦技工学院，并同边沁派展开了辩论。他在《为劳动辩护，驳斥资本的权利》（1825年）、《财产的自然权利和人为权利的比较》（1832年）和《通俗政治经济学》（文集，1827年）中宣传劳动价值论，希望通过自然法原则帮助工人重新取得财产，反对剥削者私自占有劳动者的产品。③

同时代的空想社会主义思想家还有霍尔和格雷。约翰·勃雷（1798—1850年）广泛地接触了社会各阶层，阅读了欧文的著作，察觉了资本主义制度的种种弊端，接受并宣传了欧文的空想社会主义思

---

① 潘克赫斯特：《威廉·汤普森：英国社会主义者先驱、女权主义者和合作主义者》，伦敦1954年版，第48页。
② 潘克赫斯特：《威廉·汤普森：英国社会主义者先驱、女权主义者和合作主义者》，伦敦1954年，第26页。
③ 霍奇斯金：《财产的自然权利和人为权利的比较》，伦敦1932年版，第72—73页。

想。他在《人类幸福论》中指出，价值仅仅是由在田地、矿山和工厂劳动的雇佣工人创造出来的，但雇佣工人只得到他们创造出来的财富的1/5，国民财富的绝大部分为剥削阶级所占有。"富人事实上什么也不支付就得到一切，而穷人事实上付出了一切而什么也没有得到"，这种状况不应当再继续下去。但他在拟定具体的社会纲领时暴露出小资产阶级倾向，认为只有交换才是社会的基础，特别关心个体生产和小私有制，并对抽象的理性和正义抱信任态度。①

这些批判资本主义的思想家在不同程度上影响着工人运动的活动家，其中对工人运动影响最大的当数约翰·勃雷。勃雷在《对劳动的迫害及其救治方案》中指出，整个社会只有劳动者与不劳动者两个阶级，全部利益是从全体生产者那里来的，"资本家和业主们对于工人一星期的劳动，只付出了资本家从工人身上一星期中获得财富的一部分"。②他指出，资本不是自生自灭的，现在英国的大量积累都不是资本家所生产出来的，生产者只要努力，他们的锁链将永远挣断。勃雷后来一度参加了里兹的宪章运动，他在《乌托邦人的海外游记》（1841年）一书中对工人阶级运动倾注了满腔热情和希望。

伦敦技工学院　伦敦手工工匠中先进分子的成长

在英国激进民主运动蓬勃开展的背景下，早期工人运动和积极分子从资产阶级和小资产阶级激进派、空想社会主义者那里汲取了

---

① 参见比尔：《英国社会主义史》，商务印书馆1959年版，上卷，第七章、第八章。《论空想社会主义》译文集，商务印书馆1980年版，中卷第429—443页，上卷第160—188页。
② 勃雷：《对劳动的迫害及其救治方案》，商务印书馆1983年版，第61、52—53、19页。

"教育的因素"。1824年，在资产阶级激进派和工人群众的斗争下，英国议会通过《结社法》，同意给工人合法的结社权利。在此之前，一些资产阶级和小资产阶级激进派已在英国两个手工工人集中的大城市格拉斯哥和伦敦发起了工人教育运动。1823年在伦敦由罗伯逊和霍奇斯金创办了《技工杂志》，杂志的所有人为罗伯逊和纳埃特。在这份杂志上提出了建立一所技工学院的计划。霍奇斯金在10月11日一期的《技工杂志》上撰文指出，对工人的技术教育势在必行，与此同时，霍奇斯金等人开始筹建技工学院。资产阶级激进派伯克贝克出借一笔资金作为学院的开办费用，伦敦技工学院终于在1823年底成立。参加伦敦技工学院工作的人士一般说来都是职工教育的热心倡导者，但其思想各不相同。主持技工学院的是资产阶级和小资产阶级民主派，伯克贝克任技工学院的院长，普雷斯在管理这所学院中起了主要作用，但他们的思想没有超出启蒙主义的范畴。技工学院的工作得到伦敦机械业业主盖洛维、唐金、马提纽、马斯莱等人的支持，他们出于自己的利益把技术教育看作是谋取更大利润的必要的基础工作。[①]霍奇斯金虽没有当选为学院的领导人，却是技工学院主要的教师。他在这里教授政治经济学，传播反对资本主义的自然权利说。伦敦技工学院的学生中有优秀的机械工人和手工工匠，这些探求社会解放道路的工人还常常在伦敦荷尔本的克勒肯韦尔草地的咖啡馆举行辩论会，聆听激进派鼓动家理查德·卡莱尔、乔治·汤普森等人的讲演。[②]他们中的一些人如洛维特、赫瑟林顿等日后成为宪章运动的领

---

① 普罗瑟罗：《19世纪初期伦敦的技工和政治》，伦敦1981年版，第192—193页。
② 洛维特：《威廉·洛维特战斗的一生》，伦敦1967年版，第29—30页。哈列维：《托马斯·霍奇斯金》，伦敦1956年版，第86—91页。普罗瑟罗：《19世纪初期伦敦的技工和政治》，第191—203页。

袖。正是在这样的资产阶级民主运动的环境中，英国工人阶级的一批早期先进分子吸收着各种政治营养，锻炼着自己政治斗争的能力，迅速地成长着。

欧文早期的活动及欧文主义对工人阶级民主派的影响

19世纪20年代和30年代，英国工人阶级中的活动分子不仅受到激进的资产阶级民主思想家的影响，同时也受到空想社会主义者罗伯特·欧文的影响。

罗伯特·欧文（1771—1858年）出生于蒙哥马利郡新城，其父为马鞍和铁丝商人，还从事过地方邮政工作，欧文经过小学教育后来到伦敦，后来在林肯郡斯坦福德一家绸布店当学徒。后来移居曼彻斯特，为批发商萨特菲尔德雇佣。1792年欧文被任命为工厂主德林克瓦特的皮卡迪利棉织厂经理，在管理这家工厂中取得很大的成绩。但欧文对于仅仅做一个管理人感到不满足，他希望在工厂管理方面取得更大的自主权。1795年欧文离开了皮卡迪利工厂。以后，欧文接受了马斯兰德的提议，帮助他发展产业。在马斯兰德买下苏格兰的新拉纳克工厂后，从1800年起欧文从股东和经理的身份领导新拉纳克棉纺厂。他在这个工厂中实行了一系列慈善性的改革，以实现他的目标，即"寻求改善贫民和劳动阶级的生活并使雇主获得利益的方法"。[①]1815年欧文提出"人道的工厂立法"的思想，要求禁止雇佣未满12岁的童工，规定12至18岁的工人每天最多工作12小时，包括一个半小时的休息在内。他促使议会在1819年通过一项初

---

① 《欧文选集》第1卷，商务印书馆1979年版，第196页。

步的工厂法。欧文在1817至1820年间设计出一个"治本"的改革计划，即在不触动现存制度的条件下成立劳动新村或劳动公社来根除失业现象。在新村里贫民自己养活自己，抚育儿女，以后还可以归还所有投资。最初欧文把劳动公社看作是消灭失业的手段。以后他把公社看作是一种"新社会体系"，希望借此以实现"全体人类的终结福利"。[①] 1824年欧文前往美国，建立了"新和谐"共产主义移民区，建立体现他的改造社会方法的示范性的公社，但在4年中他耗尽大部分钱财，实验完全失败。1829年欧文回到英国，转而把工人阶级看作实现自己理想的支柱，倡导合作社组织。

在欧文思想的影响下，伦敦于1824年秋季成立了合作社。它主张把参加者之间的一切交易全变成等值的公平交易，实现直接消费。1826年这批人创办了《合作杂志》，这个杂志在1827年第一次使用了"社会主义"这个名词。它把那些主张财产公有而不是私有的人称为公社主义者或社会主义者，认为广泛的合作是理想社会制度的基础。以后欧文进一步宣传合作社和交换市场的主张，认为这可以使劳动者摆脱商人的中间剥削。[②] 1831年12月中旬，欧文在伦敦格雷法学院路一位资助者的事务所中创立了"劳动阶级善良知识分子消除愚昧和贫困协会"，旨在使工人子女获得教育，并根据劳动公平原则以票据为媒介交换等值的劳动。

欧文并没有正确地解决社会变革的道路和赖以依靠的阶级力量这两大问题，欧文感到群众盼望着"伟大的变革"，但群众中蕴藏着用暴力推翻现存制度的危险，他担心现存的制度会被"无才而粗鲁"

---

① 《欧文选集》第1卷，第209页。
② 约翰·哈里森：《新道德世界的探索：罗伯特·欧文和欧文主义者在英国和美洲》，纽约1969年版，第85、113—114页。

的人破坏，他认为自己的任务是防止革命，争取用和平的方法解除社会危机。欧文在活动方式上坚决反对阶级斗争，对有产阶级的国家抱有盲目的幻想，希望开导那些统治者以实现他的社会改造计划。欧文在1817年曾向英国议会提出自己的改革方案，1818年又向欧美各国政府发出呼吁，当然，这些呼吁只是一再失败。欧文主义无论在社会纲领和依靠的阶级力量方面都表现出小资产阶级思想的特征。

这个时期英国工人运动的活动家没有接受欧文倡导的纯粹经济斗争和寄希望于有产者上层的路线，但他们吸收了欧文主义关于未来社会设想的某些积极部分，洛维特回忆说，他"当时就是许多接受这种认为机器生产将造福于所有人类的美好想法的人中之一"。[1] 欧文关于财产公有的观点则为广大工人所接受。

---

[1] 洛维特：《威廉·洛维特战斗的一生》，第36页。

第二章　宪章运动前夜的工人运动和民主运动

　　宪章运动是在英国资产阶级议会改革和民主运动的历史环境中酝酿和发动的，它是英国工人阶级在探索自身解放道路的斗争中，在经济斗争路线和政治民主斗争路线之间进一步退两步选择的结果。宪章运动的基本活动路线是一种争取民主的政治斗争路线，这绝非偶然。

　　19世纪20至30年代，在英国的工人运动中存在着纷杂的、路线迥异的，同时又相互交错的激进主义的政治组织和工会组织。到1830年时全国大约有300个左右的激进改革协会和团体，熟练的手工工匠和下层业主在民主运动中非常活跃，他们大都受过教育或有自学的经历，是激进主义运动的骨干力量。

不列颠促进合作知识协会和激进改革协会

　　1829年5月11日不列颠促进合作知识协会在伦敦成立。这是一个伦敦地方性的工会组织，其宗旨为"促进合作知识，以最好的途径建立合作协会，在合作协会之间建立交换所，通过展览会出售产品，并通过发行廉价小册子传播这些知识"。① 这个组织的参加者有不少成为工人运动和民主运动的领袖,其中有洛维特、沃森、克利夫,他们是1824年伦敦第一个合作协会的成员。不列颠促进合作知识协会认为合作运动是对政治激进主义的一种补充。他们受欧文主义的影响很深,但他们对于政治斗争的看法不同于正统的欧文主义者,他们赞成政治斗争。一些学者称他们为政治欧文主义者。

1829年9月,激进主义组织"激进改革协会"在伦敦成立,赫瑟林顿、洛维特、沃森、科贝特、奥康奈尔和亨特都参加了这个协会,赫瑟林顿任书记。在科贝特和卡莱尔离开该协会后,它就由亨特领导。该协会的主要宗旨是使议会改革运动民主化,它包括了选举权、秘密投票和每年召开一次议会等内容。1830年该协会试图和中等阶级改革派的首都政治同盟联合起来。但这一努力失败了,该组织遂于同年12月解体。②

工人阶级全国联合会的成立

不列颠促进合作知识协会的成立引起了全国的关注。1831年3月赫瑟林顿、沃森和福克斯特作为该协会的代表参加了木工工会的会议,这个会议敦促赫瑟林顿等人领导建立一个包括伦敦所有工会、福利和合作团体在内的首都工会。在全国议会改革请愿的影响下,随后建立的首都工会采取了政治激进主义的态度。4月底首都工会做出决议,指出工人阶级只有首先获得普通人的权利才能获得劳动权,5月12日首

---

① 霍利斯(主编):《早期维多利亚时代英国议会外部的压力》,伦敦1974年版,第109页。
② 霍利斯(主编):《早期维多利亚时代英国议会外部的压力》,第106页。

都工会易名为"工人阶级全国联合会",联合会的组织迅速扩大。

两个月以后,工人阶级全国联合会把它的集会地点改在圆顶大厅,于是工人阶级全国联合会遂有"圆厅党"之称。赫瑟林顿担任了工人阶级全国联合会的主席。

工人阶级全国联合会的章程是由洛维特和赫瑟林顿起草的。章程规定该组织的任务主要是"利用社会发展的各种机会为每个工人取得劳动的全部价值和劳动产品的自由处置权"。"根据形势采取一切公正的措施保障工人不受雇主和工厂主的苛待。""为国家谋求下院的有效的改革:如每年召开议会,扩大选举权,使之普及到每个成年男子,实行投票表决的方式,特别是取消议会议员的财产资格限制。""草拟给英王和两院的请愿书、宣言和抗议,要求保护公共权利,取消劣法,制订明智的可为人们接受的好法律,把道德和政治经济知识集中在一个焦点,使社会各阶级都能通过这种知识的传播而得到益处。"[①]

在这一年晚些时候发表的《工人阶级全国联合会宣言》中提出了它旨在实现的目标:"每一个年满21岁,智力健全,未曾犯法的男子,不论由他们自己或通过他们的代表对法律的性质、公民纳税的必要、国家税收的用途、数目、分摊方式、期限等都有权表示意见。"并指出"推选适当的人为代表""应当采取无记名投票方式","代表资格应当是智力健全和品德优良与否而不以财产多寡为标准","议会应每年改选"。[②]

不列颠促进合作知识协会的会员加入工人阶级全国联合会后,

[①] 普雷斯手稿,第27822号第37件。
[②] 洛维特:《威廉·洛维特战斗的一生》,第59页。

实际上支配了这个组织。就工人阶级全国联合会的政治主张而论，它是包罗万象的，既包括潘恩、亨特和科贝特改革腐败的旧制度的激进主张，爱尔兰民族主义者取消英爱合并的要求，也包括了教区改革派取消教区税和其他税收的要求，欧文主义和斯宾斯信徒的土地要求，以及把霍奇斯金及汤普森的劳动价值论作为理论根据的合作主义要求。这几个流派过去10年间构成了伦敦工人激进主义的核心，而现在他们汇入了同一个组织。工人阶级全国联合会能够在较长时间中容纳见解不同的工人民主派别的原因在于，它由分会和"班"组成。联合会的下属组织在伦敦各有自己的地方基础。[①] 工人阶级全国联合会尤其在伦敦的巴思内尔草地、芬斯伯里、肯星顿、哈默斯密斯和拉姆拜斯地区有坚实的基础。在曼彻斯特，工人阶级全国联合会有27个分会共5000名会员。

工人阶级全国联合会组织严密，它仿照基督教卫理公会和伦敦通讯会社的组织形式，每30至40名会员组成一个班，推举一个班长。每月召开一次班的会议，在会上讨论政治问题、阅读报刊文章和优秀的政论著作的片断。[②] 工人阶级全国联合会的机关报《贫民卫报》则在每期报道基层组织召开会议的情况，并刊登会议通知。

《贫民卫报》和反印花税法运动

《贫民卫报》是工人阶级全国联合会的机关报。它的前身是1830年的《一便士人民报》。《贫民卫报》从1831年7月9日起发行，到

---

① 《贫民卫报》第1卷，第 ix-xii 页。
② 洛维特：《威廉·洛维特战斗的一生》，第55页。

1835年12月25日停刊。该报的发行人是赫瑟林顿。这是一份优秀的工人报刊，在30年代初期工人阶级反对"印花税法"的斗争中起了突出的作用。

反对"印花税法"的斗争是英国民主运动一个重要组成部分。英国从1712年起对报刊征税，每份报纸征税1.5便士，但18世纪后期印花税逐渐提高，到1815年增至每份报纸需交4便士印花税。这使得报纸成本提高，售价每份至少要6至7便士。当时只有少数富人才买得起价格昂贵的报纸，这对于在工人中宣传民主思想很不利。拿破仑战争结束后，英国有一批勇敢的民主派对这一法律表示蔑视，发行了如伍勒的《黑矮子》、威廉·科贝特的《政治纪事报》等一系列拒交印花税的廉价报纸。这些民主派报纸使政府很恼火。1819年底，在彼得卢事件以后，议会颁布了六项压制民主运动的法令。违反印花税法者将罚以巨款，同时把4便士印花税推广到一切报刊。政府的高压政策激起了民主派强烈的不满和反抗。在30年代初反印花税法斗争的参加者是混杂的，其中既有工人阶级民主派，也有资产阶级和小资产阶级改革派，如普雷斯和布鲁姆。《贫民卫报》则高举反印花税的旗帜，它拒交印花税，以1便士的价格发行。①

《贫民卫报》刊登的文章表现出鲜明的工人阶级觉悟。它的文章中说："我们代表了工人阶级即生产者阶级，然而是贫穷的阶级，他们构成了英国人口的绝大多数。""成千上万的穷人选择我们作为他们的权利和自由的保卫者。"②《贫民卫报》教育工人阶级认识到他们的利益是与资产阶级改革派根本不同的。例如，沃德和赫瑟林顿

---

① 维纳：《反印花税之战：1830—1836年英国废除报纸税的运动》，康奈尔大学出版社1969年版，第1—19页。
② 《贫民卫报》，1831年9月24日。

撰文向密德兰工人阶级同盟指出，他们是独立于阿特伍德的伯明翰政治同盟的，工人阶级混同于"有财产者"不可能得到任何利益。[①]每期《贫民卫报》在标题下都印有这样的向统治阶级挑战的字样，"为了反对对抗正义的特权，在违法的情况下发行"。政府看到印花税法对《贫民卫报》的出版发行无法产生压制效果，就以高额罚款和拘捕关押来制止出售《贫民卫报》。例如，当局逮捕了里兹的两名主要售报人，判处他们6个月监禁。有统计材料表明，从1831年7月到1834年底，共有800名以上《贫民卫报》的报贩被捕，赫瑟林顿也被囚禁6个月。

奥布莱恩自1832年12月起担任《贫民卫报》的编辑。这以后一年多时间是《贫民卫报》办得最好的时期。哈尼当时年仅16岁，比奥布莱恩小12岁，他当了一名《贫民卫报》的报贩，因出售《贫民卫报》曾几次入狱。《贫民卫报》时期的斗争经历对哈尼以后的活动产生了很重要的影响，他受到奥布莱恩阶级斗争思想的熏陶教育，他后来把《贫民卫报》称为"30年代激进主义的学校"。[②]

《贫民卫报》把销售中获得的利润用于工人的事业，救济罢工的工会会员，救济托尔普都尔案和科德巴思乐受害者的家属，救济被捕的工人领袖如洛维特等。反印花税法斗争另一个重大意义是培养了一批工人活动家，如赫瑟林顿、沃森、克利夫、哈尼、洛厄里、奥布莱恩和洛维特等。几年以后，他们发动了宪章运动并成为这个运动早期的主要领袖。[③]反印花税法斗争另一个意义是促进了工人民主派报刊的繁荣。1833年仅伦敦一地便发行了8种重要的民主派报纸，其

---

① 《贫民卫报》，1832年11月3日、11月7日。
② 《北极星报》，1849年12月22日。
③ 《贫民卫报》第1卷，序言，第32页。

中发行量最大的当数《臂铠报》和《贫民卫报》，它们每期分别发行22000份和16000份。①

1832年议会改革

从20年代末起，工业资产阶级便开始了争取议会选举权的议会改革运动。1829年伯明翰的工业资产阶级创立了"伯明翰政治同盟"，该组织的建立推动了改革运动的开展。1830年7月26日乔治四世去世，英国进行了新的一届议会选举。正当紧张选举之时，法国发生七月革命，推翻了查理十世专制统治。消息传到英国，尤其在大城市中引起很大的反响，使议会改革的任务越发迫切地提到议事日程上来。

与此同时，英格兰南部从肯特郡到多塞特郡发生了农业工人骚动，这场骚动蔓延到16个郡，小农也参加了这场运动。暴动者破坏地主的农业机器，烧毁地方的粮仓和堆棚。这一运动的领导人是一个使用"斯温"假名的人。暴动者向地主和政府提出降低物价和地租、废除教会什一税、提高雇农工资的要求。政府派出军队进行镇压，处死9人，流放457人，数以百计的人被投入监狱。1831年7月发生了默瑟尔暴动，政府用同样残酷的手段镇压暴动，处死20人。1831年10月在伍斯特、巴思、德比和诺丁汉发生了政治骚动，起义者夺取了布里斯托尔。英国正处在革命的边缘。

正当议会改革运动掀起高潮之时，法国里昂工人起义在1831

---

① 柯尔:《普通人民》，伦敦1976年版，第279—280页。《贫民卫报》，1833年9月21日。

6月发生了。奥布莱恩编辑的《密德兰代表者报》详细地报道了这一事件,里昂起义成为工人阶级全国联合会讨论的中心之一。克利夫在12月5日联合会的会议上谈到里昂起义的经验和教训时说:"里昂发生的事件是非常重要的","巴黎已经忍受了很多痛苦,似乎还要这样忍受下去,因为他们还没有明智地认识他们斗争的正确道路"。法国发生的革命事件增强了英国工人阶级斗争的决心。1832年初杜赫蒂描写道:"只要你走进任何有许多工人集居的小巷或小酒店,只要聆听十分钟,你就可以发现,人们谈论的话题十有六七是关于一个吓人的问题:怎样攻击富人及其财产更为有利?"①

1831年秋季,上院于9月通过了改革法案。10月1日,工人阶级全国联合会针对这项法案有限的民主内容发出一份呼吁书,对该法案闭口不谈工人阶级选举权的做法提出了强烈的抗议。②这年年底发表在《贫民卫报》上的一封曼彻斯特的来信提出希望有一个工人的"新改革法案",以"代表社会上各个阶级的真正利益"。

英国社会各阶层尤其是工人阶级的民主压力对于议会改革法案的通过起了决定性的作用。1832年5月7日,在伯明翰召开了有15万人参加的呼吁改革的群众大会,会议的规模是英国历史上前所未有的。在民众的压力和革命威胁下,辉格党首相看到,如果居于统治地位的政党仍采取旧政策无所作为,将会"导致共和主义者取胜,并摧毁现存制度"。③辉格党试图通过改革避免一场革命。1832年6月4日,改革法案在议会最后获得通过。

1832年议会改革在英国工人阶级的历史上具有重要的地位。英

---

① 爱德华·汤普森:《英国工人阶级的形成》,第898页。
② 《贫民卫报》,1831年10月1日。
③ 屈勒维廉:《改革法案时期的格雷勋爵》,1920年版,第237页。

国工人阶级的活动分子最终看清了这次改革对于工人的利益没有任何实际的政治意义。早在1832年议会改革法案通过前夕，赫瑟林顿就告诫工人说："贫穷而高尚的人们在他们获得普选权、秘密投票，首先是取消财产资格限制之前决不期待公平和正义。"① 改革法案通过后，工人阶级全国联合会在6月9日晚召开了一次大会。大会的发言者认为，应该召开一次像"国民大会"这样的大会来为那些改革法案所没有注意到的人的利益服务。这个国民大会将排斥压迫人的贵族和贪婪的教士；支持普选权和秘密投票，为工人获得自己劳动的正当报酬开辟道路；反对谷物法；取消征税；建立平等的法律和平等的权利；保护劳动者不受掠夺。他们坚信这样一个英国人民的"国民大会"一定会建立，并将进而建立一个共和国。② 在1832年春季出版的小册子《人民宪章》提出了报纸不贴印花税、普选权、秘密投票和每年召开一次议会的要求。③

工人阶级阶级斗争理论的形成　布朗特里·奥布莱恩

1832年争取议会改革的资产阶级民主运动对于英国工人阶级在思想上的成长具有重要意义。英国工人阶级的觉悟在此前后发生了一次飞跃。工人阶级的先进分子初步形成了阶级斗争理论，并对资本主义国家的本质有了认识。在实践中工人们增加了政治斗争的独立性。1832年改革前夕，一位曼彻斯特匿名作者明确指出，在每个有组织的社会中，人民都分成两个等级，即靠劳动所得的工资维生者和靠地

---

① 《贫民卫报》第1卷，1832年1月14日，第246页。
② 《贫民卫报》第1卷，1832年6月9日，第418页。
③ 《贫民卫报》第1卷，1832年6月23日，第435页。

租、什一税、金钱交易和赋税收入为生者。① 另一位作者撰文说:"靠掠夺为生的人必然始终要你去服从盗贼。说不论哪一种形式的代议制都对人民有益,这纯粹是胡说,除非人民有一个工人议院来代表自己。""代表和被代表者不属于同一团体,或利益彼此冲突的代表制实在是骗人的鬼话,而那些用相反的道理劝告人民的不是傻子便是骗子。"② 他尖锐地批评当时还认为工人阶级有必要和中等阶级结盟的《贫民卫报》,强调两个阶级间的经济利益的冲突根深蒂固,工人和资本家之间的任何妥协都不可能实现。这位匿名作者在改革法案通过前夕告诫工人说:"你们贫困的原因在于你们没能亲自坐在那应该属于你们的议会中","工人和榨取利润的人之间并没有共同利益。这个事实正像太阳一样,永远照耀着我们:资本家取得的资本愈大,劳动群众的贫困便愈甚"。③

在宪章运动前夜和初期,奥布莱恩在启发和教育工人群众方面起了重要作用。奥布莱恩1804年2月生于爱尔兰朗福德郡,他父亲是一个酒商。1822年奥布莱恩进都柏林三一学院攻读法律,随后便投身民主运动。他后来回忆说:"我的朋友送我去学习法律,我却按照自己的愿望加入了激进主义改革运动","我很快对法律感到失望,全心全意地投身到激进主义改革中去。"④ 英国对爱尔兰野蛮的侵略和占领,英国对爱尔兰工业和商业的不平等政策,在外地主的种种罪恶,尤其是爱尔兰穷人种种悲惨境遇,对奥布莱恩政治观点的形成产生了很大影响。他在伦敦结识了科贝特、亨特,加入了伦敦激进改革

---

① 《贫民卫报》第1卷,1831年11月26日,第178页。
② 比尔:《英国社会主义史》,上卷,第293页。
③ 《贫民卫报》第2卷,1832年4月14日,第358页。
④ 《布朗特里的全国改革者报》,1837年1月28日,2月4日。

同盟。奥布莱恩受欧文、奥吉耳维和格雷的思想影响很深，以后又受到霍奇斯金《为劳工辩护》一书思想的影响，形成了以土地改革、币制改革和阶级斗争为中心的理论。他以后参加了工人阶级全国联合会，成为阶级斗争理论的积极宣传者。奥布莱恩在1832年底指出，议会改革后增加的新选民绝大多数"都是中等阶级人士"，"他们以一便士的价格购买你们的劳动然后出卖之，以此维生"。① 他还写道："人类的一切罪恶和迷信都是从富人压迫穷人这种吃人的斗争中产生的。"② 奥布莱恩把阶级斗争观念贯穿在他编辑的《贫民卫报》中。该报发表的一篇文章说："中等阶级是我们头上真正的暴君，尽管他们一再隐瞒，却正是他们把我们置于奴隶地位。如果不是他们的默许和秘密支持，任何一个暴君都不能生存，政府只不过是中等阶级达到其罪恶目的的一种工具。"③ 奥布莱恩还把法国平等派运动活动家邦纳罗蒂的著作《为平等而密谋》介绍给英国工人阶级。他在该书的序言中写道，邦纳罗蒂的著作对于他长期以来倡导的政治和社会原则做了最好的解释。他把辉格党和法国的吉伦特派做了类比，他写道："吉伦特派首领略施小恩小惠给予小资产阶级选举权，借此达到更有效地镇压工人阶级的目的……这和今日英国的辉格党通过改革法案完全一样。""到现在为止，世界上所有的政府不过是富人用来对付穷人的阴谋诡计。""目前的英国政府就属于这一类。""在所有的政府中，资产阶级的政府是最无情、最令人难以忍受的政府。"④

英国早期工人运动活动家在不依赖法国复辟时期历史家如基佐、

---

① 《贫民卫报》，1832年12月15日。
② 《贫民卫报》，1833年4月27日。
③ 《贫民卫报》，1833年11月2日。
④ 爱德华·汤普森：《英国工人阶级的形成》，第903页。

米涅、梯叶里等的阶级斗争学说的前提下独立地提出了工人阶级的阶级斗争理论，它包括下列思想：社会不仅存在着压迫者和被压迫者，随着资本主义的发展，社会明确划分为工人阶级和资产阶级，阶级产生的基础是各阶级经济地位的差别，造成资产阶级和无产阶级产生的原因是资本主义的发展。不仅如此，他们还得出了阶级斗争中心是夺取国家政权的结论。他们看到国家权力的支持是资产阶级压迫剥削劳动人民为所欲为的基本条件。只有通过反对资产阶级国家的内战和起义，才能最终建立"生产者对他们生产果实的支配权"。

诚然，英国早期工人运动活动家的阶级斗争理论尚存在若干弱点，他们对于资产阶级国家形成的历史过程和国家机器的职能尚缺乏分析，即使宪章派的理论家奥布莱恩也始终未能摆脱对国家的迷信。他们对于人类社会的发展缺乏历史唯物主义的认识，没有看到无产阶级是一个伴随着新的生产关系和生产力而出现的革命阶级。他们在表述工人阶级争取政治权利的要求时，仍借助于自然法思想，频繁地把"英国人与生俱来的权利"一类口号作为自己的依据，认为"造成和保证理想的状况，只有靠恢复古代的宪法"。[1] 宪章运动时期英国工人阶级的阶级斗争理论尚有一些缺陷，未发展成为一种科学的体系。[2]

马克思主义经典作家对于早期工人运动活动家的理论成果曾予以肯定评价。马克思熟知奥布莱恩，他在1858年1月给恩格斯的一

---

[1] 威廉·戴维：《约翰·弗罗斯特》，加的夫1939年版，第126页。《贫民卫报》第1卷，1831年10月19日，第145页。《英格兰宪章派通报》第2卷第129期，第306页。比尔：《英国社会主义史》，上卷，第76—77页。

[2] 参见沈汉：《英国早期工人运动活动家的阶级斗争理论》，《南京大学学报》1985年第3期，第71—80页。

封信中称奥布莱恩"不论何时都是一个压抑不住的宪章派"。在奥布莱恩去世后，马克思曾高度赞扬他，称之为"已故的奥布莱恩学派"。[1] 海德曼曾回忆说，他曾当面向马克思提出过这样的问题，即"他是怎么发现社会剩余价值和作为社会基础的社会劳动价值论的"，马克思当时答复海德曼说，他认为，在资本主义制度下无政府主义的竞争和对抗状态下，时代的经济力量使其本身不再完全不知不觉地而是不可避免地发展到垄断和社会主义，类似于此的思想最初产生于他所研读的早期英国经济学家、社会主义者和宪章派的著作中。[2] 如果海德曼的记载是真实的，那么它说明马克思主义经典作家已把英国早期工人理论家和宪章派的理论家视为自己学说的先驱，而马克思主义基本理论的提出是受到这些先驱者的启发。

威廉·本鲍和"全国休假日"

1832年1月，题为《全国休假日和生产者阶级大会》的小册子开始发行，作者是威廉·本鲍。本鲍生于1784年，是兰开郡米德尔顿人，年轻时以鞋匠为职业，曾在军队中供职，他还是非国教派传教士。1815年以后，本鲍积极参加了激进主义运动。他在参加曼彻斯特汉普顿俱乐部活动时结识了亨特。本鲍后来迁居伦敦，以书商和咖啡店主为职业，发行《政治纪事报》等各种激进主义书刊。1831年本鲍参加了工人阶级全国联合会，担任一个班的班长，他常在该组

---

[1] 马克思1858年1月14日致恩格斯的信。转引自阿萨·布里格斯、约翰·萨维尔（合编）：《劳工史论文集》第1卷，1960年版，第257页。
[2] 见普卢默：《布朗特里·奥布莱恩的政治传记》，阿兰-欧文出版社1971年版，第249—250页。

织的大会上讲话。他讲话的激烈程度连该联合会许多成员都无法接受。[①]他肯定政治斗争对工人阶级的意义，仇视"任何一种形式的专制主义"。他从1831年下半年起便积极宣传总罢工计划。他在《全国休假日》中提出，举行持续一个月的全国政治性罢工，称之为"全国休假日"，在这个月中举行一次生产者阶级的全国大会。本鲍在这个小册子中还主张进行不流血的革命，"在休假日期间拟定宪法，使每个人取得同等的地位，同等的自由，同等的权利，同样的享乐，同样的劳动，同样受尊重，同样分享劳动产品。"他在另外场合的讲演中主张在全英国组织50万人向伦敦进军，和伦敦的改革派联合起来召开一次全国的国民大会。就本鲍的策略主张的倾向而论，"全国休假日"主张具有无政府工团主义性质，它希望通过一次总罢工便取得国家权力。

工会运动的新高潮

1832年以后，英国工人运动走上了独立的经济和政治斗争的道路，它最初主要以欧文主义指导的工会运动的形式进行。

1829年欧文在美国的"新和谐村"实验失败后回到英国。1831年他在伦敦手工工匠中组织了生产合作社，以后先后召开了三届合作运动大会。1832年9月，欧文在伦敦建立了劳动交换所。欧文的合作主义思想逐渐拥有众多的信奉者。1833年建筑工人同业工会成立，它创办了《先锋》周报，詹姆斯·摩里森担任了主编。30年代初先后成立了纺织工人工会、陶器工人工会、缝纫工人工会、西雷丁毛纺

---

① 普雷斯手稿，27822号第24件。

织工人工会等。1833年10月，欧文主持了在全国公平劳动交换所举行的工会大会。大会的决议要求建立一个包括各行业的全国工会组织。到1833年11月，参加这一工会的工人已达80万人，它还在不断扩大。①

和欧文派工会运动的发展相对应，英国工人运动中以工人阶级全国联合会为代表的主张政治斗争的一翼则在政治上逐渐成熟。他们对曾与其密切合作的小资产阶级激进派科贝特、亨特的阶级倾向有了清晰的认识。他们指出，"工人阶级的原则比起科贝特要高明得多"，科贝特派不过是一批宣讲劝诫的牧师，并不是真正的社会革命的战士。②工人的文章尖锐地指出：科贝特并没有要求消灭私有制和解放贫苦劳动人民，在这方面"我们的观点恰恰与科贝特的观点相反"。③

工人阶级在1832年改革以后不久也同欧文主义者正式决裂。1832年1月工人阶级全国联合会通过的一项决议指出，在工人还没有实现联合会提出的目标以前，欧文主义者的行动是徒劳无益的。④这年夏天，在上院将最后一次讨论改革法案时，工人阶级全国联合会曾同欧文主义者谈判，试图共同对议会施加压力。但这次谈判破裂了。它使得工人阶级全国联合会决定同欧文主义者决裂。我们看到，1833年底《贫民卫报》对工会运动脱离政治的倾向进行批评。12月14日的文章写道："在工会运动的领导人中，有一种把政治完全从他们的考虑中排除在外的意向。我们仍然持从前的观点……如果在政府中连一个

---

① 《危机》，1833年11月12日。
② 《危机》，1833年11月23日。
③ 《贫民卫报》第3卷，1833年9月14日，第249页。
④ 《贫民卫报》第1卷，1832年1月28日，第258—260页。

席位也没有,工会将无法使他们自己或者民族持续地获益。"① 英国工人阶级凭借自己参加政治民主运动的经验逐渐与欧文主义者的空想道路与非政治倾向分道扬镳。

科德巴思场事件 工人阶级全国联合会的分裂

工人阶级全国联合会的成员对于工人运动的路线有着不同的看法。有一部分成员受欧文的思想影响较大,主张通过教育启蒙使工人有能力担负社会责任;另一部分成员则受到亨特较多的影响,主张采取暴烈的斗争方式一举取得胜利。1832年5月,工人阶级全国联合会决定在伦敦卡索普街科德巴思场召开群众大会,向社会各界进一步宣传召开"国民大会"的必要性。②

5月13日下午在科德巴思场召开的大会上,警察没有提出任何警告就野蛮地对集会群众发动了猛烈的袭击。很多工人受了重伤。在冲突中,一个叫罗伯特·卡列的警察也被人用铁棍打死。③

在科德巴思场事件发生后,在工人阶级全国联合会内部,洛维特和本鲍之间发生了一场争论,这场争论最终酿成了工人阶级全国联合会的分裂,洛维特及其支持者退出了工人阶级全国联合会。④之后,随着工会运动的兴起,工人阶级全国联合会的活动逐渐衰退,到1832年底,该组织已处在"一种非常不景气的状态"。

---

① 《贫民卫报》第3卷第132期,第397页。
② 《贫民卫报》第3卷,第144、154页。
③ 洛维特:《威廉·洛维特战斗的一生》,伦敦1967年版,第66—67页。
④ 布里格斯(主编):《宪章运动研究》,伦敦1959年版,第18页。

全国各业统一工会的兴衰

从 1833 年底到 1834 年初,许多行业工会巩固和发展起来,它们开始和其他行业的工会建立联系,并希望成立一个全国性的工会联合会。1833 年 10 月,第六次合作大会在伦敦举行,欧文在大会上提出了建立一个"全国生产者阶级的道义同盟"的计划。

1834 年 2 月 13 日至 19 日在伦敦召开了工会代表特别会议,来自全国的 30 名工会代表签署了建立全国各业统一工会的文件。该组织的执行委员会由布朗、摩里逊、霍尔、杜思韦特和沃特金 5 人组成。① 该组织的主要任务是建立一个出售有用的工业产品的新市场,使工人阶级生活必需得到满足,能够过上便利和舒适的生活;用妥善的方法说服政府,不再屈服于他们用野蛮的武力和立法维持的暴虐的制度;通过组织自我管理的讲演会、学校、职工俱乐部、咖啡馆的方式提高劳动者的自尊心;通过创办期刊等手段,确实使公众了解非生产阶级的过错,而不是迟钝地对此一无所知。②

全国各业统一工会的斗争性比工人阶级全国联合会要逊色得多,它反映了政治民主运动受挫以后工人运动主流曲折地转向经济斗争的走向。

全国各业统一工会吸收了当时各种工会的力量,它的成员主要是手工工人,它的会员人数达到 80 万人以上,但它在组织上较为松散。

全国各业统一工会的领导人分为两翼,左翼以主张阶级斗争和工团主义的摩里逊和史密斯为代表。詹姆士·摩里逊是建筑工人工

---

① 奥列佛:《1834 年的全国各业统一工会》,载《经济史评论》第 2 辑第 17 卷,第 77—95 页。
② 波斯特盖特(主编):《革命文献,1789—1906 年》,纽约 1962 年版,第 99—100 页。

会的领袖,是1833年9月创刊的建筑工人工会的周刊《先锋》的主编。詹姆士·史密斯是个神学家,1833年9月由格拉斯哥来到伦敦,他为摩里逊的工团主义理论所吸引,他继戴尔·欧文之后任《危机》报的编辑。[①]工人阶级的斗争对摩里逊和史密斯影响很大,他们逐渐抛弃了欧文主义关于阶级合作的主张,号召工人在工会形式下聚集起来,用直接行动推翻不合理的社会,取代资本的统治地位。

1834年4月26日,持续数月之久的德比大罢工失败。4月底,伦敦的裁缝开始罢工。这样,全国各业统一工会需要承担2万名罢工工人的生活费用,它负担很重。为此,全国各业统一工会的执委会发表宣言劝阻这次罢工,结果致使制鞋工人在6月份退出该工会。全国各业统一工会为了支持罢工,只得频繁地征收高额的会费,加之罢工的失败,它的成员迅速减少。面对困境,欧文把全国各业统一工会的失败归罪于史密斯、摩里逊代表的左翼,6月强迫摩里逊离开执委会的领导位置,并取消了《先锋》作为该组织机关报的地位。7月底欧文又迫使史密斯辞职,致使《危机》周刊停刊。7月19日,伦敦建筑工会退出全国各业统一工会。8月20日全国各业统一工会在召开的大会上宣布其活动结束。

托尔普都尔农业工人审判案

1833年下半年开始由各地工会发动的经济罢工使政府和雇主大

[①] 约翰·哈里森:《新道德世界的探索:罗伯特·欧文和欧文主义者在英国和美洲》,第114、348页。

为震惊，他们决心在工会运动尚未壮大之时将它扼杀在襁褓之中。统治阶级对工会的打击在托尔普都尔农业工人案中达到顶峰。

在1834年以前，多塞特郡托尔普都尔村的农业工人经过斗争迫使农场主订约，把农业工人的工资增加到每月10先令。但第二年农场主却撕毁协定一再降低工资，一直降低到每月只付7先令。农业工人为了提高工资，成立了"农村劳工共济会"，采用了全国各业统一工会下属工会组织的章程和仪式。托尔普都尔农业工人的领导人拉夫勒斯在成立分工会时采用了神秘的宗教仪式，准备了一幅6英尺高的死神画像，并带领工人们跪倒在地诵读圣经。[①] 这些具有神秘色彩的行动使农场主惊慌不安，他们怂恿地方治安法官在1834年2月逮捕了农业工人领袖拉夫勒斯兄弟和另外4名农业工人，判了流放7年的重刑，随后匆匆把他们押往澳大利亚流放地。

政府和雇主对农业工人的迫害引起了全国工人群众的愤慨。各地纷纷起草抗议书，到处举行示威抗议。1834年3月24日，伦敦的工会组织在卡洛特街为争取多塞特农业工人减刑召开了请愿大会，有1万人到会。4月14日在纽卡斯尔举行了有10万人参加的声援大会。4月21日伦敦工会联合在哥本哈根广场召开大会，向议会提交为多塞特农业工人申诉的请愿书，有25万人在请愿书上签名。与此同时，奥康诺在议会内外积极为受害的多塞特农业工人奔走辩护。曼彻斯特的工人为受害者的家属募集了一笔款项，请赫瑟林顿代为转交。经过全国工人阶级几年的抗议和斗争，托尔普都尔案的受害者终于回到了英国。

---

① 韦伯夫妇：《英国工会运动史》，第106—108页。

工厂立法运动

19世纪30年代初,英国工人阶级还参加了两次资产阶级改革性质的运动,这就是工厂立法运动和反对新济贫法运动。

工厂立法运动在19世纪30年代以前业已开展,从1830年起达到了一个新高潮。这一运动同时在约克郡西雷丁区和兰开郡的纺织业城镇展开。领导这一运动的有托利党人奥斯特勒、激进派工厂主菲尔顿、工会领袖杜赫蒂、律师和美以美派教士斯蒂芬斯等。其广大参加者却是工人群众。1830年10月奥斯特勒在《里兹使者》上发表了关于"约克郡奴隶制"的公开信,揭露童工每天劳动13小时的悲惨状况,因此震动了全国。1832年春,哈德菲尔德、里兹、布雷德福等地的工人组成了"缩短工时委员会"。1832年3月16日萨德勒提出了10小时工作日法案。议员托利党人阿希利也支持这一法案。在工人阶级和民主派强大压力下,议会于1833年通过了一项工厂法,规定13至18岁的少年每天工作时间不得超过12小时,9至13岁的童工每天工作不得超过8小时,以此保证青少年有时间接受教育。并派出4名工厂视察员以监督这项法令的实施。[①]1834年以后,工厂立法改革继续进行,直到1847年即自由主义政策在英国取得支配地位时,10小时工作制最后实现。虽然工厂法运动的阶级构成在不同时期和不同地区各不相同,但是这一运动的主要领袖及其在议会中的代言人都是托利党和教会人士,通常人们视之为托利党的改革运动。马克思说:"土地贵族受到资产阶级改革法案、废除谷物法的打击和挑战,

---

① 柯尔、菲尔森(合编):《英国工人运动资料选辑,1789—1875年》,伦敦1951年版,第326页。

用强迫议会通过1847年10小时法案进行报仇",这就是这一运动的实质。但是,工人群众的抗议则反映了他们对于剥削工人的血汗制度的不满和斗争。杰出的工人领袖李奇、皮林、麦克法迪思、皮特基思利都积极参加了工厂法改革运动,他们日后参加了宪章运动,成为宪章运动的地方领袖。宪章运动开始以后,他们把争取10小时工作制的要求带进宪章运动,并在1840年成立的全国宪章运动协会中起领导作用。而在宪章运动兴起后,许多参加工厂法改革的工人群众都加入宪章运动。工厂法改革运动为宪章运动在英格兰北部发展提供了部分群众基础。①

反对新济贫法运动

英国长期以来便存在着贫民问题,1834年以前根据斯宾汉姆兰制,一直实行户外救济。1834年调查贫民问题的王室委员会成员西尼尔和查德威克起草了一份报告,认为现存的济贫制度不合理,对济贫法提出修改意见,修改意见主要的内容是:以后只在实行强迫劳动的济贫院中给所有成年贫民发放救济,而不采取户外济贫的方式;中央对地方实施济贫的官员有管理权力,全国济贫工作由政府领导。1834年议会基本采纳了该委员会的建议,通过济贫法修正案。19世纪30年代政府逐年减少济贫金的总额。改革后,在济贫院内供给的食物很少,劳动极为繁重而且无意义,同时还实行违反人性的夫妻、子女分居的隔离制度。工人们愤怒地抨击济贫院是"穷人的巴士底狱"。反对新济贫法的运动也是各阶层人士参加的反抗运动,但贫穷

---

① 沃德:《工厂运动,1830—1855年》,伦敦1962年版,第190页。

的失业劳动者为这一运动中最积极者和主力。

新济贫法最先在英格兰南部农业区实施，它立即引起东盎格利亚和南部诸郡农民的示威和骚动。①1835年5月在布雷德福郡的安普山爆发了示威。12月6日萨福克郡伊普斯威奇的群众聚集起来，摧毁了圣克利索特济贫院的部分建筑。1836年2月德文郡及东北部的康沃尔发生了反济贫法的骚动。

辉格党政府对工人的反抗采取了加强专政统治措施，1835年9月颁布《市镇法》。这一法令把地方司法机构与地方政府分开，以加强法治。地方治安法官不再像以前那样由当地居民提名，而是由国王提名。自治城市的行政官员不再由行会产生，而是从当地的中等阶级和贵族中产生。1839年7月，议会又通过了《乡村警察法》加强对农村的控制。②统治阶级的倒行逆施激起了工人阶级民主运动的高涨。1834年到1835年间，全国每周大约有15万份的报纸在群众中发行。

奥康诺和激进政治协会

1835年9月17日，奥康诺在伦敦建立了马里本激进协会。参加这个组织的有持激进主义观点的小商人、店主和技工。这些人士曾参加过声援多塞特农业工人的斗争和1832年议会改革的斗争。这个协会提出的政治目标体现了潘恩的民主政治思想，它指出："社会最终目标是公众幸福，政府的设立是要保证每个人享有自己的权利。"它

---

① 斯蒂芬森：《1750—1850年英国的群众骚动》，第248页。
② 斯拉特：《近代英国的成长》，伦敦1939年版，第328、331页。

要求实现普选权、法律面前人人平等、保护人身自由、充分享有劳动成果、思想和言论自由。10月初,激进政治协会在伦敦欧文派的全国交换大厦召开第一次群众大会,有3000人参加了这次大会,奥康诺担任了大会主席。他呼吁"人民现在必须把命运掌握在自己手中",并提出要建立一个人民的国民大会。[①] 奥布莱恩在《贫民卫报》上撰文坚决支持激进协会,号召工人争取普选权。以后伦敦各区纷纷成立了激进协会。奥康诺的激进协会的主要作用是在宪章运动开始之前重新提出了普选权的要求。

1836年6月10日奥康诺在伦敦组成了"普选权俱乐部",该组织的任务是"提高工人阶级的道德、智力和政治地位;向他们提供更多的相互友好交往的机会;并使他们和那些有学识的、有政治观点和有道德的、正直的人之间建立紧密的联系","向他们的一切敌人证明,无论在地方上还是在全国,工人阶级完全胜任管理他们自己的事务"。[②] 奥康诺已意识到工人阶级的力量,并把民主运动的希望转移到工人阶级身上。

总之,宪章运动的发生不是偶然的,它是此前几十年议会改革运动和工人民主运动的继续和发展。先期发生的民主运动和工会运动为宪章运动准备和培养了一大批骨干,同时也提供了宝贵的斗争传统和经验,这使得宪章运动无论在规模上、组织上,还是思想上都达到了英国早期工人运动的最高峰。

---

① 爱泼斯坦:《自由之狮:菲格斯·奥康诺和宪章运动,1832—1842年》,伦敦-堪培拉1982年版,第27—28页。
② 爱泼斯坦:《自由之狮:菲格斯·奥康诺和宪章运动,1832—1842年》,第32页。

第二编　宪章运动的第一次高潮

第三章　宪章运动的兴起

伦敦工人协会的成立

1836年6月9日在伦敦塔维斯托克街14号考文特花园召开了伦敦工人协会的第一次会议，洛维特在这个会上提出了伦敦工人协会发起书的草稿。① 6月16日伦敦工人协会的会议通过了发起书，在6月26日会议上通过了协会的规则和章程。② 伦敦工人协会的成立标志着英国宪章运动的开始。

伦敦工人协会最初有33名会员，其中19人是同年4月成立的"争取廉价与正直报刊的工人协会"的成员③。但伦敦工人协会的目标和前者不同，前一个组织的任务仅限于为工人争得出版自由，而伦敦工人协会则要"使社会一切阶级获得平等的政治和社会权利"。

伦敦工人协会是一个旗帜鲜明的工人阶级民主派组织。它宣布，"这个协会的成员无论对辉格党还是托利党政府都毫不信任，它相信这两个党都是公正的立法的敌人，它们只会在这个国家实现和平与幸

---

① 普雷斯手稿，第37733号。
② 乔治·霍威尔：《1836—1850年工人协会的历史》，纽卡斯尔1970年版，第15、35—40页。
③ D. J. 罗：《伦敦工人协会和"人民宪章"》，载《过去和现在》1967年6月号。

福的道路上设置障碍"。① 伦敦工人协会在 1836 年 11 月发表了题为《腐败的下议院》的文件,指出英国 600 万以上成年男子中只有 84 万人有选举权,议员的产生极不平等,目前有两大党派在议会内外进行斗争,这就是农业特权阶级和富裕商业阶级之间的斗争。它号召工人不要充当任何有产阶级政党的工具,选举自己的代表来保护工人阶级的利益。② 这表明伦敦工人协会是站在工人阶级立场上重新提出议会改革任务。伦敦工人协会的工人组织性质还从它对参加者的规定中表现出来。伦敦工人协会规定,它的成员限于工人阶级,支持它的资产阶级和小资产阶级激进派仅仅可以做它的名誉会员。

但是,伦敦工人协会却是一个工人上层分子的组织,它采取关门主义的组织路线,把广大贫苦的下层工人排斥在外,只吸收工人中"有知识和才能的""高尚清醒"者作为其会员。它规定会员要收 5 先令入会费,以后每月收 1 先令的会费。③ 伦敦工人协会采取这些排他的措施是因为它认为没有文化的工人缺少教养,容易冲动,不利于实行它的温和稳健的活动路线。在这种组织原则指导下,伦敦工人协会的组织发展很慢,会员最多时只有 291 人。他们中除 37 人是非体力劳动者外,多数成员来自收入较高的各手工业部门,如排字业、书籍装订业、钟表业、银器业、马车制造业等。只有少数成员在裁缝、鞋匠、建筑、丝织业等收入较低的行业工作。伦敦工人协会的这种构成是和 30 年代后期伦敦缺少大工厂制度直接相联系的。伦敦当时主要的工业部门是制革业、玻璃制造业、丝织业,以及生产奢侈品的工业,因此

---

① 乔治·霍威尔:《1836—1850 年工人协会的历史》,第 49 页。
② 普雷斯手稿,第 27819 号,第 105 页。
③ 《工人协会的规则》,载多萝西·汤普森(主编):《早期宪章派》,伦敦麦克米伦公司 1971 年版,第 50—54 页。

产业工人很少，只是在伦敦东区有一批码头工人。① 伦敦工人协会作为一个上层熟练工人组织在政治上表现出温和性，它规定其具体的目标是争取出版自由，搜集和发表关于工业和社会问题的资料，创立一个全国的教育制度。它将采取造成一种有力的舆论的方法使工人阶级的生活条件无须通过暴力或骚乱而逐渐获得改善。② 它强调用和平的活动方式来实现自己的目标，10月18日伦敦工人协会提出了普选权、秘密投票、每年召开一次议会、平等的代表权、取消议员的财产资格限制等五项要求。③《人民宪章》的主要内容此时已经提出。伦敦工人协会在活动中努力增强工人独立管理社会事务的信心，它安排普通工人组织群众大会，以便使群众相信工人的组织能力。

伦敦工人协会主要领导人有洛维特、赫瑟林顿、沃森、文森特等。威廉·洛维特（1780—1877年）是一个船长的遗腹子，1821年到伦敦后先是在木匠铺当雇工，后为家具木工，并成为家具木工协会主席。他在伦敦技工学院学习过，受到霍奇斯金思想的影响，成为一个欧文主义者。他是1829年成立的伦敦合作工会协会的司库，后为促进合作知识协会的秘书。1830年洛维特投身政治激进主义运动，以后加入了工人阶级全国联合会。1832年他和工人阶级全国联合会的其他领袖就丝织工人的悲惨处境向政府抗议而被捕。1834年全国各业统一工会失败后他向工人们指出，必须进行社会政治改革，否则就得不到自由，真正的自由不可能由议会法案或暴君的敕令赐给。④

---

① 戈姆：《维多利亚朝统治时期的伦敦（1837—1897年）》，伦敦1898年版，第7—10页。
② 洛维特：《威廉·洛维特战斗的一生》，第76—77页。
③ 普雷斯手稿，第27891号，第42页。
④ 洛维特：《威廉·洛维特战斗的一生》，第34页。

亨利·赫瑟林顿（1782—1849）是排字工人，他曾是技工学院最早的学生，曾发行一系列不贴印花税票的报纸，其中最重要的是《贫民卫报》，在《贫民卫报》停刊后，他又发行了《两便士邮报》和《伦敦邮报》。他是反印花税法请愿的领袖，在思想上信奉欧文主义。[1]

约翰·沃森（1799—1874）从18岁起到里兹一家干货商店当学徒，阅读了科贝特和卡莱尔办的报纸，1821年因散发民主派的宣传品被判3年监禁，20年代末参加合作运动。1831年他加入工人阶级全国联合会，并创办一家出版社和书店，发行各种激进主义书籍包括欧文的著作[2]，并推销《贫民卫报》，1833年和1834年他分别被监禁一次。[3]

约翰·克利夫在反印花税法请愿中是赫瑟林顿的有力助手，他在伦敦开了一家书店，把科贝特的民主精神带进他发行的《政治纪事报》，这份报纸的销路很好，他在发动地方宪章运动中起了重要的作用。[4]

1837年2月请愿书的提出

1836年秋伦敦工人协会曾经在调查了议会下院构成的基础上发表了题为《腐败的下议院》的报告。1837年1月资产阶级激进派议员约瑟夫·休谟建议对此报告做一些修改，1月17日伦敦工人协

---

[1] 《贫民卫报》，1834年2月8日。
[2] 《贫民卫报》，1834年2月8日。
[3] 乔治·霍威尔：《1836—1850年工人协会的历史》，第58页。
[4] 乔治·霍威尔：《1836—1850年工人协会的历史》，第59页。

会在讨论了休谟的来信后决定起草一份以争取普选权为目标的请愿书。[①] 1837年2月18日洛维特受伦敦工人协会的委托完成了《致大不列颠及北爱尔兰下议院的请愿书》。2月25日伦敦工人协会一致通过了这份请愿书并决定将它公布于众。

2月28日伦敦工人协会在伦敦皇家和铁锚酒家召开了一次隆重的大会，这是伦敦工人协会公开举行的第一次大会。在伦敦的许多重要的激进政治家都参加了会议。大会通过了伦敦工人协会的请愿书，它在宪章运动中第一次提出了6项政治要求，即平等的代表制，成年公民的普选权，每年召开一次议会，取消议员的财产资格限制，无记名投票选举，议员支付薪金。[②] 它是《人民宪章》的前身，洛维特以后在一份手稿中写道："人民宪章起源于那份请愿书。"

奥康诺和普选权俱乐部

在伦敦工人协会成立前后还成立了奥康诺领导的"普选权俱乐部"和奥布莱恩领导的"中央全国协会"。

菲格斯·奥康诺（1794—1855年）出身于爱尔兰科克郡富有的新教地主家庭。但他的父亲罗哲和叔叔阿瑟受到法国大革命和伏尔泰思想的影响，成为具有自由思想的共和主义者。他们积极投身于爱尔兰民族独立运动，曾是1790年代爱尔兰人大同盟的领袖。奥康诺在家中便广泛接触到科贝特、亨特的激进主义思想，[③] 以后又进都柏林三一学院、皇家法学院和格雷法学院学习。他对爱尔兰农民秘密团体

---

① 乔治·霍威尔：《1836—1850年工人协会的历史》，第59页。
② 波斯特盖特（主编）：《革命文献，1789—1906年》，第113—116页。
③ 爱泼斯坦：《自由之狮：菲格斯·奥康诺和宪章运动，1832—1842年》，第8页。

"白衣队"的反英起义持同情态度。1831年他投身改革运动，1832年在科克郡击败辉格党候选人当选为议员。他在议会中提倡出版自由，反对辉格党压制不贴印花税票的激进出版物。①1833年他到伦敦后站在工人阶级全国联合会方面与辉格党政府做斗争。

1835年9月奥康诺在伦敦建立了由工人和资产阶级激进派参加的"大马里本激进协会"，到次年5月它在伦敦至少有8个分会。工人阶级全国联合会在1833年以后迅速衰落，到1835年12月该组织便与大马里本激进协会正式合并，克利夫、奥布莱恩、墨菲都参加了这个组织。1836年6月奥康诺在大马里本激进协会的基础上建立了工人民主派组织"普选权俱乐部"。这个组织除了要求普选权外，还要求"提高工人阶级的道德、知识和政治素质"。1836年11月奥康诺成为伦敦工人协会的名誉会员，他逐渐把注意力转向英格兰北部的工人运动。②

在伦敦工人协会提出以普选权为中心的6条要求前后，不止一个工人组织考虑过类似的要求，奥布莱恩从1837年初起发行《布朗特里的全国改革者报》，其宗旨是要"在相互间实现社会平等"，"为达到这一目标，我们首先要取得彼此间的政治平等。为了取得政治平等，我们必须更广泛和有效地把工人阶级组织起来"。③

---

① 里德、格拉斯哥：《菲格斯·奥康诺：爱尔兰人和宪章派》，伦敦1961年版，第57页。
② 爱泼斯坦：《自由之狮：菲格斯·奥康诺和宪章运动，1832—1842年》，第24—30页。
③ 波斯特盖特（主编）：《革命文献，1789—1906年》，第113页。普卢默：《布朗特里·奥布莱恩的政治传记》，第74页。

英格兰北部工人的发动

1837年初英格兰北部工业区的工人迅速投身于宪章运动,成为一支强大的生力军。

1836年底到1837年1月,济贫法委员会到英格兰北部兰开郡和约克郡实施新济贫法,激起了贫困劳动者的强烈反抗。1837年初在坎姆福德和斯特拉顿发生了群众性的捣毁济贫院的暴动。[①] 1837年5月中旬由约克郡反济贫法协会召开的哈德希尔德荒原示威大会大约有10万至25万群众参加。以后,在1838年夏坎特伯雷发生了以威廉·考特尼领导的农业工人反对新济贫法暴动,他们与军队发生了冲突。参加反对新济贫法斗争的有失业和半失业工人、手工织工和其他手工工人。但是初期反新济贫法的斗争纯粹是经济性质的,没有提出政治要求。

东伦敦民主协会的建立　朱利安·哈尼

1837年1月29日东伦敦民主协会在伦敦东区即工人区创立了,这天是杰出的民主派人士潘恩诞辰纪念日。东伦敦民主协会的活跃分子在二三十年代民主运动中已崭露头角。查尔斯·尼索姆是工人阶级全国联合会的活跃分子,艾伦·达文波特与斯宾塞派和欧文主义者均有密切联系,萨缪尔·瓦丁顿和卡图街密谋有联系,约翰·哈普和威廉·乔治是改革运动的积极参加者,朱利安·哈尼、理查德·洛金斯、托马斯·埃尔兰和洛里默是反印花税法斗争的积极参加者,威

---

① 斯蒂芬森:《1750—1850年英国的群众骚动》,第247—248页。

廉·伯顿参加过普选权俱乐部。① 东伦敦民主协会代表的不是上层熟练工匠,而是像兰开郡纱厂工人、威尔士铁业工人和矿工、伦敦码头工人这样一些贫苦工人的利益。②

东伦敦民主协会的书记是朱利安·哈尼（1817—1897年），其父曾是皇家海军的水手，哈尼11岁时进格林威治皇家海军学校，16岁时到赫瑟林顿的书店里当学徒，曾因为出售反印花税法的《贫民卫报》几次被捕，他崇拜奥布莱恩和马拉，把奥布莱恩称为自己的"向导、哲学家和朋友"。1837年初哈尼、达文波特和尼索姆一起创立了东伦敦民主协会。

东伦敦民主协会在其纲领中表示要"通过传播伟大的哲学家和人类的救世主、不朽的托马斯·潘恩所宣传的原则，改善工人阶级的道德和政治状况"。③ 它把反对政治压迫和经济剥削都看作自己的任务。它还指出，利用一切促进社会进步的机会有效地确立社会和政治普通平等的原则。为达到这一目的，他们希望把一切没有代表权的阶级统一在一个兄弟团体之中，以争得普选权。这个协会相信，只要无产阶级在议会中还没有自己足够的忠实代表，绝不会有对他们公正的立法。④ 东伦敦民主协会极其重视广大工人群众关心的问题，如新济贫法、劳动时间过长和资本家削减工资、增加劳动强度等一系列问题。可以说，东伦敦民主协会的纲领较多地反映了贫苦工人的政治经济要求。

---

① 爱泼斯坦、多萝西·汤普森（合编）：《宪章运动的经验》，伦敦1982年版，第87—89页。
② 斯科恩：《宪章派的挑战》，海因曼出版社1958年版，第32页。
③ 多萝西·汤普森（主编）：《早期宪章派》，第55页。
④ 戴维·琼斯：《宪章运动和宪章派》，第69—70页。

东伦敦民主协会深受18世纪末法国资产阶级革命民主精神的影响。在伦敦民主协会示威时,他们的一面旗帜上就有一顶法国革命时代的自由之帽,旗帜上还写有一句法国革命时期的口号:"我们生为自由而生,死为自由而死。"[1]哈尼把东伦敦民主协会视为当年雅各宾民主精神的体现者。他写道:"雅各宾俱乐部的精神在民主协会中再次获得生命并发扬光大,邪恶的暴君将吃苦头,因为英国也有她自己的马拉、圣茹斯特和罗伯斯庇尔。"东伦敦民主协会在策略上有较强的革命性。在它的会员卡上印有这样的口号:"我们有这样的权利——如果可能,我们就采取和平的方式;如果需要,我们将诉诸暴力。"它还借助《圣经》典故表示忠于原则不变节的决心,它写道:"用一把剑架到他头上也不能使他卖掉自己的外套去买另一件。"[2]

在此前后还成立了其他有影响的民主派组织。1837年3月17日伯纳德、拜尔、奥康诺、奥布莱恩、墨菲和罗哲斯成立了"中央全国委员会",这个组织的目标是争取普选权,改革现存的工业、商业和农业的法律,取消新济贫法。约翰·拜尔担任了中央全国委员会的书记。以后文森特和哈特韦尔也加入了该协会。

格拉斯哥纺织工人大罢工

由于经济的萧条,格拉斯哥纺织工人的工资被削减了15%。从1837年4月8日起,格拉斯哥纺织工人开始了一场大罢工。这场罢工进行得很激烈,工人们不止一次和政府发生冲突。在冲突中,一个叫

---

[1] 普雷斯剪报,第56辑,第350页。
[2] 爱泼斯坦、多萝西·汤普森(合编):《宪章运动的经验》,第95页。

史密斯的工贼在大街上被打死。政府逮捕了领导罢工的保卫委员会的全体成员，把杀死史密斯的罪名加在罢工工人头上，指控工人进行非法的密谋宣誓，还指控他们在工厂纵火、侵入住宅。政府还指控工会征收会费用以资助迁离本地的会员和救济闲散的纺织工人，还指责工会负责人在罢工中用这些钱来设立警戒线，防止新招募来的工人进厂工作接受很低的工资。在这些难以凭信的"证据"面前，罢工委员会的5名委员于1838年1月被判处流放7年。[①]

格拉斯哥纺织工人审判案震动了全国，工人们感到这与4年前托尔普都尔农业工人审判案如出一辙。1838年初，奥康奈尔等激进派议员公开攻击工会，并经他们动议于1838年2月成立议会专门委员会审查工会组织。这使得整个工会运动警觉起来。伦敦各业工会和工人协会组成了"伦敦各业工会混合委员会"，领导工人与政府迫害工会的行为做斗争。[②]这个委员会派出证人为被捕工人辩护，发表了《为回答对工会的攻击告工人阶级书》，号召工人起来与政府做斗争。[③]全国各地都成立了支援格拉斯哥纺织工人的委员会，政府感到形势不妙，于是将该案不了了之。

《人民宪章》的起草

1837年3月31日，伦敦工人协会在不列颠咖啡馆召集了一次会议。激进派议员休谟、奥康奈尔、鲍林、利德、汤普森、豪厄士、克劳福德、汉德雷参加了会议。双方探讨了合作的可能性。议员罗勃克

[①] 赖特：《苏格兰的宪章运动》，爱丁堡1953年版，第30页。
[②] 霍威尔：《宪章运动》，曼彻斯特1925年版，第72页。
[③] 洛维特：《威廉·洛维特战斗的一生》，第xvii页。

答应将来在议会提出请愿书,但是这批激进派议员表示由于多种原因无法支持请愿书的全部内容,到会者通过一项决议:指派一个由12人组成的委员会起草一项法案或几项法案,它包括一致同意的原则,把它们提交给由议会自由派议员和工人协会参加的另一个会议。① 同时,成立一个由3名工人协会的代表和6名激进派议员组成的委员会来实施这个决议。

这次会议后不久威廉四世去世,全国开始大选。但大选的结果对资产阶级激进派很不利,罗勃克和汤普森落选了。当双边会议再次召开时,罗勃克离开了委员会,其他激进派议员也加入了自由贸易的请愿中去。最后,洛维特只得独自起草这项议案。在洛维特最初拟定的草稿中,包括了关于妇女普选权在内的条款。但普雷斯提出,如果普选权把妇女也包括在内,会使《人民宪章》遭到社会上层分子的反对。他修改了这一条,把普选权限于男子,降低了这一议案的民主性内容的水准。② 5月31日至6月7日,6名伦敦工人协会成员和6名激进派议员举行会议,通过了《人民宪章》的原则基础:凡年满21岁的男子精神健全目前不因犯罪而坐牢者均有选举权、秘密投票、议员不应有财产资格限制、议员支薪、平等的选区、议会每年改选③,激进派议员保证将《人民宪章》在议会中提出。

伯明翰政治同盟的复兴

1837年5月23日伯明翰政治同盟复兴了。它的前身是1829

---

① 韦斯特:《宪章运动史》,伦敦1920年版,第78页。
② 马科伯:《英国激进主义,1832—1852年》,伦敦1935年版,第116页脚注4。洛维特:《威廉·洛维特战斗的一生》,第141页脚注1。
③ 柯尔、菲尔森(合编):《英国工人运动资料选辑,1789—1875年》,第352页。

年12月创立的"伯明翰下等和中等阶级的人民同盟"。参加这个组织的有中等阶级和一些工人群众。它的创始人托马斯·阿特伍德(1783—1856年)为伯明翰银行家,他站在工业资产阶级的立场上。他和同伴长期以来一直在倡导以发行纸币为内容的币制改革计划。30年代阿特伍德面对工人和资产阶级之间日益激烈的冲突和工人阶级政治独立性的增长深感不安。他认为唯一方法是鼓动人民起来改革议会,他采取了竭力协调工人和资产阶级关系的策略。他所拟定的政治联合会的纲领写道:"利用各种公平和合法的手段改革议会下院,以期该院能真正有效地代表下层和中间阶级的人民",促进"一切阶级间的和平、团结与和谐"。① 他还宣传说:"雇主和工人们的利益事实上是一回事。如果雇主发了财,工人的生活也会随之好起来。"② 利用工人阶级的力量来达到雇主的目的,"用工人的手去敲政府的大门",这便是伯明翰政治同盟的真实用意。

1837年1月阿特伍德和斯科菲尔德曾提出一项改革纲领,它包括户主选举权或纳税人代表制,3年改选一次议会,秘密投票,取消议员候选人的财产资格限制和议员支薪五项要求。③ 6月底伯明翰政治同盟在纽豪尔山大会上宣布了这一纲领。在参加该同盟的工人的激烈反对下,同盟领袖不得不把户主选举权改为男子选举权,但仍没有提出平等选区的要求。到1839年伯明翰政治同盟除了男子普选权要求外,又提出了取消谷物法、取消皮尔的金本位制立法、取消新济贫法和改革工厂制度4项要求,伯明翰政治同盟随后派出使者到英格兰

---

① 比尔:《英国社会主义史》,上卷,第266页。
② 布里格斯:《托马斯·阿特伍德和伯明翰政治同盟的经济背景》,载《剑桥历史杂志》第9卷第2期,1948年,第191页。
③ 爱泼斯坦、多萝西·汤普森(合编):《宪章运动的经验》,第72页。

中部、北部和苏格兰工商业中心从事鼓动工作。它的使者中最杰出的是机械工人约翰·柯林斯。

工业区的工人阶级投身宪章运动

宪章运动开始后，伦敦工人协会和伯明翰政治同盟派出使者到各地去发动群众，各地工人也仿效这两个组织，在当地组织起工人组织。1836年7月休奇·威廉在威尔士的卡马森建立工人协会并召开了激进派大会。① 1837年3月伦敦工人协会派克利夫去布赖顿巡回演说。② 5月赫瑟林顿去约克郡演说，1837年3月在兰开郡的斯托克堡召开了一次支持普选权等6项要求的大会，4月在曼彻斯特也召开了支持普选权、每年召开一次议会和秘密投票要求的大会。7月奥康诺和奥布莱恩在曼彻斯特群众大会上向工人宣传《人民宪章》包含的原则。1838年7月在曼彻斯特先后建立两个宪章派组织曼彻斯特普选权协会和曼彻斯特政治同盟。1837年11月在韦尔什普尔、牛顿、兰尼卢等地建立了工人协会。③ 1837年8月底在里兹的伍德豪斯荒原召开了群众大会，伦敦工人协会的代表克利夫和文森特到会讲话，他们劝告里兹的工人仿效伦敦的榜样。大会召开三月以后里兹工人协会召开了第一次全体会议，约翰·勃雷担任了司库。④ 而在纽卡斯尔波蒙特于1837年10月开始发行《北方解放者报》。

英格兰北部纺织工业区是英国工业革命后重要的工业中心之一。

---

① 威廉·戴维：《约翰·弗罗斯特》，第100页。
② 多萝西·汤普森（主编）：《早期宪章派》，第38页。
③ 罗亚尔：《宪章运动》，朗曼出版公司1980年版，第22页。
④ 布里格斯（主编）：《宪章运动研究》，第65页。

纺织工人更是工人运动中举足轻重的一支力量。但是英格兰北部工业区支持宪章运动的工人群众并不像伦敦技工那样把普选权当作斗争的最终目标,他们首先关心的是切身的经济利益、改革工厂法、实现10小时工作制和废除新济贫法。1837年格拉斯哥纺织工人大罢工事件之后,杜赫蒂宣布,曼彻斯特工人"他们的主要目标是不让工资再下降",并"使议会通过法令,缩短工厂工人的劳动时间"。① 在工人中享有威信的监理会牧师斯蒂芬斯则希望首先废除新济贫法。②

伦敦工人协会和激进派议员加速磋商向议会请愿事宜和伯明翰政治同盟的复兴和活动实际上在宪章运动中提出了在全国范围内把工人群众组织起来去争取实现普选权等要求的任务。而其中最重要的是把北部工业区的工人力量汇集到宪章运动的洪流中来。这一任务却不是伯明翰工业资产阶级和伦敦熟练技工所能担当的。奥康诺在发动英格兰北部工人中起了重要作用。

奥康诺和《北极星报》

奥康诺有较丰富的政治经验,他充分了解工人阶级在英国的政治民主运动中的重要作用。他曾说:"工人阶级是这个社会中尊重我的唯一阶级,要没有他们我什么事情也做不成。"③ 由于奥康诺在1832年为议会改革进行的斗争和后来创立激进政治协会的活动,同时因为他了解贫苦工人的情绪,他在英格兰和苏格兰享有很高的声誉。

1837年夏季奥康诺把精力集中到发动英格兰北部工人群众上来,

---

① 沃德:《工厂运动,1830—1855年》,伦敦1962年版,第203页。
② 霍威尔:《宪章运动》,第97页。
③ 爱泼斯坦:《自由之狮:菲格斯·奥康诺和宪章运动,1832—1842年》,第92页。

第三章 宪章运动的兴起

他和活跃在北部的奥斯特勒、斯蒂芬斯建立了友好关系。1837年下半年，由于政府在工业区重新开始实施新济贫法，反对新济贫法的斗争复苏并表现出巨大的力量。1837年11月成立南兰开郡反济贫法协会，它发展得很快，到1838年它在兰开郡和柴郡已有38个分会。① 南兰开郡和约克郡西雷丁区提出通过群众请愿取消新济贫法的计划。奥康诺、斯蒂芬斯和奥斯特勒是各地召开的声势浩大的群众大会的主要讲演人。

1837年5月奥康诺向里兹激进的出版商霍布森提议在英格兰北部创办一份激进报纸的计划，得到霍布森支持，为了解决办报的资金，奥康诺投资500英镑，其余所需资金以每股一镑和10%的红利从各地征集。书商约翰·阿迪尔在里兹和哈利法克斯，布西在布雷德福，皮特基思利从哈德斯菲尔德分别为报纸筹集股金，从上述地区和里兹、赫尔共筹得500镑，在奥德姆、罗其代尔也筹得部分款项。② 这样，《北极星报》在1837年11月18日创刊。威廉·希尔是该报的发行人。

《北极星报》系周报，每期8版，它传播各种民主政治运动的信息，为宪章派提供了一个讲坛，受到宪章派的欢迎，他们说："没有它，我们一切努力都不可能取得成果。"③《北极星报》1837年12月每期出售达1万份，以后渐增，1839年平均每期出售36000份，其中1839年7月每期出售5万份，达到最高点。④ 以前的英国民主运动中

---

① 沃德（主编）：《1830—1850年代的人民运动》，伦敦1978年版，第82—87页。
② 爱泼斯坦：《自由之狮：菲格斯·奥康诺和宪章运动，1832—1842年》，第55—56页。
③ 《北极星报》，1837年12月16日。
④ 爱泼斯坦：《自由之狮：菲格斯·奥康诺和宪章运动，1832—1842年》，第69页。

还没有哪一份刊物有如此大的发行量。

《北极星报》的出版得到奥布莱恩的支持。1838年奥布莱恩撰写了许多战斗性的文章在《北极星报》上发表。他用阶级斗争观点来引导工人认识反对新济贫法斗争的意义，他指出："新济贫法是要把所有的劳动者置于富有的有产者阶级的控制之下。"① 奥康诺在指导北部工人的活动中告诫工人们："济贫法的根本意图是把工资降到尽可能低的标准"，"资本家始终拒绝你们取得公正的劳动报酬"。② 他为工人们算了一笔账，"雇佣4000工人的厂主以每小时2便士的工资报酬迫使工人每天干2小时剩余劳动，一年下来就从他们身上榨取11000镑"。③ 奥康诺已经在揭露资本主义剥削的本质，这正是奥康诺高出斯蒂芬斯一筹之处。

在反对新济贫法的斗争中，一些地方工人领袖也意识到争取普选权这一政治目标的重要性。工会领袖本杰明·腊希顿对工人说："只要你们一天不取得普选权，贵族就要继续掠夺你们一天，征税而无代表权一点也不比拦路抢劫好些，如果你们取得普选权，就会取得你们所要求的一切。"④

1838年2月菲尔登和斯坦厄普在下院提出废除济贫法修正案的议案。但下院以压倒多数否决了这一提案。1838年春季，反对新济贫法运动开始衰落。

---

① 沃德（主编）：《1830—1850年代的人民运动》，第81页。普卢默：《布朗特里·奥布莱恩的政治传记》，第84页。
② 《北极星报》，1837年12月16日。
③ 《北极星报》，1837年12月16日。
④ 多萝西·汤普森（主编）：《早期宪章派》，第68页。

大北联合会的成立

在菲尔登废除新济贫法的议会提案失败后,奥康诺提出建立"大北联合会"的计划。1838年6月5日在里兹郊外的亨兹莱特荒原举行的大会上正式成立了大北联合会。乔治·怀特当选为大北联合会的书记。① 大会选出一个负责起草纲领的委员会。乔治·罗伯逊为委员会主席。奥康诺为委员会的秘书,他草拟了大北联合会的纲领。

大北联合会强调,人民应当进行一场伟大的斗争迫使政府放弃其政治特权,除此而外,工人阶级没有希望保护自己的生命财产,也不可能在自己的行业中得到合理的报酬。它指出,在政治和社会上连成一体的工人阶级这个整体内部不存在什么单个集团的利益;当一个工人团体受压迫时,整个工人阶级就是在受压迫。对于它的斗争策略,大北联合会指出:"通过道德力量不能获得为宪法所保证而为某一政党企图取消的特权,或宪法横遭侵犯时,在必要情况下可以诉诸暴力。"②

大北联合会对于把英格兰北部参加反对新济贫法运动和工厂改革运动的工人力量团结到宪章运动中来起了重要作用。至于这个组织本身,它是各激进协会和工人协会松散的联合,只存在了一个不长的时期。它的中坚力量是西雷丁的工人组织。《人民宪章》正式发表以后,大北联合会组织英格兰北部工人为《全国请愿书》的通过进行了斗争,1839年初国民大会召开时它的会员有62000人。③

英格兰北部工人运动的领袖还有斯蒂芬斯、泰勒、哈尼、波蒙

---

① 戴维·琼斯:《宪章运动和宪章派》,第66页。
② 《北极星报》,1838年5月5日。
③ 皮科克:《布雷德福的宪章运动,1838—1840年》,约克1956年版,第18页。

特、洛厄里、巴锡等人。

约瑟夫·斯蒂芬斯（1805—1879年）从1825年起为卫理公会传教士，先后在切尔特南和兰开郡阿希顿布道。尽管卫理公会在政治倾向上毫无进步可言，但斯蒂芬斯了解到工人的悲惨处境以后，便强烈地谴责工厂制度对劳动者的迫害摧残，参加了工厂改革运动和政教分离运动，成为现存秩序的批评者。他因此被解除教职，失去布道的教堂。这却使工人群众对他的敬意日增。工人在阿希顿为他建造了三座教堂。当新济贫法开始实施后，斯蒂芬斯投身于反对新济贫法的革命鼓动。他鼓动说："人民不能再忍受这种生活了，大家不能坐视夫妻子女彼此分离，被投入牢狱，靠粥汤来苟延残喘。""如果他们（指统治阶级）不肯改革这项法律，好吧，就把它连根拔掉，而他们就得经历一次他们十分恐惧的革命。"但斯蒂芬斯对宪章运动的纲领有保留意见，他认为选举权是每个人应有的基本权利，但他从未提到《人民宪章》的另5条要求和《人民宪章》名称本身。①

约翰·泰勒（1805—1842年）出生在苏格兰一个富裕家庭，曾一度旅居法国，在英国民主运动和工人运动高潮中回国，曾在格拉斯哥纺织工人审判案中为工人辩护，因而在工人中声望很高，以后积极投身宪章运动。他的鼓动具有革命色彩，他曾说："我只有在死的时候才放下我的佩刀，我要亲手用铅笔蘸上热血在暴君身上写下他的墓志铭。"②

奥古斯特·波蒙特（1800—1838年）是一名律师，出生在具有激进主义倾向的上层家庭里，曾在伦敦创办过一份激进报纸，后移居

---

① 凯姆厄茨·雅克：《斯蒂芬斯和宪章运动》，载《国际社会史评论》第19卷第2期，1974年，第215页。
② 霍威尔：《宪章运动》，第92页。

纽卡斯尔，从1837年10月帮助创办《北方解放者报》。波蒙特在发动北安普顿和达勒姆等地宪章运动中起了很大作用。1838年6月英格兰东北部的宪章派在纽卡斯尔创建了"北方政治同盟"。① 但泰勒和波蒙特仍属于过去那个时代的雅各宾式的小资产阶级激进民主派。

罗伯特·洛尼里出身于苏格兰一个教士家庭，后成为纽卡斯尔裁缝。他年轻时常省下伙食费来买书自学。他曾在数万人大会上为被迫害的多塞特农业工人辩护，并在纽卡斯尔裁缝中组织一个工会。他参加了反印花税法斗争，1837年底成为波蒙特的《北方解放者报》的代理人。②

《人民宪章》和《全国请愿书》的发表

1838年5月8日宪章运动的纲领《人民宪章》发表了。洛维特是这份文件的起草者。《人民宪章》是一份递交议会下院的法案，它由绪言、选举资格条件、平等的选区、选举的安排、每年召开一次议会、议员支薪等13个条款构成。其中心内容是6项政治要求，即成年男子普选权、秘密投票、废除议员的财产资格限制、议员支薪、平等的选区和议会每年改选。这6项要求以男子普选权为中心，它希望工人阶级首先取得选举权，以实现政治民主化。③ 洛维特在公布《人民宪章》时强调："实行代表制的自治政府是政权唯一公正的基础，它是宪法权利的唯一真正基础，也是良好的法律的唯一源泉。""政治

---

① 多萝西·汤普森（主编）：《早期宪章派》，第38页。
② 霍利斯：《宪章运动的自由主义和罗伯特·洛尼里》，载《英国历史评论》第82卷，第503—508页。
③ 洛维特：《威廉·洛维特战斗的一生》，第141—142、318—330页。

和社会的弊端大都导源于腐败和独占的立法权。补救的办法唯有把现今为少数人操纵的权利交给大多数人行使。"①

《人民宪章》的要求没有超出彻底的资产阶级政治民主的范畴。而争取普选权的民主斗争在17世纪以后的英国已有历史传统。资产阶级革命时期,代表城乡小资产阶级利益的平等派曾在1647年10月提出过《人民公约》这样的民主政治纲领,要求解散长期议会、议会每两年改选一次、各选区的议席按居民人数分配、男子应有普选权。1649年再版的《人民公约》则要求议会每年改选一次。1771年休谟提出每年改选一次议会,剥夺衰败选区的代表权,把选举权扩大到苏格兰人和户主,秘密投票,"恢复萨克森时代的原则",改变宪政的腐化趋势。②1776年卡特莱特提出了议会每年改选一次、给予成年男子普选权、用投票方式选举、平等的代表权和议员支薪的要求,他坚持选民要有财产资格限制。③1780年约翰·杰布在《威斯敏斯特小组委员会的报告》中提出了日后收入《人民宪章》的全部6项要求。④英国工人阶级民主派熟悉上述民主运动的历史。宪章派还认为"普选权是直至亨利四世为止英国宪政的一贯特点"⑤,宪章运动的要求"来源于大宪章"。⑥正如恩格斯指出,这一次伟大的英国工人阶级的政治运动采取了旧的传统的形式。⑦

---

① 比尔:《英国社会主义史》,下卷,第25—26页。
② 帕西纳:《1771—1848年英国激进主义政治中的协会、国民大会和反议会》,载《英国历史评论》第87卷,1973年7月。
③ 坎农:《议会改革,1640—1832年》,剑桥大学出版社1973年版,第70页。
④ 马科伯(主编):《激进主义》,伦敦1952年版,第37—39页。
⑤ 马瑟(主编):《宪章运动和社会》,伦敦1980年版,第21页。
⑥ 《北极星报》,1838年5月5日。
⑦ 《马克思恩格斯选集》第4卷,人民出版社1972年版,第338页。

宪章运动的纲领采用传统的民主运动的口号对于这次独立的工人运动来说可谓利弊兼有。一方面它较易为劳动群众接受，易于团结和争取各阶层民主派人士对宪章运动的支持；但另一方面，旧的传统的政治口号要明确反映工人阶级独立的阶级利益并引导工人运动发展到较高的阶段却很困难。

几乎同时，伯明翰政治同盟在5月4日也提出了自己的纲领性文件《全国请愿书》。这份文件把工人和资本家及商人的抱怨混为一谈，它写道："资本得不到利润，工人得不到报偿"，"济贫院人满为患，制造厂荒芜凄凉"。它提出："雇主资本的正当利润决不能再剥夺，工人劳动的正常报酬也不能再被剥夺。"《全国请愿书》提出的基本要求是5条：即普选权、秘密投票、每年召开一次议会、规定议员的薪金和取消议员的财产资格限制。① 由于阿特伍德和伯明翰政治联合会在1832年议会改革运动中对群众产生的影响，《全国请愿书》曾一度获得比《人民宪章》更大的呼声，但觉悟的工人都很清楚伯明翰政治同盟和工人阶级有着根本不同的利益。

1838年上半年宪章运动在全国发展很快。5月28日格拉斯哥宪章派在格林草坪举行了一次盛大的集会，有15万人参加。伯明翰政治同盟的阿特伍德、道格拉斯、柯林斯和伦敦工人协会的莫菲、沃德，以及1837年格拉斯哥棉织工人案中受迫害的工人詹姆斯·尼希出席了大会。《全国请愿书》和《人民宪章》通过这次大会同时向全国公布。② 1838年7月17日伯明翰政治同盟提出召开一次"国民大会"的计划，这个计划得到宪章派的赞成。

---

① 比尔：《英国社会主义史》，下卷，第30—31页。
② 霍威尔：《宪章运动》，第105—106页。

8月6日在伯明翰纽豪尔山召开了20万人的露天大会,到会的除伯明翰政治同盟的领导人外,还有约克郡宪章派的代表奥康诺,兰开郡的代表理查逊,伦敦工人协会的沃森、文森特、赫瑟林顿,苏格兰民主派的代表珀迪和莫伊尔。阿特伍德是大会的主要讲演人,他的发言持续了两个多小时,他要求取消谷物法和新济贫法、改革工厂制度。芒茨在讲话中呼吁各地分散的运动一齐集中到争取《全国请愿书》和《人民宪章》的斗争中来。这一意见得到与会者的支持。大会最后选举了出席宪章派国民大会的代表。①

　　5月28日的格拉斯哥大会和8月6日伯明翰大会是宪章运动在全国掀起高潮的起点。但是,《人民宪章》和《全国请愿书》的提出有不同的阶级基础,其要求本身亦有差别。格拉斯哥大会以后伦敦工人协会和伯明翰政治同盟进行了谈判。伦敦工人协会的代表文森特报告说:"他们在细节问题上意见和你们并不一致。"② 最后伦敦工人协会做出让步,同意把《全国请愿书》作为实现《人民宪章》的第一次请愿书。③ 但是双方的分歧依然存在。1839年5月7日奥康诺和洛维特访问了阿特伍德,希望他在议会中提出《人民宪章》,阿特伍德说他不愿意这样做,他赞成《人民宪章》中的5条,但改变选区的旧选举方式却是他所反对的,理由是如果选举权的分配完全按照《人民宪章》所规定的施行,结果必然使爱尔兰获得半数的代表。如果爱尔兰人继续增加,英格兰人继续减少,则世界上最下贱的人将取得国家的立法权,而洛维特说:"我们把爱尔兰人看作是我们的兄弟。"伯明翰

---

① 霍威尔:《宪章运动》,第107页。韦斯特:《宪章运动史》,第95页。
② 乔奇:《早期宪章派组织和1839年国民大会》,载《国际社会史评论》第20卷,1975年,第372页。
③ 洛维特:《威廉·洛维特战斗的一生》,第142—143页。

政治同盟的纲领很明显带有资产阶级的局限性。

宪章派内部的分歧和争论

在工人阶级内部,《人民宪章》团结了分散在工厂法改革、反对新济贫法、争取爱尔兰民族自治等各条战线上工人的力量,形成一股强大的民主运动洪流。但是《人民宪章》给参加宪章运动的各个阶层和各个派别留下很大的解释余地,接受《人民宪章》的人和制订《人民宪章》的人对这一纲领的理解差别很大,他们在对《人民宪章》解释时加入了自己的要求和见解。

宪章派的一种意见认为,取得政治民主是宪章运动的最终目的,只要实现了普选权,什么问题都解决了。他们希望"由每一个阶级推出聪明和优秀的人组成议会,提出有效的措施使所有的人都得到幸福"。[1] 普选权足以摧毁工人脖子上的锁链。[2] 他们希望普选能产生一个"好政府","防止苛法侵害并保障安全"。[3] 这是宪章派右翼的观点。

另一种意见认为,《人民宪章》是工人阶级争取改造社会的一种手段。哈尼说:"我们要求普选权","我们相信它将给我们的国家带来面包、牛肉和啤酒"。[4] "我们的要求是什么?是要使我们能够活下

---

[1] 洛维特:《威廉·洛维特战斗的一生》,第96页。
[2] 摩里斯(主编):《从科贝特到宪章运动》,第239页。
[3] 多萝西·汤普森(主编):《早期宪章派》,第89—90页。
[4] 莫尔顿、台德:《英国工人运动史》,生活·读书·新知三联书店1962年版,第79页。

去，并保卫我们的财产——我们的劳动。"①和贫苦工人有密切联系的斯蒂芬斯通俗地解释说："男子普选权归根到底是要解决'刀子和叉子'的问题"，"我们国土上每一个劳动者身上应当有件好上衣，头上有顶好帽子，全家有安静的住处，桌上有可口的晚餐"。②事实上，社会经济要求是参加宪章运动的贫苦工人的基本要求。例如凯特林激进协会"要求无论在何处能使我们为自己和家庭买到最便宜的食物"。该组织还要求给每个人分配土地。③

宪章派内部的分歧和争论的一个主要问题是工人阶级在政治民主运动中是否应坚持政治独立性的问题，左翼宪章派反对和资产阶级激进派结盟，认为这种做法背叛了工人阶级的利益。

1837年底奥康奈尔在下院关于格拉斯哥纺织工人罢工案的辩论中公开攻击工会运动。当时还是伦敦工人协会会员的哈尼等人代表伦敦工人协会谴责了奥康奈尔。哈尼在1838年1月的一次会议上提出了谴责奥康奈尔的5点决议案，并写了一封给奥康奈尔的公开信。然而，伦敦工人协会却通过一项决议谴责哈尼的行动。这导致3月6日哈尼、汤姆·爱尔生以及尼索姆一同退出了伦敦工人协会，他们在3月24日发表《致不列颠和爱尔兰千百万工人阶级书》，批评和嘲笑伦敦工人协会希望通过教育来帮助工人阶级获得解放，并寄希望于格罗特、沃伯顿和奥康奈尔这些"无耻的家伙"的幻想，指出只要政治权力仍然被少数人控制，任何教育制度就只能延续人民的奴隶状况。④在宪章派的思想交锋中，左翼宪章派的旗帜更加鲜明。哈尼在

---

① 《职工报》，1839年2月10日。
② 《北极星报》，1839年9月29日。
③ 多萝西·汤普森（主编）：《早期宪章派》，第106、110页。
④ 爱波斯坦、多萝西·汤普森（合编）：《宪章运动的经验》，第90页。

8月宣布,"一个首都无产阶级的组织正在形成中"。同月,东伦敦民主协会易名为伦敦民主协会。11月13日奥康诺未经邀请就出席了伯明翰政治同盟召开的大会,在会上揭露了伯明翰同盟自相矛盾之处。12月下旬曼彻斯特政治同盟在伯明翰发表的一封给工人阶级的信说:"工人们,要当心,在你们工作时不要让富有的商人和工厂主把你们引入奥康奈尔的圈套,没有你们的帮助他们不足挂齿。你们要把自己的事情管起来。我们不要任何富有者领导和驾驭我们,而要以真正的民主精神管理我们的事务。"① 伦敦民主协会则把激进派议员斥之为"无耻的信奉马尔萨斯的激进派"。②

1838年下半年,随着第一次国民大会筹备工作的开展,宪章派内部围绕应当采取何种活动路线和斗争策略,是采取和平的请愿方式使议会接受《人民宪章》,还是诉诸暴力拿起武器进行斗争展开了激烈的争论。斯蒂芬斯、奥斯特勒、弗莱彻号召工人武装起来进行斗争。他们对人民说,只要武装起来,新济贫法就无法存在下去,武装人民是一种合乎宪法的权利。③ 1838年11月《北方解放者》告诫人民说:英国人民早就应该武装起来,这是人民所拥有的最古老的权利。斯蒂芬斯在阿希顿的群众讲演中说:"出席宪章派国民大会的应当是武装起来的人民的代表。"④ 奥康诺在罗其代尔的大会上提出把1839年9月29日作为人民胜利的期限,如果到29日辉格党还不给予他们自由,人民到30日将用暴力索取它。⑤

---

① 《北极星报》,1838年11月17日。
② 斯科恩:《宪章派的挑战》,第19页。
③ 《北极星报》,1838年6月9日,8月4日。
④ 爱泼斯坦:《自由之狮:菲格斯·奥康诺和宪章运动,1832—1842年》,第117页。
⑤ 里德、格拉斯哥:《菲格斯·奥康诺:爱尔兰人和宪章派》,第78页。

"道义"和"暴力"政策的分歧

1838年下半年关于采取"道义"还是"暴力"政策的争论加剧了。"暴力"和"道义"政策之争是《人民宪章》和《全国请愿书》公布以后在宪章运动中出现的。对于卷入宪章运动中的资产阶级改革派来说，他们在活动路线上从未打算超出法律允许的范围，他们倡导改革的目的只是想跻身于统治集团之中，从土地贵族那里分享一杯残羹。例如伯明翰同盟的政治家在1838年5月初表示："我们要的是一种光荣的、幸福和平的胜利。""我们要的是用罢工的恐怖去对付敌人，而不准备动他们头上的一根毫毛。"① 他们希望用劝说的方法来达到自己的目的。1838年12月1日伯明翰政治同盟的决议说，它"坚决谴责一切企图以'暴力'取得普选权和实现《全国请愿书》等目的的主张"。② 此外，工人宪章派中持温和政治态度的人士也赞成这种策略，如伦敦工人协会的洛维特为代表的一翼便持这一态度。1838年12月20日在伦敦科学大厦举行的集会上，洛维特在与奥康诺辩论时曾说："利用暴力的煽动对于运动是有害的。工人们所需的不是滑膛枪，而是教育和训练。"苏格兰宪章派谴责任何诉诸暴力的主张，并拒绝和那些用不合法的有危害性的狂暴语言的人合作。③

如同诉诸"道义"的派别具有复杂的构成一样，诉诸"暴力"政策的民主派也具有复杂的构成，他们中既有工人宪章派左翼，也有其他民主派中的极左翼。1838年8月奥斯特勒鼓励工人群众用武力来反对新济贫法的施行。他大声疾呼："同胞们武装起来反抗这个

---

① 布里格斯（主编）：《宪章运动研究》，第301页。
② 比尔：《英国社会主义史》，下卷，第36—37页。
③ 比尔：《英国社会主义史》，下卷，第35页。

万恶的暴虐的法律吧！"①斯蒂芬斯更是积极地鼓励采取"暴力"政策。1838年6月他在萨得利沃思说："除非工人们诉诸暴力，不然他们不可能取得什么成果。唯一的问题是他们应当在何时动手烧毁和捣毁工厂。"②11月初他在诺威治6000人大会上号召工人"展开一场刀兵相见的战斗"。他说："任何一个政府如果不废除新济贫法就无法存在。"③伦敦民主协会也在积极地宣传"暴力"政策。1837年11月哈尼说："我已立下誓言：'不能自由生活，毋宁死去！'"④1839年初伦敦民主协会的另一个领导人库姆比在鼓动中说："一旦政府拒绝让宪章成为法律，就应该使用暴力。"1839年初哈尼从英格兰北部回到伦敦后对工人们说："北方的工人已武装起来，我劝你们学习他们的榜样。"⑤《伦敦民主》刊载了波兰流亡者本尼乌斯基论军事战略的文章，该报提醒人们："坚决反对暴君的时候已经到来，伦敦人应当不辜负北方富于斗争精神的人们的信任。"⑥1838年秋，帕迪厄姆的宪章派制作了一面有铭言的旗帜，上面写道："卖掉你们的外衣去买一柄剑吧！"⑦在这个时期宪章派群众集会上，经常可以看到许多人带着手枪等武器参加大会。1839年1月30日拉夫勒斯的治安法官报告，纺织工人从自己微薄的工资中取出相当一部分去购买武器。1839年4月来自哈利法克斯的报告说，在手工织工中经常进行军事训练并征集武器。1838年8至11月间，在泰因和维尔地方共制造了6万只短枪

---

① 《北极星报》，1838年5月5日。
② 沃德：《工厂运动，1830—1855年》，第189页。
③ 沃德：《宪章主义》，纽约1973年版，第101页。
④ 斯科恩：《宪章派的挑战》，第44页。
⑤ 《北极星报》，1839年2月9日。
⑥ 爱泼斯坦、多萝西·汤普森（合编）：《宪章运动的经验》，第96页。
⑦ 《北极星报》，1839年10月27日。

和枪柄。[①] 到1839年初，无论是在英格兰北部还是在密德兰和英格兰南部，"暴力"政策的宣传和影响已极其广泛，使洛维特和阿特伍德的"道义"主张黯然失色。[②] 群众中革命情绪高涨，把运动初期领导他们的领袖推到一边。1838年12月颁发了《王室宣言》，禁止在夜间火炬集会上"大声喧嚷，夸耀自己的武器或开枪"。[③] 但其努力是徒然的。

但是，在宣传采取"暴力"政策的宪章派领导人中也有看法上的差异。奥康诺积极宣传这一政策，但他从未准备领导宪章派在英国发动一次革命。他实际上对"暴力"政策是有保留的，他只是希望对当局进行威胁，迫使对方接受《人民宪章》的要求。

推选国民大会代表的群众大会

为了迎接1839年2月的宪章派国民大会，从1838年秋季起宪章派在全国各地广泛征集请愿书的签名，举行群众大会推选出席国民大会的代表。

1838年9月17日在伦敦帕雷斯场举行了约有3万人参加的集会。洛维特在大会上说，6年来改革运动曾提出过几次局部性的改革建议，但都失败了，现在《全国请愿书》概括了他们的一切要求，再也不要提局部性的要求了。其他发言人揭露说，尽管英国有两个议院，它们却是游手好闲有产阶级的代表。奥康诺在演说中讲到，他不愿在人民终日受饥寒折磨之时看到他们再受压迫和宪法遭到践踏，与其活

---

① 普卢默：《布朗特里·奥布莱恩的政治传记》，第92页。
② 里德、格拉斯哥：《菲格斯·奥康诺：爱尔兰人和宪章派》，第80页。
③ 普卢默：《布朗特里·奥布莱恩的政治传记》，第93页。

着做奴隶，不如死了做自由人。但他认为人民不需要使用任何暴力，如果大家都同心协力地争取普选权，他们不久就会推倒那个腐败的堡垒。① 曼彻斯特代表理查逊在会上说，兰开郡人民已经在认真考虑使用"暴力"的问题，他们在英国古代的法律中找到人民有请愿权和抗议权，直到武装自己以捍卫自由的权利。②

9月25日曼彻斯特多数工人都停了工，在郊区克撒尔荒原举行了有25万人参加的大会，斯蒂芬斯和奥康诺出席了这次大会。大会通过了霍杰兹提出的拥护《人民宪章》的决议。斯蒂芬斯在这次大会上做了著名的关于普选权是"刀子和叉子问题"的讲演。一般说来，工业区的贫穷工人是由于无法忍受残酷的压迫和剥削才加入运动的，他们不会讲述滔滔不绝的大理论，却能直截了当地提出反对资本主义剥削等社会经济要求。斯蒂芬斯很了解这些工人群众并很好地表达了他们的意愿。

10月15日在位于里兹和哈德斯菲尔德之间的皮普草地召开了有25万人参加的大会。这一带大小工业城镇如里兹、布雷德福、哈利法克斯、哈德斯菲尔德、杜斯伯里都有宪章派来参加大会。在这次大会上奥康诺、赖德和皮特基思利被推选为出席国民大会的代表。这段时间西约克郡其他城镇也召开了群众大会，卡本脱、马斯顿、布西、麦克道尔等人被推选为出席国民大会的代表。

推选国民大会代表的群众大会既是显示和检阅宪章派力量的会场，也是申明不同政策和策略见解的论坛。1838年12月8日苏格兰爱丁堡的宪章派在卡尔顿山举行的群众大会便表现出温和倾向。诉

---

① 《北极星报》，1839年9月22日。
② 普卢默：《布朗特里·奥布莱恩的政治传记》，第89页。

诸"道义"政策的温和派控制了会场,他们批评斯蒂芬斯和奥康诺的"暴力"政策,会议通过决议拒绝同那些惯于使用不合法的和有危害性的狂暴语言的人合作。[①] 政策分歧势必被带到将要召开的国民大会上去。国民大会既要与议会较量,同时又要统一宪章派内部严重的意见分歧,它身负的重担绝不轻松。

---

① 甘米季:《宪章运动史》,纽卡斯尔1894年版,第93页。比尔:《英国社会主义史》,下卷,第86页。

第四章　宪章运动的第一次高潮

国民大会召开的背景

从 1837 年起，英国陷入了一场持续 6 年之久的经济萧条中，萧条的到来加上很久以来大工业对于手工业的摧残，使得英国的失业率达到前所未有的最高点。小麦的价格直线上升，在 1839 年 1 月达到了自 1838 年 12 月以来的最高点，每夸脱小麦售价达 81 先令。这使得工人的基本食物——面包的价格急剧上涨。① 在许多行业中工人的平均工资急剧下降。曼斯菲尔德的宪章派报告说："失业的纺织工人没有任何栖身之处，只有到赫利希的巴士底狱（即济贫院）去。"② 1839 年夏，宪章派组织的调查报告提供了下述材料：

城　镇	行　业	1814年的平均工资（先令）	1839年的平均工资（先令）
福法尔	手机织工	21.5	5.75
布雷德福	手机织工	20—30	5—6
布里金	石　匠	11	10
	鞋　匠	7.5	7.5

---

① 马瑟（主编）：《宪章运动和社会》，第 16 页。
② 《北极星报》，1839 年 1 月 5 日。

如果说一个四口之家的工人家庭要保持最起码的贫困生活，每周也要 10 先令以上的工资维生，那么，1839 年，在苏格兰、布雷德福等许多地方，那里的石匠、制纽扣工人、鞋匠、裁缝、农业工人、制袜工人的收入都在这个水平以下。① 沃里克郡的牧师沃德说，阿什菲尔德河上萨顿的编织工人有 50 家没有睡觉的床，只能睡在稻草上，也没有任何高贵的东西，"只有很少几件破烂不堪的衣服供他们白天穿着。"一个编织工人一周仅能挣 7 先令。②

在 1838 年冬季，政府采取禁止火炬集会和逮捕宪章派领导人等措施来打击宪章运动，但是宪章运动却在迅速发展。斯蒂芬斯在 1839 年 1 月被捕后，工人群众自愿地为营救他筹集了 1000 镑资金，使他能交保释放。③ 1839 年元旦在卡莱尔，哈尼说："我们不要再像这样生活下去。""同胞们不要再为暴君织更多的东西，只要为他织一件尸衣就够了，只要 3 个月就可以实现我们梦寐以求的变革。"1 月 13 日，哈尼在估计革命成功的可能性时判断说："政府将无法依靠军队，军队将站在人民一边。"④ 当时不仅哈尼，许多宪章派领袖都认为政府军队在请愿高潮中会转到人民这方面来，在战斗中武装的人民可以打败训练有素军队。然而，这种对形势的估计过于乐观了。一般说来，资本主义国家的军队倾向人民方面只有在他们的政治和经济统治发生危机，无法再巩固统治之时才会发生。而且革命人民必须掌握一定的武装并展开了革命。然而在 1839 年，英国的经济正处于工业

---

① 罗：《宪章派国民大会和地区》，载《经济史评论》第 22 卷第 1 期，1969 年 4 月，第 65—66 页。
② 普卢默：《布朗特里·奥布莱恩的政治传记》，第 110 页。
③ 罗亚尔：《宪章运动》，第 23 页。
④ 斯科恩：《宪章派的挑战》，第 48 页。

化初期，以工厂制度为代表的新生产力正处在蓬勃上升时期。资产阶级则正在用新生产力和创造出的物质成果为自己的统治服务。辉格党和托利党正处在变动之中，资产阶级的两党制有利于调解统治阶级的困境，并把危机的威胁转移到敌对党派身上去。所以英国并没有真正形成一种革命形势。英国工人阶级的革命情绪虽然已经高涨，但他们大多数人还没有意识到革命的必要性，英国的革命形势并没有成熟。工人中许多人还没有认识到必须推翻资产阶级政权，没有把自己活动的基点从政治改革完全转移到社会变革。

在《人民宪章》和《全国请愿书》公布后9个月中，英国各地的宪章派为筹备召开第一次国民大会做出了极大的努力，他们发展了宪章派组织，召开各种群众大会推选出席国民大会的代表，在群众中征集在递交议会下院的《全国请愿书》的签名并募集国民捐。在1839年2月4日以前，全国各地宪章派推选出63名参加国民大会的代表。其中一些有威望的宪章派活动家如奥布莱恩、哈尼、泰勒、文森特等都在三个以上的地方被提名。由于有7人当选以后从未参加国民大会，所以参加大会的代表为56人。[①] 出席国民大会的代表中有20名来自英格兰北部和东北部，8名来自伦敦，8名来自苏格兰，5名来自伯明翰，3名来自东密德兰，2名来自威尔士。由于宪章运动初期工人阶级在政治上和组织上还没有同资产阶级激进派决裂，不仅有工人阶级同时有小资产阶级和工业资产阶级当选为国民大会代表，因而造成第一次宪章派国民大会代表的复杂性。许多工人代表由于贫穷无法离开工作前来开会。工人代表为参加大会做出了很大的牺牲。

---

① 爱泼斯坦：《自由之狮：菲格斯·奥康诺和宪章运动，1832—1842年》，第142—144页。

例如：在国民大会结束后，没有一个雇主愿意出借编织机给诺丁汉代表、编织工人詹姆士·伍德豪斯使用。在兰开郡和约克郡等地，由于资产阶级激进派自从议会改革请愿以来在民主运动中就占据了领导地位，所以这些地区推派了资产阶级激进派作为代表。其中有伯里的马休·弗莱彻、布雷德福的彼特·布西、哈德斯菲尔德的劳伦斯·皮特基思利、罗其尔的泰勒、新港的弗罗斯特等。出席国民大会的代表中有1/4住在伦敦，其中大多数是激进的新闻记者和书报发行人。伦敦工人协会的成员当选为国民大会代表的有8人。伦敦工人协会最初甚至推举资产阶级和小资产阶级激进派罗卑克和普雷斯为代表，但他们都没有当选。[①] 在参加国民大会的53名代表中，只有24人是工人。[②] 国民大会一开始就蕴藏着分裂的种子。

正如宪章运动的全部内容不能用《人民宪章》的六条加以概括一样，宪章派召开的"国民大会"在工人宪章派心目中也并不单纯是一次工人阶级的会议。1839年2月4日，在伦敦召开的宪章派代表大会的名称本来是"国民大会"，后来改为"工人阶级全国大会"，但人民通常还是称之为"国民大会"。[③]"国民大会"的概念对英国工人阶级来说并不是一个新概念，这是英国民主运动历史上经常提到的一个政治术语。在1817年和1818年，英国的民主派不止一次地提出召开"国民大会"来对付滑铁卢战后政府的高压政策。[④] 在议会改革

---

① 爱泼斯坦：《自由之狮：菲格斯·奥康诺和宪章运动，1832—1842年》，第187页注8。
② 霍威尔：《宪章运动》，第123页；索福：《北方非熟练工人的忠诚态度，1830—1850年》，载《国际社会史评论》第10卷第1期，1965年，第441页。
③ 乔奇：《早期宪章派组织和1839年国民大会》，载《国际社会史评论》第20卷，1975年，第370页。
④ 爱德华·汤普森：《英国工人阶级的形成》，第134页。

运动衰落以后,激进派理查德·李、威廉·本鲍等人也宣传过"国民大会"的主张,他们的主张得到了工人阶级全国联合会的支持。1833年科德巴思场大会上,工人阶级全国联合会提出召开一次"国民大会"的设想。① 奥康诺在1835年到1836年冬季的第一次巡回演说中,就向人们提出要召开一次国民大会。在此以后,奥布莱恩也提出在伦敦召开和下院对抗的国民议会,作为真正的人民代表机构。② "国民大会"名称本身包含了一种和议会相竞争的意义,它是作为一个变革的政府或者是人民反对衰败的根本不能代表人民利益的统治阶级的"反议会"而存在。③ 不少宪章派把国民大会作为一种现有的政府的替换物看待。例如,参加过彼得卢事件的巴尼特在麦克斯菲尔德的一次大会上说:"我对大不列颠的政府毫无忠诚可言,我只是被迫屈服于它。我宣布,我要服从国民大会,无论是死亡或是苦难的处境都不能改变我对它的服从,国民大会是我的政府,我在选举时为它举手叫好,除了我服从的国民大会以外,在任何问题上我都不会接受下院的统治。"④ 在博尔顿的大会上,一位工人宣布,他们要选举一名代表"去参加真正的议会——工人的议会——全国国民大会"。维根的代表詹姆士·芬尼说,在伦敦,现在同时有两个议会召开,一个是自己选出的无效的议会,即辉格党和托利党的政府,另一个是真正的普选产生的人民的议会。⑤ 奥康诺认为,国民大会是代表这个国家的人民的

---

① 《贫民卫报》,1833年5月18日。
② 《北极星报》,1838年2月9日。
③ 帕西纳:《1771—1848年英国激进主义政治中的协会、国民大会和反议会》,载《英国历史评论》第87卷,1973年7月。普罗瑟罗:《威廉·本鲍和"总罢工"概念》,载《过去和现在》第63号,1971年5月,第135页。
④ 《北极星报》,1839年8月3日。
⑤ 爱泼斯坦:《自由之狮:菲格斯·奥康诺和宪章运动,1832—1842年》,第139页。

唯一的合法的权威,"现存的下院"是"一个不合法的权威"。①1839年2月当国民大会在伦敦召开时,宪章派称之为"人民的议会"。它的一些参加者甚至在自己的姓名后面写上表示议员身份的缩写符号。②在更多的宪章派看来,国民大会不仅仅是一个请愿的组织,还是领导工人阶级宪章派争取最终实现普选权的组织机构。但是,即使宪章派左翼对于国民大会和现存的资产阶级议会的关系也缺乏清晰的说明。在国民大会开幕一个星期以后,国民大会制定了它的《章程和规则》,规定国民大会"由大不列颠和爱尔兰的激进改革者在公众大会上选出的代表组成,其目的是监督实现《全国请愿书》,用一切合法的宪政手段来实现被称为《人民宪章》的保证人民公正的代表权的法令"。③这实际反映了宪章运动温和派的意见。

国民大会的开幕　第一阶段的活动

1839年2月4日,宪章派国民大会在伦敦不列颠咖啡馆开幕。这个会议的正式名称是"大不列颠工人阶级全国大会"。大会正式的议程由道格拉斯主持。他报告说,有500486人在请愿书上签名,并收集到了967镑国民捐。④大会决定克雷担任第一任执行主席。柯林斯提议洛维特任秘书,但是奥布莱恩提出了反对意见。奥布莱恩说,选出担任秘书的人应当无党派成见,众所周知,洛维特所代表的伦敦

---

① 《宪章报》,1839年2月24日。
② 布里格斯:《改进的时代》,第307页。
③ 沃德:《宪章主义》,第115页。
④ 沃德:《宪章主义》,第113页;马科伯:《英国激进主义,1832—1852年》,第188—189页。

工人协会在对国民大会实现自己的最终目标应当采取的措施上和广大北方的群众有着不同的考虑,他主张另择他人。但他的意见没有为大会所接受,于是洛维特担任了第一次国民大会的常任秘书。①

国民大会最初的工作限于琐事,如任命某人为门房和信使,每月付给30先令工资等。国民大会没有固定的主席。这主要是因为宪章派内部意见分歧,没有一个代表能得到所有人的信任,所以在它日复一日的辩论中,由代表们轮流担任主席。② 当时,已有一个头脑清醒的人一眼看出了国民大会的弊病,这个人就是奥康诺。2月中旬,奥康诺在芬斯伯里讲演时说:"国民大会所有这一切计谋、手段、才能或是彬彬有礼的行动,都不会取得一个议席。……暴力在失败时是一种叛国行为,但一旦它胜利,就可以获得光荣的自由。"③

国民大会募集了700余镑国民捐,但这远远不够使用,国民大会希望在英国全国发动更多工人群众来支持这次议会请愿。为了争取劳动群众支持宪章派,从2月26日起,先后派出15名使者到各地去做发动工作。8个人被派到伯金汉郡、伯克郡以及南部、西部各郡,奥布莱恩和另2个人去肯特郡、苏塞克斯和萨里,而另2人被派到南威尔士。他们带有地图、《人民宪章》和《全国请愿书》的副本、传单和国民大会的委任书,国民大会承担这些使者的费用。④ 大会还设立一个委员会和激进派议员联系,争取对请愿的支持。

2月5日,英国议会也开幕了。宪章派国民大会的召开和全国请

---

① 普卢默:《布朗特里·奥布莱恩的政治传记》,第26页;洛维特:《威廉·洛维特战斗的一生》,第166页。
② 韦斯特:《宪章运动史》,第106页。
③ 《北极星报》,1839年2月23日。
④ 《北极星报》,1839年7月13日。

愿的计划使资产阶级和土地贵族惊恐不安。维多利亚女王在议会的致辞中毫不掩饰这种恐惧心理，她指出："英国某些地方有人不遗余力地煽动我的公民忤逆和反抗法律，并诱惑他人从事危险和违法的行动。"政府暗示，将在必要时使用武力来对付宪章运动。当局的态度使宪章派一切不切合实际的幻想都烟消云散。在国民大会移到舰队街以后，国民大会很快就转到讨论政策和策略问题方面。2月9日，弗莱彻提出动议，希望国民大会通过英国人民自古以来就有使用武器的权利的决议。[1] 很快代表们就在政策问题上分成了三派。哈尼、尼索姆、威廉·里德、理查德·马斯顿、泰勒、巴锡、卡都、赖德、洛厄里及弗罗斯特，即伦敦民主协会和工业区的代表构成了国民大会中的左派。他们在会场上的座位又刚好位于主席台上最左端，[2] 他们认为起义比任何演说和请愿书要可靠。苏格兰、伦敦、伯明翰的大部分代表，如科贝特、索尔特、哈德利和沃德属于右翼，他们主张严格地在法律允许的范围里活动，不应当采取任何可能触犯法律的行动。[3] 这两部分人都只占代表人数的少数。到会的大多数代表虽主张采取合法的斗争方式，但他们并不完全抛弃在必要时采取暴力行动。

主张采取极端革命政策的不仅有贫苦工人的代表，还有资产阶级民主派的激进分子，如弗罗斯特。弗罗斯特是日后新港起义的领导人，他被新港和南威尔士地区推选为国民大会代表。约翰·弗罗斯特1784年5月出生于新港一个旅店主家庭，1800年到伦敦当一个店员，后来成为一个富有的棉布商人，接触了民主思想。几年后回到新港，1809年当选为新港市的议员，1821年到1823年，曾发表过10多本

---

[1] 里德、格拉斯哥：《菲格斯·奥康诺：爱尔兰人和宪章派》，第118页。
[2] 斯科恩：《宪章派的挑战》，第55—56页。
[3] 威廉·戴维：《约翰·弗罗斯特》，第131页。

小册子，他既反对大地主贵族，也反对辉格党人，主张市政改革和议会改革。在他被短期囚禁以后，有7年时间不问政事，专心致志于商务。1830年东南各郡农业工人反抗斗争的消息传来，他宣布把自己的全部财产都献给激进主义事业，重新开始写作宣传民主思想的小册子。1832年，他创办了一份地方激进主义报纸《威尔士人报》，他把科贝特奉为自己的老师。他和当时许多激进派一样都希望工业的进步会改善工人的福利，他和科贝特一样对他青年时代农村的繁荣念念不忘。① 1835年他加入了新港选区委员会，次年被任命为新港市的法官，同年底任新港市市长。1837年，弗罗斯特竞选连任新港市市长失败后，和宪章派组织"新港工人协会"发生了联系，但他并没有真正理解工人阶级。1839年1月16日，国务秘书根据约翰·拉塞尔勋爵的意见给弗罗斯特写了一封信，指责他身为治安法官却担任宪章派国民大会的代表并发表激烈的讲话。弗罗斯特驳斥了拉塞尔，他在伦敦民主协会为国民大会代表举行的晚餐会上说："不管怎样，我是这里的代表，又是治安法官，如果拉塞尔解除我的官职，人民会重新任命我的。"② 这一行动使得拉塞尔撤销了他的治安法官职务。现在这位来自资产阶级阵营的民主派分子也坚决地站在宪章运动左翼一边了。在国民大会上，他和文森特一起，驳斥了科贝特等人的合法主义的观点。由于国民大会多数赞同弗罗斯特等人的意见，科贝特于是辞去了国民大会代表的职务。③ 而弗罗斯特则在伦敦民主协会和伦敦工人协会的晚餐会上，表示坚决支持暴力政策，和宪章运动左翼站在一起。

2月8日苏格兰代表克雷格向国民大会建议，大会应当及早考

---

① 布里格斯（主编）：《宪章运动研究》，第228页。
② 《宪章报》，1839年2月10日。
③ 威廉·戴维：《约翰·弗罗斯特》，第131页。

虑，如果下院不承认《人民宪章》，应当争取何种措施。这时，连泰勒、奥康诺、奥布莱恩等人都还相信请愿不一定会失败。奥布莱恩当时认为，内阁也未必接受请愿，但是，政府却不可能向300万人显示武力。如果请愿书被否决，就应该采取"最后的措施"，即从银行取出所有存款，并把所有纸币换成黄金，举行一次总罢工，拒付一切地租、捐税和赋税；只从宪章派的商店里购买货物，拒不阅读敌对的报纸，抵制对日用品征税。① 奥康诺则主张做两手准备，"一只手拿着请愿书，另一只手准备采取最后的措施"。②

国民大会开会一周以后，就本身的权限进行了讨论，即国民大会仅仅是一个监督把《全国请愿书》递交议会的组织，还是一个拥有权力的议会；如果请愿书被否决，它是否有权决定采取"最后措施"。资产阶级激进派代表科贝特建议不要再讨论"最后措施"问题，不应该采取任何和法律相抵触的措施，但他的动议以36票对6票被国民大会否决了。随后，科贝特宣布退出国民大会。③

在斗争策略上，国民大会一般地承认暴力政策的合理性，并宣布准备在需要的时候采取最激烈的斗争手段。2月，国民大会在告全国人民书中说："如果我们迫不得已需要自卫的话，我们准备宁可诉诸最后的措施。"④

资产阶级激进派议员索尔特在2月17日写信给国民大会说，《全国请愿书》的签名人数还不到60万人，不能称之为"全国请愿书"。他拒绝承担向议会递交请愿书的责任。紧接着，《伯明翰评论》建议解散国

---

① 普卢默：《布朗特里·奥布莱恩的政治传记》，第102、128—129页。
② 里德、格拉斯哥：《菲格斯·奥康诺：爱尔兰人和宪章派》，第170页。
③ 斯科恩：《宪章派的挑战》，第56页。
④ 《宪章报》，1839年2月17日。

民大会，除非请愿取得更多的签名。① 资产阶级激进派议员从一开始就对宪章派请愿三心二意。

这时，宪章派的左翼通过会外的活动积极地推动运动沿着革命路线前进。2月8日，伦敦民主协会在伦敦技工学院大厦召开会议，通过一项由哈尼、赖德和马斯顿提出的决议："《人民宪章》应当在一个月内成为这个国家的法律。"赖德在会上强调说："我们认为国民大会的责任是告诉人民立即采取最后措施。"② 哈尼、赖德等人在国民大会中形成了主张立即采取最后措施的极左翼。哈尼在3月初给《职工报》的一封信中说："伦敦已经准备就绪——如果国民大会还要拖延很长时间，他将卷起袖子开始动手干。"曼彻斯特代表理查森叙述道："这是一批密谋者，他们在主要目标上独立于国民大会而准备采取最后的措施。"③

3月6日，在下院关于牙买加宪政问题的辩论中政府以5票之优势取胜，第二天，墨尔本辞职。于是递交《全国请愿书》一事不得不推迟进行。④

3月16日，在伦敦皇家铁锚广场召开的一次群众大会上，奥康诺、哈尼和弗罗斯特发表了激动人心的讲演，号召群众拿起武器。三天以后，国民大会通过了"给所有同胞和奴隶们的宣言"，向人民指出，议会无疑会否决请愿书。宣言呼吁说："大不列颠的男子和妇女们，难道你们愿意温顺地服从这一使命，忍耐于从生到死没完没了地被奴虐，缴纳租税和承受重压，每天在从事12小时以上的劳动以外

---

① 霍威尔：《宪章运动》，第126页。
② 《北极星报》，1839年3月4日。
③ 斯科恩：《宪章派的挑战》，第58页。
④ 沃德：《宪章主义》，第121页。

还为你们那些闲散的和专横的压迫者服务？"①奥布莱恩在讲话中报告说，约克郡和兰开郡的群众已经拿起了武器，如果其他地方的人们也学习他们的榜样，很快就可以获得宪章。哈尼则宣布一定要在年底以前夺得普选权。这次大会给国民大会带来很大震动，工人阶级革命热情的高涨使得资产阶级激进派代表感到身居其中非常危险，②他们对于国民大会未能按协会一贯遵循的"和平、法律和独立这些始终是伯明翰同盟力量的源泉"的伟大准则来行动而感到极其遗憾。伯明翰政治同盟的代表哈德利、索尔特和道格拉斯退出了国民大会。但是，许多伯明翰的工人代表没有跟随中等阶级的领袖离开国民大会，他们转而支持宪章派的领袖。相反，伯明翰政治同盟迅速地瓦解了。③

从3月底到5月，由于资产阶级激进派无法接受宪章运动左翼的"暴力"政策，他们的代表退出了国民大会。他们的位置由新选出的革命精神较强的代表来补充。这样，使得国民大会的政治倾向发生了左倾的变化。

3月16日，来自爱丁堡的桑基提出一项决议案说，国民大会有权提出旨在争取通过《人民宪章》的任何措施。单纯请愿决不会使《人民宪章》通过，不管有多少人签名，都会遭到否决。"除非这些成百上千万签名的斗士不再容忍贵族、寡头、地主、纺织业主、金融业主等骑在他们头上。"3月18日，国民大会就议会正在讨论的"乡村警察法"进行了热烈的讨论，代表们指出，政府施行乡村警察制度的目的是为了强行推行新济贫法和防止任何可能的起义。代表们还根据

---

① 沃德：《宪章主义》，第122页。
② 威廉·戴维：《约翰·弗罗斯特》，第133页。
③ 托尔弗森：《伯明翰宪章运动的危机》，载《国际社会史评论》第3卷，1958年，第467页。

法国的经验估计，当前政府将利用间谍和暗探来破坏宪章运动。来自伯里的代表弗莱彻说："如果需要的话，将抵抗乡村警察法的实施。"从这时起，讨论的中心议题转到了武装斗争的问题上。① 在国民大会讨论"暴力"政策的同时，地方宪章派的武装活动加强了。伦敦的警察在3月份报告说，乡村铁匠正在为宪章派制造长矛，售价每支2先令3便士至6便士。在芬斯伯里，5月11日警察在一所房子里搜到5支短枪，在另一次搜捕时，有一个宪章派用手枪威胁警察。② 诉诸"暴力"的呼声与日俱增。

鉴于和议员联系的委员会报告，议会已不可能通过请愿书，所以从4月9日起，国民大会开始讨论人民是否有权拥有武器的问题。曼彻斯特代表理查逊提议起草一份给国民大会的备忘录，说明人民有权武装自己。有几位代表认为这种讨论是多余的，只有极少数代表如亚历山大·哈利反对采取暴力政策。大会最后通过了弗莱彻的动议，指出人民毫无疑问有权拥有武器，没有必要再讨论这个问题。③

伦敦民主协会从1839年4月13日起创办了《伦敦民主》周报。在这份报纸上，哈尼陈述了阶级斗争的观点。他不像科贝特和奥康诺那样，幻想回到过去已经逝去的"黄金时代"。他把过去描写成一个漫长的剥削过程，是一个没完没了的用阴谋对付工人阶级的时代，在这个时代中，教士、国王和贵族最终靠"赚钱的骗子"来获得成功。"在任何一个时代，任何一个国家，多数人总是少数人的奴隶，很少有例外。"④ 工人阶级要结束他们的奴隶地位，只有推翻最后一个统治

---

① 霍威尔：《宪章运动》，第127—128页。
② 普卢默：《布朗特里·奥布莱恩的政治传记》，第101页。
③ 《北极星报》，1839年4月13日。
④ 斯科恩：《宪章派的挑战》，第62页。

者——资产阶级，才能实现。哈尼呼吁人民"武装起来"，"把暴君从地上赶走，把压迫者从法庭上赶走"。①

4月底，国民大会发表了一份宣言，指出决不能希望当权者会给大会什么帮助，除了人民的坚决斗争外，再无别的希望，号召代表们指导人民采取秘密措施。这时，波兰流亡者本尼乌斯基发表了一系列论述军事科学的文章，提出了从英格兰北部进攻伦敦的计划。

兰尼卢暴动

4月底到5月初，外省一些工业区和农业区的斗争更加激烈地展开了。在兰开郡和威尔士，许多宪章派在准备长矛和简易武器。在一些地区，工人们进行了军事训练。4月下旬，兰尼卢的宪章派以举行射击比赛为理由，到农场去借了枪。此时工人们开始了秘密训练。在当地的治安法官要求下，4月29日，伦敦派出3名警察到兰尼卢来逮捕工人的领头人，这就使得群众无比愤怒。第二天早晨，兰尼卢宪章派在塞文桥召开了一次大会。这时，治安法官召集临时警察，逮捕了汉弗莱斯和另两名宪章派领袖，把他们带进了特巴维森——阿姆斯旅馆。宪章派和群众愤怒了，向这所旅馆发动进攻。戴维·埃文斯市长在混战之中，为了求得活命，竟然高呼"宪章派万岁！"。这时，躲在旅馆中的警察们开枪以抵抗宪章派的进攻，但他们只维持了很短的时间。宪章派冲破了大门，并捣毁了这座旅馆，解救了被铐住的宪章派，宪章派还狠狠地惩罚了一贯干涉宪章派活动的警察头目布

---

① 《伦敦民主》，1839年4月20日。

林克霍恩。①来自伦敦的警察躲进了马铃薯地窖和干草棚。暴动结束后,兰尼卢宪章派政治同盟劝告工人们不要摧毁更多的财产。宪章派控制兰尼卢城达一周之久。5天以后,治安法官才敢调集一队步兵以及蒙哥马利郡自耕农骑兵开进兰尼卢,他们在沿途还是遭到宪章派的袭击。政府随后以高价悬赏逮捕了兰尼卢的32名宪章派领袖和新城的20名宪章派。②

兰尼卢暴动给宪章运动温和派的触动极大。《宪章报》这时也认为:"英国人有权诉诸暴力,把他们自己从无可容忍的暴君统治下解放出来。"③在兰尼卢暴动以后,群众的愤慨情绪达到了顶点,地方宪章派的起义暴动也在自发地进行,宪章派在布里斯托尔收购手枪和其他的武器。④5月3日,内务大臣约翰·拉塞尔颁布"王室宣言",禁止训练群众使用武器,授权法官和治安法官在可能的情况下没收平民的武器,宣布携带武器参加群众集会为非法行为,⑤并授权地方当局派遣临时警察在适当时候逮捕持有武器的宪章派,他还鼓励资产阶级组织义勇军,并从爱尔兰召回了3个军团的正规军以应付事变需要。⑥同时,在农村实行警察制度,政府不断逮捕宪章派。在蒙默恩郡,文森特等人因参加非法群众集会而在5月初被捕,判处12个月的徒刑。本鲍在罗其尔被捕,麦克道尔因去海德参加集会而受审,理查逊等人则在曼彻斯特被捕,奥布莱恩和奥康诺也被地方法庭传讯。⑦

---

① 多萝西·汤普森(主编):《早期宪章派》,第222—225页。
② 威廉·戴维:《约翰·弗罗斯特》,第156—158页。
③ 《宪章报》,1839年5月12日。
④ 普卢默:《布朗特里·奥布莱恩的政治传记》,第136页。
⑤ 霍利斯(主编):《1789—1848年英国的革命威胁》,伦敦1977年版,第114页。
⑥ 马瑟:《政府和宪章派》,载布里格斯(主编):《宪章运动研究》。
⑦ 甘米季:《宪章运动史》,第166—167页。

这个时期，国民大会的活动遇到两方面的困难。首先，它无法集中所有的代表领导全国的运动。面对着群众活动高涨的形势，许多重要的宪章派活动家无法把全部精力集中到国民大会上来，他们到全国各地继续进行鼓动工作。奥布莱恩在 1839 年 4 月的几天中，在十几次群众大会上做了讲演，至于参加较小的会议则不计其数。[1] 奥康诺在 1839 年初一个月中，共旅行 1500 英里，参加了 22 次大规模的群众集会。哈尼在 4 月的《西部辩护士》上说，他 13 个月来走了六七百里路，每天要讲演两小时。许多国民大会的代表忙于各地的活动，有 13 个代表从未出席国民大会会议，有些人只出席过一两次会议，只有 20 个人始终坚持出席国民大会的会议。[2] 来自陶瓷工业区的代表约翰·理查德说："我在这里毫无空闲，只是整日整夜地奔波工作。"[3] 代表不能到会严重地影响了国民大会的正常工作。因此，国民大会在 4 月底通过一项决议，从今以后，国民大会的任何成员都不得作为使者派到各地去做鼓动工作。其次，宪章运动在伦敦没有得到有力支持。伦敦民主协会 5 月在克拉肯韦尔草地召开的会议只有 900 人参加。5 月 6 日出席向宪章派全国请愿表示支持的大会的群众只有 500 人多一点。宪章派无法唤起首都群众对国民大会的支持。《宪章报》说："他们满足了现状，首都工人阶级的绝大多数对于选举自己的代表一事漠不关心。"[4] 国民大会鉴于伦敦宪章运动的现状，决定把会址转到工业城市伯明翰，那里更靠近英格兰北部工业区，便于取得更多

---

[1] 普卢默：《布朗特里·奥布莱恩的政治传记》，第 105 页。
[2] 斯科恩：《宪章派的挑战》，第 66 页。
[3] 乔奇：《早期宪章派组织和 1839 年国民大会》，载《国际社会史评论》第 20 卷，1975 年，第 381 页。
[4] 《宪章报》，1839 年 6 月 30 日。

工人群众的支持。① 到这时,《全国请愿书》已征得125万人的签名。②

资产阶级激进派议员阿特伍德和菲尔登这时提出,在递交《全国请愿书》以前国民大会应当通过一项决议,谴责某些代表使用煽动性语言和鼓动暴力行动,以表明国民大会在今后将"努力根据和平、法律和秩序的原则来行动"。③ 这一要求遭到国民大会坚决的反对,他们宣布,请愿是英国人民合乎宪法的权利,国民大会决心毫无保留地行使这种权利,如果阿特伍德和菲尔登不愿递交请愿书,宪章派将另择他人。在工人阶级的坚决态度面前,阿特伍德和菲尔登被迫让步。④

但是,资产阶级激进派对于全国请愿的支持是有条件的,阿特伍德等人并不赞成《人民宪章》的全部要求。1839年5月7日,国民大会用一辆经装饰的插着旗帜的四轮马车把签名的请愿书送到菲尔登家中。宪章派国民大会的代表奥康诺和洛维特希望阿特伍德再提出一个以《人民宪章》的原则为基础的法案。阿特伍德拒绝了这一要求。⑤

5月初,在英国的殖民地牙买加,由于殖民统治者暴虐地对待自由黑人,造成了政治危机。墨尔本勋爵内阁在牙买加问题上发生了分裂。5月7日,墨尔本内阁辞职。议会忙于产生一届新政府。向议会递交请愿书一事被搁置下来。

国民大会在这时通过了被称为"最后措施"的决议,建议7月1日以前在各地举行群众大会,讨论以下问题:

---

① 韦斯特:《宪章运动史》,第112页。斯科恩:《宪章派的挑战》,第66页。
② 韦斯特:《宪章运动史》,第113页。
③ 《宪章报》,1839年5月5日。
④ 韦斯特:《宪章运动史》,第115页。
⑤ 普雷斯手稿,第27821号,第213页。

（1）他们是否准备收回全部或以个人或团体名义存在储蓄银行、私立银行，或任何敌视他们正当权利的私人手中的款项？

（2）他们是否准备立即把他们所有的纸币兑换成金币或银币？

（3）如果国民大会决定举行一个神圣月以使亿万人民做好获得宪章所列举的政治解放的准备，他们是否在这个月中会坚决地停止一切工作？

（4）他们是否准备根据他们总是为现代立法取消的传统的宪法权利，采用自由民的武装方式来保卫祖先遗留给他们的法律和固有的特权？

（5）他们是否准备好了宪章派的候选人，准备在下次大选中推举他们为自己的代表；是否已准备如果举手通过，这些候选人就可以自认是人民的真正代表，并另行决定以后在伦敦开会的日期？

（6）他们是否决心只与宪章派发生联系，是否决心在一切迫害发生时联合起来，保护那些因正义使命而遭受苦难的人们？

（7）他们是否尽一切方法，坚韧不拔地为《人民宪章》的伟大目标而斗争，同时决心不因其他次要的正义运动而转移对这一正义目标的注意力？

（8）他们是否决心服从大会经过多数通过的一切正义的合乎宪法的要求？①

国民大会要求各地宪章派组织广泛征求群众对上述问题的意见并向国民大会做出报告，作为国民大会制定政策和策略的参考。

---

① 《宪章报》，1839年5月19日。参见洛维特：《威廉·洛维特战斗的一生》，第176—177页。

国民大会的第二阶段

在伯明翰地区,当阿特伍德等资产阶级激进派退出宪章运动以后,当地宪章派领导者的构成发生了明显的变化,柯林斯这样的领袖相形见绌,比他更为激进的活动家布朗、鲍威尔、唐纳德逊以及富塞尔掌握了当地运动的领导权。伯明翰地区宪章派的斗争热情越来越高。①

5月13日,国民大会代表共35人乘坐火车来到伯明翰,他们受到数万伯明翰群众的热烈欢迎。在国民大会代表的队伍前后形成了一支保护他们的人数相当多的示威队伍。当天,在茅宫饭店召开了欢迎大会。伯明翰宪章派的领袖富塞尔在会上致欢迎词。他说,伯明翰的如此之多的群众集会高兴地欢迎那些要把他们从奴虐中解救出来的国民大会代表,"他们决心要获得普选权,不管中等阶级说些什么"。②哈尼在会上谴责了政府的运动。他说:"如果政府胆敢实行恐怖统治,那么人民必定会结束它……人们必将拿起毛瑟枪和手枪与政府作战。"③第二天,国民大会在劳伦斯街教堂举行。国民大会一个专门委员会准备起草一份《工人阶级全国大会宣言》,奥布莱恩、奥康诺、洛厄里、弗莱彻、弗罗斯特参加了这个委员会,决定由奥布莱恩起草宣言的引言。奥布莱恩在会上说,应当教育人民在这种危急关头认识他们自己的责任,人民不应当屈服于任何一种压迫。随后他宣读了告人民书的宣言。他谴责政府利用有产阶级上层和中产阶级来反对工

---

① 霍威尔:《宪章运动》,第144—145页。
② 托尔弗森:《伯明翰宪章运动的危机》,载《国际社会史评论》第3卷,1958年,第469页。
③ 《北极星报》,1839年5月18日。

阶级。他揭露政府的阴谋是阻止工人的暴动，使统治阶级能轻而易举就把工人的暴动镇压下去。他劝告工人们不要轻易采取非法行动。同时，奥康诺也告诫工人说："你们应当记住，你们的敌人既然可以武装起来，那么你们也有武装自己的权利，如果你们放弃了这一权利，你们就永远不可能争得自由。"宣言最后以32票对7票获得通过。①

5月前半个月，形势迅速发展。每天都可以看到携带枪支和其他武器的人在逐渐增加。哈尼曾准备5月6日在伦敦进行一次武装示威，后来他并没有认真地准备。②人们在热烈地谈论着"或许要不了一个月的时间《人民宪章》就会成为国家的法律"。这个时期，威廉·本鲍关于"全国休假日"的小册子和马塞罗尼关于巷战的著作均畅销一时。5月13日以后，国民大会得到报告说，韦斯特伯里的自耕农武装用暴力驱散了一次宪章派的会议。③各地还传来类似的当局与宪章派发生冲突的报告。这些报告在伯明翰的宪章派国民大会上做了宣读。

对于宪章派应当采取何种策略这个问题，宪章运动的几位领袖对各地宪章派的意见做了认真地考虑，但意见仍不一致。哈尼和洛维特这时主张宪章派应当采取"最后措施"，奥布莱恩和奥康诺则认为，应当避免采取暴力行动。④国民大会通过了奥布莱恩起草的指示：

第一，只要我们的压迫者还根据和平、法律和秩序的精神来对待人民，则和平、法律和秩序还应该继续作为大会的标语；但如果我

---

① 普卢默：《布朗特里·奥布莱恩的政治传记》，第111—112页。
② 托米斯、霍尔特：《英国的革命威胁，1789—1848年》，麦克米伦公司1977年版，第115页。
③ 韦斯特：《宪章运动史》，第117页。
④ 霍威尔：《宪章运动》，第150页。

们的敌人以战争代替和平，或以非法的暴力来镇压我们的合法而有纪律的运动，我们将要秉持人民的神圣职责，以武力对抗武力，以光明正大的厮杀来取代暗杀。

第二，依照上述决议，大会只采用合法的、和平的方法来实现目前运动伟大正义的目的。同时希望不要为敌人留下会被他们利用来中伤我们动机的口实，或以武力来反对人民的借口。因此，我们建议参加即将举行的各种集会的宪章派不要携带棍棒、枪矛或其他任何防御武器，我们建议他们在赴会时要严肃、有秩序、不携带武器。并且要把任何拿出武器或用任何其他图谋不轨的行动来破坏和平看成是我们共同的敌人。

第三，如果我们的上等和中等阶级压迫者违背现行国法，指使地方当局用武力攻击人民，那么这些上等和中等阶级压迫者必须对这种凶暴的煽动所造成的人民生命财产的损失负完全责任。①

这个决议从工人阶级立场对统治阶级提出警告。

从5月16日起，国民大会休会。5月下旬，在新港、设菲尔德、蒙默思、巴思、利物浦、汉莱、赫尔、伯明翰、曼彻斯特、哈德斯菲尔德、桑德兰、北安普顿、普雷斯顿、格拉斯哥以及其他小一些的工业城镇都举行了群众集会。国民大会的代表参加了各地的集会。在曼彻斯特，5月25日有5万人聚集在克撒尔荒原听取奥康诺、弗莱彻、泰勒以及宪章派地方领袖的讲演。②

宪章派这些集会虽然都是和平的，但它已使英国当局惶恐不安。1838年10月25日，女王在日记中记下了墨尔本勋爵的忠告："我非

---

① 韦斯特：《宪章运动史》，第118—119页。
② 霍威尔：《宪章运动》，第153页。

常害怕骚乱临近。陛下，你得早做准备。"①

左翼宪章派的革命活动也加快进行。在5月底散发的一份传单中写道："亲爱的兄弟们，现在到了考验每个人灵魂的时候了，你们武装好了吗？你们有足够的火药和子弹吗？你们鼓起你们全身的勇气了吗？你们是否希望做一天的工作有一天公平的工资？问一问你们自己这些问题吧！你们要记住，要靠你们自己直接的武装力量，才能保证你们的安全，你们打算让你们的母亲、妻子、孩子和情人仍旧长期为了另一些人的利益做工？除了你们的步枪和剑以外，没有什么能使暴君觉悟了，我的孩子们，放弃对上帝的信仰而准备万一吧。"

这份传单曾广为散发，并为英格兰北部军区司令纳皮尔将军截获。在此之前，纳皮尔还得到诺丁汉地区驻军关于当地宪章派准备起义的消息。②纳皮尔将军虽然不相信宪章派会立即发动大规模的暴动，但仍然非常恐慌，他担心宪章派一旦发动起来会干出预想不到的事情。纳皮尔尤其害怕曼彻斯特的宪章派会组织暴动，他邀请了几位宪章派领袖去参观军队的大炮，他还集合自己的军队，向曼彻斯特工人阶级炫耀武力，企图用实力迫使宪章派放弃暴动计划。

由于工业区濒临革命的边缘。地方军事和行政当局招募了大批临时警察，组织乡村富有的自耕农，让他们举行忠于政府的宣誓，以对付工人阶级可能进行的暴动。地方治安法官开始逮捕宪章派活动分子。在兰开郡逮捕了不少宪章派。在伦敦，有十几名伦敦民主协会的会员被逮捕，他们都带有武器。③

5月7日，威尔士宪章派领袖文森特被蒙默思郡派出的治安人员

---

① 韦斯特：《宪章运动史》，第123页。
② 波斯特盖特（主编）：《革命文献，1789—1906年》，第125—126页。
③ 霍威尔：《宪章运动》，第150页。

在伦敦逮捕,随即押回新港城。① 纳皮尔明了,仅凭劝诫并不足以应付宪章派的革命准备活动,他通过新建成的铁路,把第十团从利物浦调到北部,以增强北部工业区的力量。到 8 月份,又把驻扎在爱尔兰的英军调到英格兰北部的曼彻斯特。②

1839 年 5、6 月第一次国民大会休会期间,全国各地的宪章派纷纷举行群众集会,就一旦《全国请愿书》被否决采取何种政策进行了热烈的讨论。

5 月 20 日在纽卡斯尔猎场举行了有 10 万人参加的群众集会,群众来自周围 20 英里的地方,会场上飘扬着 100 多面旗帜,哈尼、泰勒、洛厄里参加了这次大会。宪章派领袖在大会上宣布,他们决不同压迫制度和不公正的原则和平共处,他们将同那个抢劫穷人的工资,弄得他们家徒四壁的制度展开斗争。他们不承认那些有利于富人而不利于穷人的法律。宪章派领袖警告英国政府的首相,他不应该再蔑视全国人民的权利。现在国内成千上万的人痛苦不堪,以致即使血流沙场而死,他们也不害怕。

5 月 21 日,在约克郡西雷丁区的皮普草地召开了 20 万人集会,奥康诺、奥布莱恩、泰勒、布西等参加了大会,并做了讲演。奥布莱恩在讲演中说:"下届大选时,我们必须由宪章派来做我们的代表,他们由举手的方式选出,我们还须坚决要求有选举委员会所承认的结果效力相等的正式选举。"他说,人民的议会将在伯明翰召开,到那时需要发动 50 万选民去保护人民议会以履行其职责。奥布莱恩说:"我知道逮捕我的拘票已经签发了,只要一息尚存,我将永远鼓吹这

---

① 威廉·戴维:《约翰·弗罗斯特》,第 160—161 页。
② 马瑟:《宪章运动时代的公共秩序》,曼彻斯特大学出版社 1959 年版,第 162—163 页。

项原则：人民只应由人民自己统治。"①但是，奥布莱恩并没有认识到，只要资产阶级的国家还存在，人民议会就是一句空话。资产阶级会利用自己的镇压武器无情地摧毁任何建立人民议会的企图。

5月25日，曼彻斯特的宪章派在克萨尔猎场举行的群众大会是这一时期集会中规模最大的一次。一些由妇女组成的政治协会也参加了集会。妇女们不仅为成年男子的普选权而斗争，她们还提出了妇女选举权的要求。②在利物浦，有15000人举行了群众集会。在卡莱尔的集会上有10000人参加。在达勒姆郡大约有50000人参加了在森德兰猎场举行的大会。在格拉斯哥，有120000人举行了夜间集会。在南希尔兹举行了15000人的群众集会。此外，在哈德斯菲尔德、蒙默思郡、设菲尔德等所有宪章运动活跃的地区都举行了群众大会，显示了宪章派的斗争决心，并就国民大会应采取的政策进行了讨论。

这时，左翼宪章派对于英国当时现存的资产阶级国家和议会民主制度的性质已有了清晰的认识。一部分左翼宪章派明确地宣布了自己的活动策略，这就是立即举行武装起义。邓库姆在《伦敦民主》上撰文说："现在我并不反对把《人民宪章》作为这个国家的基本的法律，但是，我坚决反对把它看作是医治你们所遭受的罪恶的灵丹妙药。""那些目前正在摧毁你们生命的弊病是如此根深蒂固，以至于不能用这种药方解除它。你们的整个社会制度要求革命。你们的商业制度要求革命，你们的政治制度要求革命。只有一场社会大变动才能消除这些弊病。""你们的领袖曾预言说，《人民宪章》将使你们得到任何需要的东西，假如他们的话真是正确的话，难道组成上院的人像人

---

① 《北极星报》，1839年5月25日。
② 韦斯特：《宪章运动史》，第156—157页。

们以为的那样如此愚蠢？难道他们仅仅因为害怕内战就向改革法案的要求让步？很明显，当他们得到所有的国家权力和制度的支持时，他们不会如此轻易地向这个原则让步。虽然下院是反对与你们敌对的人，难道你们设想，在现存制度下，你们在任何时候都能得到多数的赞成？""你们难道相信一个取消个人土地财产的法律将在下院通过，而上院也会同意？他们绝不会这样做的，至少一场内战才能使这些争端平息下来。"文章的结论指出，缓慢的立法不能解除人民的苦难。最终必将求助于起义来解决问题。①

牛场事件

7月1日，国民大会在伯明翰的金狮饭店如期复会。这时，伯明翰的革命气氛更加浓郁了。早在5月中旬，伯明翰当局已逮捕了两位宪章派领袖布朗和法塞尔。7月初，伯明翰当局下令禁止工人在当地经常集会的广场"牛场"开会。7月4日，当局从伦敦调来的60名临时警察在晚上八九点钟开到牛场。当时，有千余人参加的工人集会正在进行。警察当即挥舞棍棒大打出手。起初工人们措手不及，几分钟以后，即回过头来与警察对抗，工人带有各种自卫的武器，他们的反击非常有力，打得警察东逃西窜，有10名警察被打伤送进了医院。在搏斗中，有几十名宪章派也当场被打伤。有两名行凶的警察被工人擒获，群众决心惩罚他们。最后，泰勒来到冲突地点，说服了群众放出了两名警察。警察与群众直到深夜还没有散去。之后，伦敦应伯明翰治安法官的要求派来了增援的警察。7月5日早晨，市长宣读了

---

① 《伦敦民主》，1839年6月1日。

《暴动法》，警察再一次袭击了聚集在广场上的工人群众，逮捕了国民大会代表麦克道尔和泰勒及其他17名宪章派。[1]工人愤怒了，发誓要对警察报仇雪恨。他们冲向圣马丁教堂，拆除了那里的栅栏和全部砖石建筑，把拆下的木棍作为自己的武器，并聚集到国民大会开会的金狮饭店周围。

7月5日上午，国民大会讨论了"牛场事件"。洛维特首先起来发言。他在提出的一项决议案中激烈地谴责了警察"违反宪法，以血腥的手段对伯明翰群众施加残酷、恶毒、不义的暴行"。决议案揭露"英国并无正义而言，它明确无疑地表明，在人民对他们遵守的法律没有某种控制权以前，生命、自由或财产都是毫无保障的"。[2]国民大会一致通过了这项决议，所有的代表都愿意在布告上签字。洛维特坚持不应因此而让所有的代表都被捕，只要一个人签字便够了。他和柯林斯承担了公布决议的事宜。7月6日上午决议公布后，洛维特和柯林斯随即被逮捕。

在审判中，洛维特坚定地为宪章派辩护说："群众有充足的理由尽一切可能的力量来抵抗这种专横血腥的势力，因为我相信，警察力量的建立侵犯了我们祖先所享有的宪法和自由权利；又因为，群众如果屈服于那些自命权威的人们一再强加在他们身上的不义行动，他们最后可能被碾得粉碎，永无反抗的能力。"[3]洛维特的行动受到宪章派热烈的赞扬。

7月4日以后，在伯明翰露天集会被禁止，街道被军警控制，商

---

[1] 霍威尔：《宪章运动》，第150页；甘米季：《宪章运动史》，第132—133页。
[2] 霍威尔：《宪章运动》，第157页；波斯特盖特（主编）：《革命文献，1789—1906年》，第126—127页。
[3] 甘米季：《宪章运动史》，第145页。

店都关闭了。群众申请借用市政厅举行大会也被拒绝。工人不满情绪日益增长。7月15日，骚动爆发了。从清晨8时起群众就在牛场集合，警察企图驱散群众也无法奏效。宪章派群情激愤，冲击了仇视工人宪章派的资产阶级事务所和店铺，焚毁了这些房屋，把店铺中的商品搬到牛场，付之一炬。金银财物被抛弃在街道上，但没有一个工人拾取，没有一个工人顾及自己的利益，更没有人乘机抢劫。伯明翰的商业停顿，警察仓皇逃跑，而宪章派继续举行大会，城市又恢复了正常的秩序。①

　　伯明翰当局的倒行逆施引起了全国宪章派的愤怒。消息传到纽卡斯尔后，立即举行了群众集会，奥布莱恩出席了大会并做了演说，大会通过了谴责伯明翰当局的决议。决议说："倘若政府坚持用暴力驱散符合宪法规定的公众集会，纽卡斯尔人民决心依靠对上帝的信念，并根据我们的权利和宪法，用合乎宪法的反抗来对付非法的暴力。"②在森德兰，有2万多群众参加集会，在格拉斯哥、北安普顿都召开了声援伯明翰宪章派和谴责资产阶级政府的集会。

第一次请愿失败

　　7月10日，在曼彻斯特贴出了以"曼彻斯特的工人们请看专制暴行！"为题的宪章派传单，谴责伯明翰警察嗜血的暴行。

　　在宪章派积极准备第一次请愿之时，在绝大多数宪章派思想上对议会请愿怀有美好的幻想，虽然国民大会中的宪章派领袖清醒地估

---

① 比尔：《英国社会主义史》，下卷，第65页；甘米季：《宪章运动史》，第143—147页。
② 甘米季：《宪章运动史》，第150页。

计到议会绝不可能接受《全国请愿书》，但多数宪章派还是真诚地希望由120多万人签名的《全国请愿书》被议会接受。

6月14日，下院议员、资产阶级激进派阿特伍德受宪章派的委托，将请愿书在议会下院提出一读，并交付印成议会文件。因为《全国请愿书》将于7月12日在下院举行二读，并进行表决，宪章派国民大会决定迁回伦敦，等待表决结果。这样也便于必要时采取秘密的暴力行动。

7月10日，迁回伦敦的国民大会通过一项决议，谴责政府怂恿警察镇压群众集会，强调了宪章派进行自卫的合法权利。决议说："国民大会认为无论何时何地，在人们出于正义合法的目的举行的集会上，只要他们未进行骚动和暴乱却遭到警察等的袭击，他们就有理由根据法律条文进行自卫，在集会上使用暴力，甚至杀死那些残忍而又凶恶的非议他们的权利和袭击他们的罪人们。"[①]

7月12日，阿特伍德在议会下院提出进行二读的动议并做了长篇演说。阿特伍德描述了工人阶级的悲惨状况，斥责了寡头政治。但是，他在探究造成工人恶劣处境的原因时，把罪恶的原因归结于金币流通。他追溯了请愿和伯明翰政治同盟的历史，他认为伯明翰是这次请愿的发祥地。他说，很容易向议会说明，在请愿书上签名的都是资产阶级可以接受的工人阶级中有文化的优秀分子，而不是资产阶级所痛恨的企图改变法律的"流氓、盗贼或声名狼藉的歹徒"。以此安慰和平息下院资产阶级和贵族议员的恐惧之心。他指出重商主义制度的不合理性，认为繁荣只是虚假的外表，相反，存在着致命的隐患，必须实行符合工业家利益的改革。最后，阿特伍德要求议会下院批准

---

① 内务部档案40、44。张贴在博尔顿的传单。

《全国请愿书》，甚至是同意其中部分要求也好。如果普选权、每年召开一次议会不能批准，那么批准户主选举权、3年召开一次议会也好。阿特伍德表示，反对采取合法手段以外的任何方式。他的讲演，并不能代表宪章派的要求，只是伯明翰政治同盟的工业资产阶级的政治声明。资产阶级激进派表示支持阿特伍德的动议。①

下院对《全国请愿书》进行了表决，赞成的为46票，反对的为235票，请愿书被否决。请愿书被否决实际上宣告了资产阶级激进派和工人宪章派联盟的瓦解。这时，5月份以前国民大会曾激烈讨论的是否采取"最后措施"的问题立即提到国民大会的议事日程上来。

"神圣月"

从7月3日起，国民大会开始讨论采取怎样的措施来争取实现《人民宪章》。马斯顿提议国民大会应当决定采取最后措施的日期。泰勒则认为应当暂缓全国"神圣月"的计划，宪章派应首先从银行中取出存款，把纸币兑换成硬通货，只在宪章派的商店中购买商品，并把宪章派武装起来。奥康诺支持泰勒的主张。由于资产阶级激进派退出了会议，他们的席位由工人代表来补充，这样，国民大会的成分发生变化，斗争性加强了。约克郡西雷丁区的代表布西在会上表示，西雷丁区已经武装起来，准备就绪，他提议7月15日起开始"神圣月"。卡都、马斯顿、尼索姆、布朗等北部工业区和伦敦民主协会的代表均支持布西的意见。阿希顿的代表麦克道尔认为神圣月应当尽快

---

① 威纳（主编）：《大不列颠国内政策文件，1689—1973年》第2卷，纽约1974年版，第1111—1113页。

开始。代表们一致认为，只有实行全国休假日，才有可能使人民取得应有的权利。甚至洛维特这时也提出可以在一些组织得较好的行业中先行发动。①

议会否决《全国请愿书》后，7月12日，国民大会开始讨论宪章派应当采取的策略问题。洛厄里提出应当在8月12日开始神圣月，他说："指望议会支持公道是徒然的。"有一批国民大会代表对洛厄里的提案持反对态度。例如，格拉斯哥的莫伊尔说，神圣月就是革命的开始，结果尚难逆料。罗其代尔的代表指出，兰开郡南部的粮食不足以维持人民两星期之用，他不赞成停止一切工作，认为这种做法不会成功。伦敦代表卡本脱指出，国民大会的代表有将近一半缺席，一些主要的领袖都不在场，他希望召开一次全体会议以做出最后决定。②至于那些曾主张要诉诸"暴力"的左翼代表也有些人对举行神圣月的提议有所保留。洛厄里和泰勒指出，北部工业区已在准备进行大罢工。但是，其他的来自北部工业区的代表对这一意见提出了质疑。一些当初全力支持大罢工的代表在这时也认为现在开始总罢工为时过早，应当等人民准备就绪，并由国民大会制定一个成熟的计划后再开始行动。弗莱彻说："他们了解的情况不能令人满意"，"人们存在热情，甚至热情很高，但是仅仅有热情并不足以立即发动"。代表们各抒己见，意见无法统一。争论在很大程度是由于对形势和准备程度的不同估计引起的，它已超出了派别的界限，一般地说，主张立即采取总罢工行动的代表在政治上要革命一些，但主张暂缓总罢工的代表在策略考虑上却更冷静。左翼宪章派中有一些也考虑到革命的条件是否

---

① 爱泼斯坦：《自由之狮：菲格斯·奥康诺和宪章运动，1832—1842年》，第167—168、199页。
② 比尔：《英国社会主义史》，下卷，第72—73页。

成熟的问题。在这个时候，当局不断在各地逮捕宪章派，在伯明翰冲突继续发生，纽卡斯尔的形势也到了一触即发的地步。[①] 这些事件促使国民大会中的极左翼加紧活动。

　　国民大会中的左翼哈尼、卡都、尼索姆、麦克道尔和马斯顿等人在议会辩论《全国请愿书》以前就促使国民大会讨论神圣月问题。这时，伦敦民主协会的尼索姆对洛厄里的提议提出了一项修正意见，认为全国休假日应当提前一周从8月5日开始。布莱顿的代表奥斯本则认为神圣月开始越早成功的可能性就越大。但是，7月16日，国民大会以13票赞成，6票反对，5票弃权通过了洛厄里最初的提议。[②]

　　当时，奥康诺正在约克郡待审，准备为自己和《北极星报》辩护。弗罗斯特和泰勒也在准备对付政府的起诉。而奥布莱恩正在北部地区旅行，希望增强宪章运动的力量，为将要进行的搏斗做最后的准备。仅在1839年4月的9天中，他就在十多个规模浩大的群众集会上讲话，此外还参加了更多的较小的集会。[③] 他们都赞同推迟全国休假日。奥康诺已明确表示在这种形势下反对进行全国休假日。弗罗斯特则写了一封信给国民大会，主张把休假日推迟到8、9月份。至于奥布莱恩虽然他在北部旅行中使用着激烈的言辞进行革命宣传，但从他后来的行动来看，他也是赞成推迟全国休假日的。[④]

　　虽然反对总罢工的意见7月16日在国民大会上被否决，但是，

---

① 马奇尔：《1839年英格兰东北部宪章派的骚动》，载《国际社会史评论》第8卷，1963年，第395页。
② 《北极星报》，1839年7月22日。
③ 普卢默：《布朗特里·奥布莱恩的政治传记》，第105页。
④ 爱泼斯坦：《自由之狮：菲格斯·奥康诺和宪章运动，1832—1842年》，第173—174页。

持反对意见的代表们把奥布莱恩、奥康诺和泰勒召回伦敦来，希望取得这几位宪章运动主要领袖的支持。7月17日，国民大会成立了一个委员会，负责研究实施总罢工最有效的办法。大会准备发表总罢工的宣言，还要求和工会联合行动。这时国民大会多数代表已察觉做出总罢工的决议是不明智的，应当避免使宪章派落入进退两难的困境。7月21日理查逊在给国民大会的信中指出，举行全国休假日是不合时宜的，在此以前理查逊曾热烈地号召过宪章派把自己武装起来。宪章派现在看到，举行全国休假日并没有获胜的希望，它只会"使成千上万穷人无可挽救地遭到致命的摧残，而与此同时富人则不会遭到什么打击"。①

国民大会在7月22日听取了奥布莱恩对于全国休假日的意见。奥布莱恩曾向各地区宪章派领导人了解过人民群众的准备情况，他对7月16日国民大会在许多有威信的代表缺席的情况下草率做出的决议很怀疑。22日奥布莱恩在国民大会发言说，他在英国北部看到了那里的人民情绪很高涨，但恐怕他们还没有做好总罢工的准备。奥布莱恩提出的决议案说："只有全国实行总罢工或停止劳动才足以重新使产业工人阶级得到他们的权利和自由，但我们却不能负责指定罢工的时间和有关的细节。"他担心局部的罢工只会使参加者遭受最残忍的困苦和折磨，国民大会不能为人民制造不必要的危险。为了避免国民大会陷入困境，他提出让人民自己来决定是否在8月12日开始神圣月。而国民大会则成立了一个委员会来重新考虑7月16日的决定。

国民大会的代表对奥布莱恩的提案进行了3天的讨论，代表们的看法分歧很大。但经过讨论，绝大多数代表基本上接受了奥布莱恩

---

① 霍威尔：《宪章运动》，第166—167页。

的意见，最后以 12 票赞成、6 票反对、7 票弃权通过了奥布莱恩提出的决议案。①

7 月 26 日国民大会闭幕，剩下的事务交给由奥布莱恩、奥康诺、弗莱彻、洛厄里和尼索姆 5 人组成的委员会来处理。只有哈尼坚决反对国民大会这一决议。他说，他曾参加了在库伯兰和诺桑伯兰等地举行的 40 次大会，他了解群众的情绪，约克郡、达勒姆郡和兰开郡也都有充分准备。如果国民大会不履行自己的职责"唤起人民，而把他们置于暴君的倾轧之中"，他们将无法再次唤起人民。②

7 月 26 日，国民大会休会。

第一次国民大会的激烈争论引起了人们的很大注意，要对于这场争论做出评论，就无法回避这样一个问题：当时各地宪章派的力量是否已足以发动一次全国规模的罢工，宪章派是否有了充分的准备。

在国民大会迁往伯明翰以前，曾向全国各地的宪章派组织发出征求活动策略意见的信。在 7 月底 8 月初，处理国民大会工作的 5 人专门委员会陆续收到了各地宪章派组织答复的信件，宪章派还在报纸上撰文就活动策略阐述自己的见解。纽卡斯尔政治同盟的代表在致国民大会书记的信中，敦促国民大会立即开始总罢工。信中说"我受纽卡斯尔政治同盟委员会的指令通知你，几乎所有北部的矿工都怀着严肃的决心站在那些如果得不到权利就不开始工作的人一边"，"他们为了从暴君那里得到一点东西已经等待太久了"。"在泰勒被捕的消息传来后不久，柯林斯和洛维特也被捕了，然后罢工就开始了。到现在为止，罢工一直在发展，现在已有 25000 名以上的矿工和城市工会

---

① 爱泼斯坦：《自由之狮：菲格斯·奥康诺和宪章运动，1832—1842 年》，第 178 页。
② 《宪章报》，1839 年 7 月 28 日。

会员参加了罢工,他们每日都在等待你们的命令。形势紧迫,不应该再拖延罢工的时间。如果国民大会希望保持这里人民的信心,他们必须赶快行动。"① 来自利明顿的信说:"我们一致无异议地赞成你们布告中的观点,即休假日应当在8月12日开始,我走遍了这个国家的各个地方,我调查的结果是,没有一个地区的人民准备听从国民大会对这一问题的指示,他们中也没有一个准备采取其他最后措施。"利明顿的斯密斯在信中提出这样的疑问:"如果休假日开始,国民大会能够控制闲散的工人吗?"为什么国民大会从不谈及积累资金为最后措施做准备,而却奢谈武装和使用暴力呢?②

来自考文垂的信坚决反对罢工。在普雷斯顿,由于工会组织拒绝帮助,宪章派无法发动罢工。罗其代尔和密德尔顿都反对举行罢工。海德的宪章派要求他们的代表约翰·迪根撤销在国民大会上对大罢工的支持。哈德斯菲尔德和巴思的宪章派则支持"神圣月"计划。③

8月17日,《真正苏格兰人报》公布的苏格兰的调查情况表明,"只有极少数的协会赞成全面采取极端措施"。④ 到7月下旬为止,在国民大会收到的各地宪章派组织的复信中,20个英格兰和威尔士的宪章派协会有16个表示反对神圣月,3个表示支持,1个未决可否。在苏格兰的46个宪章派协会中,只有5个赞成神圣月,大多数不赞成。⑤ 宪章派绝大多数基层组织不赞成举行神圣月,他们认为群众准

---

① 《宪章报》,1839年7月21日。
② 普雷斯手稿,第342453号第72件。
③ 霍威尔:《宪章运动》,第168—169页。
④ 赖特:《苏格兰的宪章运动》,第71—72页。
⑤ 乔奇:《早期宪章派组织和1839年国民大会》,载《国际社会史评论》第20卷,1975年,第393页。

备不足。

8月3日，奥康诺发表了一封给工人群众的信，他号召宪章派放弃神圣月的计划。同期《北极星报》编者的文章说："在全民武装起来之前，任何开始神圣月的尝试都将彻底失败。"①

8月6日，国民大会全体会议通过了一项由奥布莱恩提出奥康诺附议的动议："根据全国各地交来的材料，我们一致认为，人民还没有准备在1839年8月12日实行神圣月。然而，这些材料使我们相信，包括大多数行业在内的多数工人可能接受劝告，从本月12日起停工两天，以便利用这个时间进行集会和游行，讨论本国目前的穷困状况，从而拟定最适当的措施，推翻压榨劳动的嗜杀成性的中等和上等阶级强加在劳动阶级身上的暴政。我们请求所有的宪章派兄弟都放弃神圣月的计划，因为在目前它是完全不符合实际的，应该准备在本月12日实现上述具体目标。"② 这项决议实际上放弃了全国休假日的计划。遵照国民大会的决议，8月12日，差不多所有工业城市的宪章派工人都停工一天举行了盛大的集会和游行，有些地方还发生了和军警的冲突。国民大会的代表则回到各地参加了当地的群众集会。

资产阶级政府加紧了迫害宪章派的活动。7月31日，内务大臣约翰·拉塞尔向各地方当局发出命令，要他们采取措施防范宪章派"非法扰乱治安"的阴谋，大量逮捕煽动密谋暴动的宪章派。在伯明翰，当局把3名在冲突中被捕的宪章派按叛国罪判处死刑，后来减刑为流放。在1839年夏天，宪章派国民大会的代表不下12人被逮捕。

---

① 《北极星报》，1839年8月3日。
② 《宪章报》，1839年8月11日。

仅仅在 8 月份，被逮捕的宪章派的积极分子就有 130 人左右。① 本鲍也在被捕者之中，被判处 16 个月的监禁。哈尼早就为资产阶级政府所痛恨，当局希望在伯明翰牛场事件中逮捕他，然而未能得逞。7 月底，哈尼在贝德林顿被捕了。② 阿希顿的工人领袖希金斯、曼彻斯特政治同盟和纽卡斯尔北方政治同盟的宪章派领袖全部被捕了。试图发动大罢工和采取暴力行动的兰开郡宪章派大批被捕。随后，大规模的审判开始了。在利物浦有大约 70 多名宪章派被审判，在兰开郡有 35 人被审判，在韦尔什普尔有 31 名兰尼卢暴动的参加者受审，他们中有的被判处 15 年流放。在切斯特，希金斯、麦克道尔和理查逊被审讯，被审讯的还有奥布莱恩、尼索姆等。

在这些审讯中最引人注目的是对斯蒂芬斯、洛维特和柯林斯的审讯。对斯蒂芬斯的审判是在切斯特进行的，斯蒂芬斯为自己进行了长达 5 小时的辩护，指控他的罪名是参加了一系列狂暴的群众集会。他被判处 18 个月的监禁。③ 指控洛维特的罪名是他发行了不符合事实的诽谤人的煽动性文章。④

8 月 26 日，国民大会在伦敦复会，最初当选的国民大会代表中已有 21 人辞职，其他还有不少被捕入狱，加上有五六名代表一直未到会，出席大会的代表人数不断减少。在弗罗斯特担任会议主席的几天中，曾要求各地支持国民大会的宪章派继续派代表参加会议。但到 9 月初，也只有 20 余名代表参加国民大会。⑤ 由于《全国请愿书》遭

---

① 比尔：《英国社会主义史》，下卷，第 76 页。
② 韦斯特：《宪章运动史》，第 137 页。
③ 《宪章报》，1839 年 8 月 25 日。
④ 霍威尔：《宪章运动》，第 172—173 页。
⑤ 威廉·戴维：《约翰·弗罗斯特》，第 184 页；甘米季：《宪章运动史》，第 170 页。

到议会否决，总罢工的计划也已放弃，更严重的是政府不断地大量逮捕宪章派领袖和活动分子，使国民大会再也无力有效地指导全国宪章运动。9月14日，国民大会通过了奥布莱恩关于解散大会的提议。国民大会宣布解散。

宪章派国民大会最后通过了一项《英国人民宪法权利宣言》。它共有39条，引证了英国历史上的各种法律文件，论证工人阶级享有普选权、每年选举议会、军事训练、武装和集会的权利，为工人阶级的行动的合法性辩护。

国民大会在第一次宪章运动高潮中的组织和领导作用

国民大会在1839年宪章运动的高潮中的工作，对于推动宪章运动的发展起了重要作用。正如我们所看到的，宪章运动从1836年开始发动时，虽然形成一个全国规模的群众运动，但各地成立的宪章协会、工人协会、政治同盟等各种组织相互之间没有固定的联系，也没有统一的行动步骤，宪章运动在很大程度上是分散的。1837年11月，奥康诺在里兹创立的《北极星报》实际上起了部分沟通全国各地宪章运动的作用，真正起到联系全国范围运动并对各地宪章运动起指导作用的是国民大会。由于国民大会是由全国各地宪章派最有影响的代表组成，它在活动过程中通过各个代表与各个地区保持了密切联系。在同时代欧洲发达国家的工人运动中，还没有哪一个国家能够像宪章派这样建立了一个全国的工人阶级代表大会。这反映了英国工人阶级在组织上和政治上的成长。

但由于种种原因，国民大会并没有充分地发挥对宪章运动的组织和领导作用。

国民大会早期曾对于全国各地和工人状况密切相关的经济、政治和社会问题进行了一次调查。调查项目包括：城镇人口、机械工人和商人人数、各行业的人数和主要行业工人以及女工与童工的工资、主要食物价格和房租价格、政治社团的数目和参加的人数、报纸种类、全国请愿签名数、国民捐征募金额、选民人数（激进派、辉格党、托利党各有多少选民）、议员人数、各业的不满情绪等。从1839年4月到5月共收到各地23份报告。它对国民大会制订政策极有益处。①

但首先由于各地宪章派运动发展得不平衡，国民大会花费了大量的人力继续从事宣传发动工作。在7月中旬，国民大会迁回伦敦后，有20余名代表忙于各地的鼓动工作没有到会。其中包括几位主要领袖，这严重影响了国民大会指导工作的进行。

其次，国民大会缺乏一个领导核心，每天由代表轮流担任执行主席职务。②为了克服这一缺点，7月下旬曾成立了6人委员会来决定国民大会的政策，但并不是很有效。

再次，在国民大会和地方宪章派组织之间，仅靠代表和国民大会派出的使者联系。国民大会发出的文件只具有指导建议的性质，没有建立一种隶属的组织关系，使得国民大会不能自上而下有效地领导宪章运动。全国也没有在各个大区成立宪章运动的领导机构。某些地方的宪章派提供了很好的组织经验，如在布雷德福每个村庄的宪章派推派一名代表参加布雷德福北方同盟，由它再派出代表参加约克郡西雷丁区的宪章派代表会议。但国民大会未能推广其经验，某些地方宪

---

① 罗：《宪章派国民大会和地区》，载《经济史评论》第22卷第1期，1969年4月，第58—64页。
② 甘米季：《宪章运动史》，第107页；威廉·戴维：《约翰·弗罗斯特》，第128页。

章派组织，如布鲁斯伯里宪章协会，清醒地看到了国民大会在组织方面的弱点，建议国民大会采取比目前更好的组织方式，把全国分成若干区，在每个区成立一个中心协会，由每个协会指派一些委员参加宪章运动重大事务的决策，但是这样一些很好的建议并没有被国民大会采纳和实行。①

此外，国民大会的财政困难也阻碍了它的活动。国民大会唯一的收入来源是各地宪章派提供的"国民捐"。但是征收国民捐的工作从一开始就进行得很不理想，积极支持宪章国民大会的贫穷的农业工人和手机织工拿不出多少钱来捐献给国民大会。来自埃塞克斯的一封信说："由于农场雇主的残暴压迫，我们很少看见他们（农业工人）参加我们的集会"，"恐怕我们收集不到多少国民捐"。②多塞特郡的代表勒夫莱斯表示，因为经费不够他不能更多地参加国民大会，诺威奇一共只征集到7镑国民捐，它只够哈尼参加国民大会期间三周半的开销③，国民大会靠为数极少的国民捐无法支付使者的开支和援助被捕宪章派及其亲属。

左翼宪章派的暴动

在国民大会结束以后，宪章运动按照两个方向发展。温和派回到"道义"政策上去，左翼则准备把"暴力"政策付诸实践。

---

① 乔奇：《早期宪章派组织和1839年国民大会》，载《国际社会史评论》第20卷，1975年，第385、379页。
② 普卢默：《布朗特里·奥布莱恩的政治传记》，第98页。
③ 乔奇：《早期宪章派组织和1839年国民大会》，载《国际社会史评论》第20卷，1975年，第383—384页。

8月14日至16日,苏格兰宪章派代表会议在格拉斯哥举行,参加会议的苏格兰代表有60人。奥康诺也根据国民大会的建议参加了这次会议。他在会上指出,英格兰、苏格兰、威尔士和爱尔兰的宪章派需要加强合作。① 在会上发言的代表大多反对总罢工,赞成"道义"政策,只有少数代表主张武装起来。②

8月30日,在纽卡斯尔召开的盛大的宪章派会议则有较强的斗争性,警察企图解散这次大会,宪章派和警察发生了冲突。

9月1日,斯托克堡宪章派和当局发生了冲突,宪章派的一批武器被当局搜出。宪章派和军警展开战斗。年底在斯托克堡进行了大逮捕。此外,切斯特、曼彻斯特、博尔顿和诺丁汉等地也进行了对宪章派的大逮捕。③

在1839年7月议会否决了《全国请愿书》以后,左翼宪章派并没有放弃武装暴动的主张。在10月,泰勒、卡都、巴锡、伯恩斯等人举行了秘密会议,决定用暴动的方式解放工人阶级。他们认为约克郡、兰开郡、伯明翰、设菲尔德和威尔士等地进行暴动的条件均已成熟。之后,波兰流亡者本尼乌斯基被派到威尔士担任宪章派的军事教官,并派了一些年老的退伍军人去英格兰北部和中部训练工人。宪章派仿照18世纪末的爱尔兰人联合会建立了秘密活动的组织,把宪章运动开展的地域划为若干区,各区的宪章派按十人、百人、千人为单位组织起来,分别指定负责人和队长。有关泰勒等宪章派极端分子的讨论的详细情况现在研究者了解得很少,大概他们的计划进展得不顺利。约克郡西雷丁区表示不赞成起义,其他地区只是表示支持威尔士的起

---

① 韦斯特:《宪章运动史》,第140页。
② 比尔:《英国社会主义史》,下卷,第76页。
③ 韦斯特:《宪章运动史》,第141页。

义。① 1839 年 11 月,暴动的领导人卡都被捕,这一计划遂告失败。②

在 1839 年夏季,伯明翰和纽卡斯尔的宪章协会曾把下属的宪章派群众按"十人团"的形式组织起来。伯明翰宪章协会的《章程和规则》写道:"这个协会应当分成'班',每个班有一个领导人,他应当每周向委员会报告成员的情况以及各个班的捐款。""每个班的领导人应当记下该班成员的姓名和住处,书记应当掌握每个班的领导和委员会成员的姓名和住处。"这种"十人团"组织到 1839 年年底已在北部最重要的宪章运动中心,如约克郡、博尔顿、曼彻斯特、巴恩斯利、布里斯托尔、哈德斯菲尔德、南希尔兹、设菲尔德、莱斯特、德比、诺丁汉、斯塔福德、布雷德福和威尔士新港等地出现。③ 一般说来,"十人团"是政治组织的一种形式,它和当年工人阶级全国联合会的"班"一样,并不一定就是为密谋暴动而建立的。但是,一旦这些地区的宪章派准备暴动和起义,"十人团"便立即成为秘密暴动很好的组织基础。

卢卑克暴动

在宪章运动第一次高潮中,南威尔士地区是宪章运动的一个中心。

在 19 世纪 30 年代末威尔士地区资本主义经济发展仍较缓慢。这里地多丘陵,现代工业部门主要是煤矿和铁矿。在南威尔士,工人的工资特别低。同时,广泛地实行掠夺工人的实物工资制,因此在工人中蕴藏着对资本主义制度的强烈不满。南威尔士的南部煤矿区工人有

---

① 戴维·琼斯:《宪章运动和宪章派》,第 156—157 页。
② 《宪章报》,1839 年 11 月 24 日。
③ 韦尔摩斯:《19 世纪的一些工人运动》,伦敦 1948 年版,第 130、133、126—127、129 页。

着光荣的斗争传统，1800年曾在默瑟尔发生过工人暴动，有两名工人被处决。1816年和1822年在蒙默恩郡的铁工厂发生了罢工，反对降低工资。1831年在默瑟尔又发生了骚动，起义者同前来镇压的苏格兰军队展开了战斗。直到政府再次派来军队，才把起义镇压下去。

1838年冬季，由于农业的歉收，农民们大都处在半饥饿状态，不断爆发饥饿农民的骚动。在1839年1月中旬，饥饿的群众起来反抗新济贫法，几乎要把新建立的那伯斯济贫院烧毁。到了4月，当地的治安法官要靠临时警察才能控制社会秩序。4月下旬，兰尼卢宪章派起义发生了，这更激起了威尔士人民的斗争热情。卢卑克暴动是由威尔士地方当局在当地的大道上设立征税关卡引起的。这里的大道年久失修，贩运石灰的马车来往却很频繁，地方当局也不采取有效措施修复道路。1839年1月24日，税务委员会决定在附近的埃菲尔汶和马斯格温等地马车必经的大道上设立四处征税关卡，这激起了农民和工人们的不满。在这项决定开始实行一星期后，埃菲尔汶的征税关卡被愤怒的劳动者捣毁，征税所的房屋被付之一炬，税务委员会重新修建了征税关卡，治安法官还派了临时警察看守。7月6日，三四百名群众聚集到征税关卡前，他们化了装，有的脸涂成黑色，使人们认不出他们。他们把临时警察驱赶到附近的旷野里，随后拆掉了征税所，捣毁了征税关卡。下一周的星期六，马斯格温的征税关卡也被携带武器的群众拆毁了。治安法官极为惊慌，他们感到自己无能为力，请求内务部派军队前来支援。

7月17日下午，第三次骚动发生了。大批群众聚集起来，同样有不少参加者把面部涂成黑色。一位群众领袖做了讲演，他身材高大，一开始难以借到适合他的身材的服装。最后他从居住在兰哥曼教区的比格·卢卑克那里借到了合适的衣裳，并穿着这身衣裳做讲演。

于是，人们把他叫作卢卑克。捣毁道路税征税关卡的群众暴动也因此被称作"卢卑克暴动"。① 卢卑克暴动反映了 1839 年夏季，威尔士地区人民的不满情绪已经达到了顶峰。

新港起义

文森特和 1839 年威尔士的宪章运动有着密切的联系。他原先是伦敦工人协会的会员，但由于对伦敦上层熟练技工温和的政治态度不满，从 1838 年起便毅然离开伦敦，来到威尔士工业区活动。1839 年 2 月，文森特创办了《西部辩护士》报，它深受英格兰西南部和威尔士的宪章派欢迎，成为当地宪章运动的喉舌。文森特的口才也很流利，是宪章运动出色的鼓动家，讲演时风度翩翩，感情炽热奔放，在威尔士煤铁矿工人中享有很高的威信。② 文森特在参加了威尔士德维乔斯和兰尼卢两地暴动的组织工作以后，5 月 8 日被逮捕，他在监狱中受到非人的虐待。此外，4 月底兰尼卢起义中被捕的宪章派也遭到非人待遇。消息传出，激起了威尔士宪章派无比的愤怒。5 月 15 日，弗罗斯特在给国民大会秘书洛维特的信中估计威尔士人民有可能发动一场战斗。③ 在此后的几个月中，威尔士的宪章派一直在多方努力试图把文森特和平营救出狱。例如，在 8 月 12 日，蒙默思郡的宪章派组织了声援文森特的群众示威，它是威尔士宪章派举行的集会中规模最大的一次，资产阶级报纸估计参加者有 2.5 万人。但这远远低于到

---

① 戴维·威廉斯：《卢卑克暴动：对农民不满的研究》，威尔士大学出版社 1955 年版，第 185—189 页。
② 威廉·戴维：《约翰·弗罗斯特》，第 141、162 页。
③ 普雷斯手稿，34245 号，A，第 445 页。

会的实际人数。但是，到9月中旬，宪章派的种种努力都未能奏效，他们决定发动起义，救出他们的领袖文森特。

新港地区的宪章派早有武装斗争的准备。在1839年初，他们就在收集捐款以购置武器。新港的治安法官在给内务部的报告中曾说当地的宪章派经伯明翰地区把毛瑟枪等武器运向新港，分发给宪章派。①

同时，新港地区有着优良的民主运动的传统。弗罗斯特在19世纪20年代初就曾在这个地区的民主运动中崭露头角，他出版过十多种小册子，是一个科贝特式的小资产阶级民主主义者，因其在民主改革运动中的影响，被任命为新港的治安法官，后升任新港市长。1837年，弗罗斯特竞选连任新港市长失败后，和威尔士的宪章运动发生联系，是工人阶级信赖的朋友和领袖。1838年被推选为威尔士出席国民大会的代表。在国民大会中，弗罗斯特反对道义政策，提倡采用强有力的措施以实现《人民宪章》。1839年夏季，泰勒、麦克道尔、理查逊、本尼乌斯基等人在国民大会中组成了一个委员会，拟定了起义计划，弗罗斯特和这些极左翼代表联系密切，是这个组织的重要成员。在9月14日弗罗斯特参加的一次会议上，决定了在11月3日各地宪章派联合发动起义。随后，约克郡西雷丁区、苏格兰、英格兰东北地区和西南地区召开的宪章派会议讨论了这一起义计划。②

但是，弗罗斯特本人对于计划发动的新港起义似乎有一种谨慎的考虑，他在8月27日写的一封信中对宪章派说，传闻周围丘陵到处都有间谍，他们的目的是要刺激宪章派采取暴力行动，希望工人宪

---

① 多萝西·汤普森（主编）：《早期宪章派》，第226—227页。
② 戴维·琼斯：《最后的起义：1839年新港暴动》，克拉兰敦出版社1985年版，第99页。

章派要谨慎行事，避免过早起义。① 到10月初，弗罗斯特虽然主张人民以"十人团"的形式武装起义，但他并不赞成立即发动起义。10月3日，弗罗斯特参加了在威廉斯的啤酒店里举行的有500人参加的宪章派会议。主张立即采取暴力行动的左翼控制了会议。弗罗斯特在会上坚持原先的意见，认为英国其他地区的宪章派虽然许诺支持新港起义，但他们尚未做好准备，希望工人们估计到现在起义是否有成功的可能。他要求工人们耐心等待时机成熟。② 但是，到会的宪章派听不进弗罗斯特的劝告。他们的一位领导人威廉·琼斯带来了附近地区宪章派允诺在起义发动时提供支援的好消息，威廉·琼斯的消息受到了热烈的欢迎。

10月3日夜间，在王家橡树林召开了一次秘密的宪章派代表会议，弗罗斯特、泽弗奈亚·威廉斯、戴维·刘易斯都参加了这次会议，会议具体地制订了起义计划。10月底以前，弗罗斯特把威尔士宪章派举行起义的决定告诉了彼特·布西和约翰·泰勒。10月22日，弗罗斯特写了起义前最后一封公开信，他呼吁说，除了《人民宪章》成为这个国家的法律，人民的人身安全和财产绝没有保障，他认为，英国已处在法国第一次革命前夕的那种形势。③ 10月28日，在达克斯顿，弗罗斯特、威廉·琼斯等人召开了另一次重要的会议。从这时开始，弗罗斯特成为起义的主要领导人。

11月1日白天，召开了一次有25人参加的代表会议，它讨论了关于起义的最后决定，同时还讨论了当宪章派攻下新港以后会出现的

---

① 威廉·戴维：《约翰·弗罗斯特》，第185页。
② 威廉·戴维：《约翰·弗罗斯特》，第188—189页。
③ 威廉·戴维：《约翰·弗罗斯特》，第193—194页。

情况。代表们乐观地相信,这将成为其他地方宪章派起义的信号。①会后,代表把起义的决定带回他们所在的地区。

到起义的前夜,起义即将发生已为人所皆知。在新港城内,不仅宪章派,甚至当局都在准备对付攻城的宪章派到来。周末,新港城内的宪章派在密尔街的威尔士王子啤酒馆召开了迎接起义的会议。在星期四,新港市长已得到消息说,煤矿区的宪章派即将攻打新港城。3日早晨,蒙默思郡郡长接到起义即将发生的情报,他向新港和蒙默思当局以及内务部做了报告。在3日一整天,政府调集了第45团的士兵和警察事先做了埋伏。当局在一所济贫院中布置了70多名步兵,并命令召集150名临时警察在当晚执行特别任务。星期日早晨,被起义消息惊扰的从矿区逃到新港的群众更加重了紧张气氛。②当局把500名临时警察布置在城内3所主要的旅馆里,同时搜捕新港城内的宪章派,把他们关押到西门旅馆,还向起义工人集中地之一里斯卡派出了侦探。③

11月2日是星期六,人们没有去上班,每周例行的晚间集市上人很少,更见不到活跃的宪章派身影。从星期天夜里起,新港附近各地的宪章派开始分头集结,主要集结地点之一是新港西北6英里处埃布维尔河谷的矿区村庄里斯卡。按原定计划,当夜将首先攻占新港城,截住邮车,以此给其他地区的宪章派一个信号,随后一齐发动向蒙默思进攻。然而宪章派起义队伍在夜间行动时遇到很多困难,有的分队走了整整一夜,他们没能在午夜赶到,而是在次日早晨才到达

---

① 戴维·琼斯:《最后的起义:1839年新港暴动》,第113页。
② 戴维·琼斯:《最后的起义:1839年新港暴动》,第144—146页。多萝西·汤普森(主编):《早期宪章派》,第228—240页。
③ 威廉·戴维:《约翰·弗罗斯特》,第225页。

新港。

  4日清晨，新港城内的宪章派亦在努力和向新港进攻的宪章派联系。青年协会的秘书格罗夫斯和戴维斯在和宪章派队伍接上头以前，不幸在路上被临时警察捕获了。① 拂晓以后，新港市长得到报告，说有4000至5000名宪章派起义者已聚集在新港城郊。于是，便加强了西门旅馆的守备力量。上午9时左右，当宪章派进攻的队伍冲进新港城时，警察和军队稍加抵抗即退入西门旅馆，而店中的士兵则早已占据窗口有利的位置准备射击。宪章派起义者不了解西门旅馆中有埋伏，他们要求当局投降，并高呼"把被捕的人还给我们"。有一个临时警察高声说道："不，决不释放。"随即双方展开了一场混战，埋伏在旅馆中的士兵开始射击，枪战持续了约25分钟。宪章派尚未来得及展开火力便在突然的袭击下溃败了。一批宪章派在战斗中当场牺牲。据地方报纸报道，当场牺牲的宪章派为22人。② 溃败的宪章派起义者撤出了新港城。

  宪章派在新港起义中表现了无畏的英雄气概。有一位19岁的少年名叫乔治·谢尔，在参加起义以前已做了牺牲的准备。他在留给父母的信中说："为了自由，今晚我要去参加一次光荣的战斗，如果我战死了，那么我是为一项崇高的事业而死的。"③

  新港起义失败以后，当局即开始大规模地搜捕起义的参加者，起义的领导人弗罗斯特、威廉·琼斯等及参加者12人先后被捕入狱。

  新港起义失败的消息在全国引起极大的反响。

---

① 戴维·琼斯：《最后的起义：1839年新港暴动》，第146页。
② 戴维·威廉：《约翰·弗罗斯特》，第228—230页。戴维·琼斯：《最后的起义：1839年新港暴动》，第154—155页。
③ 戴维·威廉：《约翰·弗罗斯特》，第230页。

《19世纪佚书》中写道:"当弗罗斯特起义的消息传到我们这里,形势全都变了,改革派成群地欢呼雀跃,街上有招贴说:'目前不列颠的自由横遭打击!'约翰·弗罗斯特领导3000人企图夺取南威尔士!"新港起义的消息传遍了附近地区。第二天晚上,来自65个地区有武装的宪章派代表聚集在纽卡斯尔等待由弗罗斯特发布的宣言。"来自伦敦的邮班在晚上两点到来。一封从森德兰由快邮传递过来的信件说,根据一个居住在新港的起义目睹者的报告,只有1000起义者到达新港,起义在8时而不是在2时开始,军队占据了优势,弗罗斯特入狱。"①

新港起义前后各地宪章派还同时准备进行其他起义。1839年12月,在杜斯伯里召开了一个有北部大多数工业城镇宪章派代表参加的会议。会议决定,1840年1月12日在这些城镇同时发动起义,每个城镇按自己的计划行动。在纽卡斯尔则组织12个"十人团",每个"十人团"由推选出的领导人指挥。但后来由于准备不足放弃了起义计划。②

哈利法克斯的宪章派也在积极准备起义。他们也因准备不足而没有发动。在设菲尔德,骑兵团、警察和临时警察在星期天上午逮捕了几名暴动的领导人,同时搜出了大量的火器、枪弹、手榴弹、燃烧弹、匕首和短枪。③

新港起义失败以后,从1839年12月底到1840年初,在蒙默思对被捕的起义领导人进行了审判,弗罗斯特、威廉·琼斯均被判处死刑,其余4名宪章派亦遭到同样的判决。

---

① 普卢默:《布朗特里·奥布莱恩的政治传记》,第261—262页。
② 普卢默:《布朗特里·奥布莱恩的政治传记》,第261—262页。
③ 普卢默:《布朗特里·奥布莱恩的政治传记》,第138页。

对威尔士被捕宪章派领袖的审判激起了全国宪章派的愤怒,他们准备更坚决地进行斗争。英格兰北部工业区的宪章派进行了秘密的起义酝酿准备。随后在设菲尔德、杜斯伯里和布雷德福发生了起义。

设菲尔德和布雷德福起义

设菲尔德的宪章派也采取了秘密组织形式。他们把宪章协会化整为零,组成了"班"。设菲尔德的宪章派领袖霍尔贝里经常向宪章派宣传,只有武装起义才能赢得工人阶级的政治解放和实现《人民宪章》。1839年10月,设菲尔德的宪章派密切关注着伦敦的宪章派发动全国总起义的计划,并开展了相应的行动。11月11日,霍尔贝里、詹姆士·鲍德曼、托马斯·布莱德韦尔、詹姆士·麦凯特里克等领导人同几百群众不顾警察、炮兵、龙骑兵队和治安法官的威胁举行了一次集会,他们宣布要继续进行请愿直到他们的政治要求得到实现。布莱德韦尔向群众谈到新港起义的教训:"威尔士的人民鉴于贵族的倒行逆施决意诉诸暴力,但是他们由于行动不统一和缺乏决断而夭折了,否则他们一定会成功的。我们不要鲁莽地仓促行动,一旦我们采取行动,就应当做好准备使其奏效。"[①] 这次集会以后,设菲尔德的宪章派秘密委员会加紧准备,詹姆士·鲍德曼被推派出席在纽卡斯尔举行的宪章派会议,以和那里的宪章派协调行动,嗣后,他又在12月中旬去了一次伦敦,和伦敦的宪章派领袖商谈联合行动的事宜。从12月中旬到下旬,霍尔贝里和南约克郡、密德兰北部地区、西雷丁

[①] 设菲尔德工运史研究会:《萨缪尔·霍尔贝里,1814—1842年:设菲尔德的革命民主派》,1978年版,第12—13页。

毛纺织工业区、伯明翰等地宪章派组织频繁联系。1940年1月9日，在设菲尔德召开了起义的最后准备会议，详细地计划了1月11日夜间的起义。起义将是一次联合行动。计划是设菲尔德的几个"班"先行发动攻占市政大厅等处，埃普顿·阿特克默和洛锡安的宪章派将配合行动。杜斯伯里和西雷丁其他地方的宪章派将独立行动，而班斯利的宪章派将在接到设菲尔德起义的消息后发动。霍尔贝里此时已预感到设菲尔德的起义不可能单独成功。他希望得到附近地区宪章派的援助。1月11日是星期天。这天夜间，起义参加者携带着各种武器按计划集中，他们携带的武器有短剑、短枪、步枪、手榴弹，还有几枚开花弹。但是，宪章派起义计划早已为当局获悉。在参加起义准备会的人员中，有洛锡安的出版商詹姆士·阿伦，他早已被洛锡安的临时警察首领布兰德收买。阿伦在参加了准备会后，当即向临时警察做了报告。午夜12时左右，正当霍尔贝里准备离家前去召集起义者时，一队警察赶来逮捕了他。其他领导人在凌晨2时领导了起义，但起义者在市政大厦被骑兵击败并被驱散了。①

同一天夜间，杜斯伯里的宪章派也组织了暴动，有100多人参加了这次行动。宪章派用步枪和大头棒等武器把自己装备起来，和警察展开了战斗。他们高呼："前进！牺牲也是光荣的！城市是我们的。"起义者追击临时警察并开枪射击。但这次起义最终失败了。②

布雷德福的起义发生在1840年1月26日夜间。起义的主要领导人有罗伯特·佩迪、弗林、霍洛韦等，布雷德福起义也是由于对新

---

① 多萝西·汤普森（主编）：《早期宪章派》，第264—279页。
② 马瑟：《宪章运动时代的公共秩序》，第23—24页。

港起义领导人弗罗斯特等人的审判激发的。他们看到营救弗罗斯特不可能取得成果,所以决定发动起义。起义前两天,布雷德福的宪章派希望附近地区的宪章派会配合他们的起义。当1月26日起义的领导人在约翰·顿纳家中开会时,间谍哈里森杜撰了假消息欺骗宪章派领袖说,昆士海德的群众已准备前来支援起义。佩迪和布罗克在这天察看了当地的一个制铁厂,准备从那里取得大炮。他们的计划是首先攻占布雷德福,然后攻占制铁厂,之后向杜斯伯里进军。在这些计划实现后,他们就可能向首都进军,并攻占政府所在地。佩迪希望能得到哈利法克斯宪章派的援助,另一些领导人则希望里兹宪章派能派来援军。1月26日午夜,佩迪向宪章派发出了行动的号召:"英格兰期待着每一个男子汉履行他的职责!"随后,佩迪和弗林便率领起义者的队伍向马凯特开进。在马凯特佩迪遇到了哈里森,哈里森对于起义缺少支持表示吃惊。随后,政府当局便开始逮捕起义的宪章派。佩迪逃到了里兹,起义失败了。①

布雷德福起义的失败标志着新港起义以后各地宪章派一系列起义的结束。这一系列起义活动是宪章运动第一次高潮的回声。

资产阶级政府的反革命两手政策

1839年宪章运动第一次高潮失败了。这是历时22年的宪章运动中工人阶级和资产阶级的第一次较量。第一次高潮是在宪章运动初期工人阶级在思想和策略上都很不成熟的情况下发动的。虽然第一次高潮失败了,但它为宪章运动的发展提供了宝贵的经验和教训。

---

① 皮科克:《布雷德福的宪章运动,1838—1840年》,第41—46页。

宪章运动第一次高潮失败除了宪章派自身的原因外，一个重要原因是执政的资产阶级政府采取了反革命两手政策，即把欺骗性甚强的自由主义政策和运用军队、警察进行镇压相结合，这样使得英国工人阶级的斗争遭到了很大的困难。

资产阶级政府的自由主义政策首先表现在英国当时实行的出版自由。经过 20 年代工人阶级反对六项法令的坚决斗争，政府终于允许宪章派和各种工人组织自由出版报纸，印刷小册子和传单，自由集会。工人阶级能够自由发行报刊和自由举行集会，这和以成年男子普选权为中心的《人民宪章》这一宪章运动的基本纲领相结合，决定了宪章运动在主体上是一个在合法条件下争取工人阶级政治民主和政治权利的政治运动。宪章运动时期，就英国工人阶级中相当部分的经济状况和劳动条件来说，确实已临近革命总爆发的边缘，他们的阶级觉悟已达到很高的水准，倘若资产阶级政府不是采取这种自由主义政策的话，那么宪章运动发展成一场严格意义上的革命是很有可能的。

在论及英国当局对宪章运动的政策时，不能不提到查尔斯·纳皮尔爵士。从 1839 年 4 月起，查尔斯·纳皮尔就任英格兰北部地区军队司令。纳皮尔和拉塞尔政府的立场并无二致。纳皮尔本人却对于政治上无权、经济上处境恶劣的人民怀有一点同情心。他在许多公开场合承认，不满于政府的人民享有争取普选权的自由，纳皮尔的父亲在 1798 年也曾因不同意政府镇压民主运动的政策而采取了政治上超然的态度。纳皮尔出任英格兰北部地区军队司令之时，正值宪章运动一浪高一浪的向前发展之际，一些统治阶级人士认为已到了革命一触即发的关头，他们极为恐慌。[①] 纳皮尔考虑，如果拒绝群众的任何民

---

① 纳皮尔：《查尔斯·纳皮尔将军的生平和思想》第 2 卷，伦敦 1857 年版，第 26 页。

主要求,迫使人民采取极端的革命行动,那么对统治阶级必定是极危险的。于是,纳皮尔采取了反革命两手政策。一方面,他要求政府调集正规军来补充英格兰北部的军事力量,同时,把当地富裕的自耕农武装起来。另一方面,他决定对宪章派采取狡猾的自由主义欺骗政策。他写道:"我每个星期都会见治安法官,并竭尽我的全力影响和说服他们,必须不袭击人民,让他们集合,同时对他们说,你们有充分的权力这样做,以此缓和广大群众的不满情绪。如果有哪个讲演者鼓动他们无视叛逆罪法令去纵火、动武,就应当在集会的群众散去后逮捕他。如果有人准备开枪,我们可以在他持有武器时抓住他。"① 纳皮尔的政策最后为当地的治安法官所采纳。此外,纳皮尔还邀请一些宪章派的代表去参观政府军队的操练和军队的大炮等装备,用武力对宪章派施以威吓。纳皮尔的这种做法和拉塞尔政府的政策完全一致。

1839年初,拉塞尔担任内务部长时,他比其他官员更多地负责对宪章运动的政策。拉塞尔是一个辉格党人,出于自己的信念,他主张自由地讨论政治问题,并主张进行改革,以避免革命危机。当年5月,当议会中有种意见认为,为应付宪章派的活动需要制定特别立法时,拉塞尔提出了相反的意见,他认为依靠现有的立法进行统治比议会采取其他措施更好,否则会影响人民的情绪并刺激他们武装起来,很容易造成危害。在这种情况下只要议会采取特别的措施就会引起公民对于宪章运动的同情。他认为不到万不得已最好不要这样做。在议会中,拉塞尔拒绝了反对党托利党人施加压力要他镇压群众集会的要

---

① 纳皮尔:《查尔斯·纳皮尔将军的生平和思想》第2卷,第42—43页;马瑟:《宪章运动和社会》,伦敦1980年版,第139—140页。

求，他认为应当维持言论自由的信条。① 在10月8日利物浦的宴会上，拉塞尔强调说，自由集会和自由讨论是合法正当的，它可以收到社会功效。如果存在着普遍的牢骚的话，人民有权利集会并使人们了解他们的意见。他冠冕堂皇地说，这样政府可以纠正弊政。但如果不存在普遍牢骚的话，稍有常识的人都相信，召开的会议会很快结束的。②

拉塞尔还提醒苏格兰地方长官和总司令，除了到必须镇压暴动时，不要让军队活动被人民看见。拉塞尔并发出指示，军队中对同情宪章运动的士兵不予处分。③ 自由主义政策是拉塞尔控制英国政局的一个重要特征。

然而，资产阶级政府的自由主义政策是以其血腥镇压的准备为基础的。内务部下令由邮局局长检查拆阅最重要的宪章派领袖的来往信件，以防范宪章派密谋暴动。1839年2月8日，内务部下令拦截查沃德、理查逊、文森特、哈特韦尔的信件，并把信件转到内务部仔细审查。5月，信件检查的对象扩大到赫瑟林顿和奥康诺。到8月，洛厄里、弗莱彻、卡本脱和奥布莱恩的通信也受到监视。1839年下半年，又下令检查弗罗斯特、哈尼、卡都、佩迪、汉森、泰勒等人的信件④，企图从中洞悉宪章派领导人组织起义暴动的计划，以便极早地镇压破坏起义。

政府还派出大批间谍到宪章派活跃的地区；参加宪章派地方组

---

① 霍威尔：《宪章运动》，第140页。
② 马科伯：《英国激进主义，1832—1852年》，第181—182页；布里格斯（主编）：《宪章运动研究》，第372—406页。
③ 《约翰·拉塞尔勋爵早期的通信》第1卷，第73页；比尔：《英国社会主义史》，下卷，第62页。
④ 马瑟：《宪章运动时代的公共秩序》，第220—221页。

织，甚至参加到宪章派起义活动中去。例如，在1839年夏季，当泰勒、卡都、巴锡等国民大会极左翼代表酝酿全国起义时，一批年老的退伍下级军官乘机而入，参加了训练英格兰北部和中部地区工人的工作。他们和军事当局有着联系，供给当局关于起义的情报。在宪章运动高潮时期发生的暴动或起义，几乎没有哪一次不是为政府事先所知，有些甚至是由于间谍蓄意煽动匆匆起事。宪章运动的领袖在当时也已洞察到这一点，并提醒工人警惕间谍的活动。① 1838年12月9日，斯蒂芬斯在阿希顿演讲时就告诫群众，间谍网的活动已经开始了。1840年3月21日，奥康诺总结约克郡暴动失败的教训，他告诫工人说："政府已采取了完整的有系统的计划刺激工人的反抗。"②

资产阶级政府还利用工业革命后刚刚建成的铁路网来调动军队控制局势。1844年，军需总监在向议会委员会提供证词时说，铁路的建成便于在需要时很快地调动军队，在铁路建成以前，把1000人的两个营从伦敦调到曼彻斯特需要17天，而有了铁路只要几小时。③在1839年5月下旬，宪章派召开克撒尔荒原大会时，政府曾通过铁路在夜间调动军队，政府还在宪章运动高潮时期派军队控制电报公司，征用电话线，以加强通讯联络。

此外，资产阶级政府在1839年逮捕了几乎全部宪章运动的主要领袖，这使得宪章派的左翼无法实现起义计划。

宪章派左翼的"暴力"政策的实践和资产阶级政府的活动向工人阶级提出了一个无法回避的策略课题：在一个交通和通讯联络已相当便利的国家中，少数革命者的密谋暴动的斗争方式是否具有获胜的

---

① 马瑟：《宪章运动时代的公共秩序》，第199—200页。
② 《北极星报》，1840年3月21日。
③ 马瑟：《宪章运动时代的公共秩序》，第106页。

可能；在一个实行资产阶级议会民主制的国家中，无产阶级在策略上应当怎样在合法斗争和非合法斗争之间做出选择，是否应当客观权衡敌我双方的阶级力量来选择斗争时机和方式。事实上，在英国这样一个国家只有无产阶级和广大劳动群众在无产阶级政党领导下组织起来，并当国内外矛盾充分汇聚起来达到危机程度时，革命才有可能取得胜利。低估资产阶级的力量或者是超越形势进行发动，在活动中仅有少数先进分子的革命热情而脱离广大群众的支持，其结果只能使工人运动遭到严重的损失。

宪章派对于第一次高潮的总结

左翼宪章派领袖在起义活动失败后从狂热中冷静下来，开始认真地总结宪章运动第一次高潮中失败的教训。1840年3月，哈尼关进沃里克监狱之前，他写了《告大不列颠民主派》一文。他指出，1839年全国休假日计划的失败的原因在于国民大会代表的意见不一致。同时，一些人希望靠为数不多的人的真诚和热情取胜。这种活动的一个直接的结果是毁掉了在诺桑伯兰、达拉姆、库伯兰德有强有力领导的可以进行决定性斗争的宪章派地方组织。对于今后的宪章运动，哈尼认为，英格兰工人阶级应当学习苏格兰宪章派的榜样，建立一个常设的全国执行委员会，这个机构应当由地方宪章派组成，由他们来负责有组织的请愿，在公众集会上对和宪章运动争夺群众的反谷物法同盟的决议提出修正案。哈尼提出，宪章派的目标是从基层开始由下而上建立一个全国性的组织，这样才可能选举人民的议会，并实施《人民宪章》。对于以前不断宣传的"暴力"政策，哈尼仍然坚定不移。他说："我仍然相信，我们最后将不得不凭借的手段还是暴力——对我来说,这只是个时间问题。"哈尼丝毫没有丧失原有的阶级觉悟,他仍然认为资产阶级是工人的敌人,他说:"只有他们崩溃了,我们才能得救。"①

宪章运动领导人其实在更早些时候就已察觉了国民大会的弱点。在"牛场"事件发生后,奥康诺指出,需要改变国民大会这种临时的性质,国民大会应当作为一个常设机构设在伦敦。在国民大会中选举13名代表组成一个全国委员会,其余的代表应当迅速派到英国主要的城镇,在群众中进行工作。

对宪章派的逮捕和审讯

在宪章运动第一次高潮中,有大批宪章运动的领袖和积极参加者被捕。据不完全统计,在1839年1月到1840年6月这段时期共有700余名宪章派被捕,其中仅在英格兰和威尔士被捕的就有476人,被捕者中90%以上是工人。② 根据对476名被捕宪章派职业的分析,一个显著的特点是,大多数被捕者是生产组织程度不高和地位低下的行业的工人,有相当一部分是传统的手工工匠和技工。被捕者较多的行业依次为织工(69人),粗工(42人),机器纺纱工(32人),手工编织机工人(18人),梳毛工(10人),裁缝(9人)。此外,被捕者中也有一些非体力劳动者,如出版商、牧师、店主等。

对被捕宪章派的审讯和迫害在1839年夏季就已开始。8月,巡回法庭在沃里克对领导伯明翰暴动的4名宪章派和洛维特、柯林斯

---

① 斯科恩:《宪章派的挑战》,第95—96页。
② 戈弗雷:《宪章派被捕者,1839—1841年》,载《国际社会史评论》第24卷第2期,1979年,第231页。

进行了审讯。同月,在切郡巡回法庭对斯蒂芬斯和麦克道尔进行了审讯。1840年1月,在蒙默思对新港起义中被捕的宪章派弗罗斯特、威廉·琼斯等13人进行了审讯。但大批的审讯是在1840年3月至4月在约克郡、蒙默思、利物浦等地进行的。许多著名的宪章运动活动家这时受审讯。奥康诺因阴谋叛国罪被判处18个月的监禁,奥布莱恩也受到同样的判决。本鲍则被判处16个月徒刑。麦克道尔、洛维特和柯林斯被判处一年监禁。其余的被捕者也大多被判处时间不等的徒刑。宪章派付出了巨大的代价。

受审讯的宪章派在法庭上表现了英勇不屈的大无畏精神,他们利用法庭控诉了资本主义压迫剥削使工人处于悲惨的境地。一位名叫乔治·劳埃德的细木工匠在利物浦受审讯时叙述了工人种种痛苦和悲惨的状况,使听众感动得流下眼泪,他声明自己完全无罪。麦克道尔自我辩护达5小时之久,他在法庭上同样揭示了工人悲惨的生活处境,同时阐述了宪章运动的原则。有的宪章派则对于当局的证词进行了机敏的反驳。被捕者中只有斯蒂芬斯是个例外,他在受审前夕的布道中已不再宣传反抗的原则,相反却规劝群众听命于天。他在审讯中否认他与宪章运动有任何关系,他的态度引起了宪章派的普遍不满。然而,这种变节无济于事,斯蒂芬斯仍被判处18个月的徒刑。[①]

被囚禁的宪章派受到了非人道的虐待。一批囚禁在切斯特城堡监狱的宪章派被关押在地下的囚室中,那里极端潮湿,常年有水沿着墙壁流下来,监狱陈旧肮脏。洛维特、柯林斯和霍尔贝里等在狱中受到严重摧残。但是,囚禁并没有消磨掉绝大多数宪章派的斗志。相

[①] 甘米季:《宪章运动史》,第171—174、179—197页。

反，他们的意志更加坚强。①

　　未被捕的广大工人宪章派迅速展开了援救和帮助被捕宪章派及其家属的工作。在1839年夏季，国民大会便设立了一个全国受害者基金委员会，千方百计募集资金以援助被捕的宪章派，支付为被捕者雇佣辩护律师所需的开支，接济被捕者家属的生活。援助被捕者的不仅有宪章派，还有少数同情宪章派的资产阶级激进派。例如，当洛维特从狱中获释时，他收到7名资产阶级激进派赠送的80镑赠款。②但总的来看，由于工人群众的生活状况非常低下，从他们那里募集到的捐款不多，还不能满足众多的宪章派被捕者及其家属的需要。

　　弗罗斯特等宪章派活动家被捕后，全国的宪章派展开了营救工作。1839年12月，宪章派曾秘密地举行会议，讨论用何种有效的手段以解救被捕者。③萨里政治同盟起草了一份请愿书，并征集了4600人签名，要求赦免被捕宪章者的死刑。全国共向女王递交了7份类似的请愿书。④1840年1月12日，萨里宪章派举行大会，奥布莱恩到会并担任了大会主席，他在会上为援救被捕者发表了长篇讲演。大会还为被捕者募集资金。1842年2月3日至4日，经奥康诺提议，在曼彻斯特召开了一次宪章派代表会议，会议决定在全国发动群众示威并向女王请愿，要求赦免弗罗斯特、威廉·琼斯。⑤1840年5月25日，激进派议员邓库姆向下院递交了一份要求释放被捕宪章派活动家

---

① 戈弗雷：《宪章派被捕者，1839—1841年》，载《国际社会史评论》第24卷第2期，1979年，第225页。
② 戈弗雷：《宪章派被捕者，1839—1841年》，载《国际社会史评论》第24卷第2期，1979年，第214页。
③ 马瑟：《宪章运动时代的公共秩序》，第216页。
④ 普卢默：《布朗特里·奥布莱恩的政治传记》，第138页。
⑤ 《北极星报》，1840年2月8日。

的请愿书，全国共有130万人在这份请愿书上签名。各界人士对于被捕宪章派的声援和同情迫使英国当局把弗罗斯特等人的死刑减刑，有些宪章派则获得释放。①

---

① 戈弗雷：《宪章派被捕者，1839—1841年》，载《国际社会史评论》第24卷第2期，1979年，第214页。

第三编　宪章运动的第二次高潮

第五章　宪章运动的复兴和全国宪章协会

宪章运动第一次全国请愿和国民大会结束后，左翼宪章派采取"左"的政策，进行了密谋暴动。这些英勇行为并没有改变宪章运动的局面。相反，资产阶级政府却乘机大肆逮捕宪章派领袖和积极分子，使宪章运动遭到很大损失。这就实际结束了宪章运动的第一次高潮。但是到 1840 年初，宪章运动在全国范围内并没有沉寂下去。甚至在政府还没有结束对最后一批宪章派被捕者的审讯时，宪章派领袖就已经在积极地为复兴宪章运动而努力了。他们在复兴宪章运动过程中吸取了第一次宪章运动高潮的经验和教训。宪章运动的领袖看到，《人民宪章》的要求具有广泛的基础，有百万以上的工人和劳动群众积极参加。但是宪章派在第一次全国请愿和请愿后发动的各地的起义暴动的共同弱点是缺少一个自下而上的严密的全国性组织领导，这使得宪章派分散在各地的力量不能紧密地团结在一起，无法步调一致地去进行斗争，这就影响了工人阶级争取政治权利和社会权利的斗争成果。因此，在复兴宪章运动之时，许多宪章派领袖和宪章派组织不约而同地提出一个重要问题，这就是如何把全国的宪章派组织更好地组织起来，他们展开了热烈的讨论。

各种复兴宪章运动的计划

1840年2月23日奥布莱恩在《南极星报》上提出了一项革新宪章运动的计划,他提议在下一次全国选举中用举手表决的办法选举一个"人民议会"。他相信在任何一个选区里,宪章派的选民都会超过资产阶级选民的6倍甚至10倍。① 奥布莱恩继承了激进主义运动中反议会的思想,主张用民主选举的方法使宪章派压倒资产阶级的候选人。但这种设想在实践中已不具备什么现实政治意义,因为资产阶级绝不会允许宪章派代表在议员选举中轻易地取代资产阶级和地主的代表。

1840年3月在曼彻斯特召开了一次宪章派代表会议,会议的中心议题是重新组织宪章运动和指导宪章运动的问题。会前,奥康诺在《北极星报》上发表的文章中指出,要把宪章运动组织成一个统一的运动,在策略上宪章运动应当避免采取"暴力"政策,因为"积极采取暴力的行动会毁掉一切"。② 但在曼彻斯特代表会议上有相当一部分代表反对奥康诺的主张。诺丁汉代表乔治·布莱克说,他那里的选民卖掉了自己的外套来购买武器,"他们宁可战死在刀剑之下,也不愿死于饥饿",他主张发动全国休假日。他反映了东密德兰贫苦的织袜工人的情绪。但这只是少数宪章派的意见。大多数地区的宪章派代表认为,在当时的形势下,首要的任务是重新组织起来而不是发动起义。③

---

① 帕西纳:《1771—1848年英国激进主义政治中的协会、国民大会和反议会》,载《英国历史评论》第87卷,1973年7月,第530页。
② 《北极星报》,1840年2月22日。
③ 爱泼斯坦:《自由之狮:菲格斯·奥康诺和宪章运动,1832—1842年》,第210—211页。

苏格兰宪章派也积极主张加强组织和宣传工作，他们的工作开展得早得多。1839年8月15日在格拉斯哥召开了苏格兰宪章派大会，这个会议是在英格兰宪章派遭到政府的沉重打击的背景下召开的，会议认为在"运动的艰难时期"要采取措施教育群众，提高他们的思想觉悟。会议提出两项措施，一是把宪章派讲演人派到各地去做更加细致深入的宣传工作；二是发行小册子、传单，使宪章派对于运动的目的、性质、消除社会不公平和争取自由应当采取的根本方法有很好的认识。[1] 在这种思想指导下，《宪章派通报》从1839年9月开始发行，同时成立了一个由15人组成的"苏格兰普选权中央委员会"。哈尼这一阶段和苏格兰普选权中央委员会有密切的联系，他要求英格兰的宪章派以苏格兰宪章派为榜样，加强组织建设。1840年3月20日哈尼在《北方解放者报》上发表一封信。他指出，国民大会后期活动的不成功给一些地区的宪章运动造成很大的损失，他提出一项加强组织的计划，即在曼彻斯特设立支薪的12人常设委员会来领导全国宪章运动，其他代表则回到他们所在地，全力以赴进行地方宪章运动的领导工作。[2] 哈尼的计划无疑是在认真思考第一次国民大会的经验后产生的，它触及了宪章运动前一阶段的根本弱点，提出了应当解决的任务。同年3月28日爱丁堡宪章派在《北方解放者报》上呼吁说：我们的责任是"赋予我们的运动在全国范围行动中有组织的特点"。提出应当召开一次全国性宪章派的代表大会。[3] 其他宪章派活动家如理查逊、洛厄里、奥布莱恩、本鲍等都提出了重新组织宪章运动的计

---

[1] 霍威尔：《宪章运动》，第192页。
[2] 霍威尔：《宪章运动》，第193页；爱泼斯坦：《自由之狮：菲格斯·奥康诺和宪章运动，1832—1842年》，第222页。
[3] 爱泼斯坦：《自由之狮：菲格斯·奥康诺和宪章运动，1832—1842年》，第222页。

划。与此同时,宪章派组织开始重建和复苏。

1840年4月,以赫瑟林顿为领导的"首都宪章同盟"创立,它提出要通过发行小册子和价格为1便士的周报、创办合作商店、咖啡馆和阅览室,在公众中宣传《人民宪章》的原则,在人民各阶级中促进和睦、团结和协调。该组织反对任何秘密活动和一切暴烈的煽动性言论[1],反映了宪章运动右翼的要求。同年4月,纽卡斯尔北方政治同盟也重新建立了,它表示将采取道义和合法的手段来实现普选权,它派出成员到周围地区去讲演,洛厄里是它派出的第一个使者。[2] 卡莱尔激进协会恢复了,森德兰的宪章派在6月份重建了达勒姆宪章协会。伯明翰的宪章派在3月创建了一个新的协会。按照北方政治同盟的形式,里兹激进协会重新组织起来,南兰开郡宪章派代表委员会实现了地区的联合,建立了宪章派讲演员制度,并从6月份起开始了积极的活动。约克郡西雷丁区的代表委员会在整个1839年和1840年初都很活跃,它每月召开会议,它为7月召开的曼彻斯特宪章派代表大会做了准备工作。上述宪章派地方组织成了全国宪章协会的组织基础。[3]

1840年7月西雷丁宪章派在一次会议上提出了在曼彻斯特召开一次全国宪章派代表会议的建议,并讨论了洛厄里等人提出的重新组织宪章运动的计划。南兰开郡宪章派代表会议立即响应了这一号召。希尔在《北极星报》上全力支持召开曼彻斯特代表会议的计划,他认

---

[1] 霍威尔:《宪章运动》,第195页。
[2] 霍威尔:《宪章运动》,第196页;爱泼斯坦:《自由之狮:菲格斯·奥康诺和宪章运动,1832—1842年》,第221页。
[3] 爱泼斯坦:《自由之狮:菲格斯·奥康诺和宪章运动,1832—1842年》,第221—222页。

为这样的会议"将比任何其他的联络手段更有效地在各城镇之间建立一种友好的相互理解"。《北极星报》力劝大会通过某种总体的组织计划,"这样,人民的力量就可以重新集合、集中起来并得到指导"。①

当时被囚禁在约克城堡的奥康诺表示支持举行曼彻斯特代表会议的计划,他强调要加强宪章派的报纸,他希望《北极星报》能拥有2万读者和支持者,他们每人每周捐款2便士,这样可筹集到6500镑,他本人也提供3500镑,用报纸获得的利润来支持宪章派组织的活动。他认为,国民大会应当成为宪章派的代议制组织,成立一个委员会作为联络机构。创办一份新的报纸《晨星报》作为它的喉舌,仍把争取普选权作为活动的唯一目标。奥康诺的计划也表达了加强宪章派组织的思想。

曼彻斯特会议之前,洛厄里认为英格兰、苏格兰和威尔士的宪章运动应当按地区分开,每个地区选出自己的代表或鼓动员。兰开郡宪章派领导人理查逊提出,建立以一名"大将军"为领导的类似教阶制的共济会式组织体系以加强宪章运动的组织领导,麦杜阿尔的计划是把参加宪章运动的工人按行业组织起来,把宪章运动的精神灌输到工会中去,为暴动做准备。奥布莱恩和本鲍也提出了自己的计划。

1840 年 7 月曼彻斯特代表会议　全国宪章协会的成立及组织计划

7 月 20 日至 24 日在曼彻斯特秃鹫饭店召开了在宪章运动历史上有着重要意义的宪章派代表会议。来自全国的 23 名代表参加了这次

---

① 《北极星报》,1840 年 7 月 4 日、7 月 18 日。

会议，他们主要来自英格兰北部和密德兰地区。这次会议代表构成的主要特点在于他们中大多是新人，参加过1839年国民大会的仅有泰勒、迪根和斯马特。许多代表是新涌现出来的领袖，以前还不为人知。例如，詹姆斯·李奇是曼彻斯特工厂工人，曾参加过工厂法改革运动，[①]在与反谷物法同盟的斗争中崭露头角。[②]皮特基思利曾积极参加工厂法改革运动。

宪章派领导集团的变化是由几个原因造成的。当时大批宪章派领袖尚关押在狱中，小资产阶级激进派由于对宪章派革命精神的恐惧而离开了宪章运动；而宪章运动中心转移到英格兰北部工业区以后，兰开郡和约克郡的工人群众在宪章运动中发挥了重要作用。

曼彻斯特代表会议讨论了重新组织宪章运动和进行请愿的各种计划。这些计划尽管具体内容差别很大，但共同之处在于要求加强宪章运动的领导，建立一个常设的集中的全国性的领导机构。经过5天会议，曼彻斯特代表会议在7月24日通过了全国宪章协会的组织计划。它以"大不列颠宪章派组织计划"为标题，于8月1日在《北极星报》上发表。其主要内容如下：

大不列颠的宪章派应当成立一个联合组织，定名为大不列颠全国宪章协会。其宗旨是实现下院的激进改革，即全体人民充分的和可靠的代表制。每个21周岁精神健全的男子都有选举议员的权利，议会每年改选，秘密投票，取消议员的财产资格限制，议员支薪，全国分成若干选区，每一选区按照选民人数比例分配代表人数。为达到上述目的，除了采取和平的、宪政的手段，没有其他的途径。凡要求参

---

① 沃德：《工厂运动，1830—1855年》，第201页。
② 霍威尔：《宪章运动》，第196页。

加本会者经签署志愿书，说明赞同本会的宗旨、原则及章程，并领取会员证。会员应分成若干小组，以 10 人为一组，各小组应每周聚会一次，各组推选 1 人为组长，每周向每个会员征收 1 便士作为本会的基金，每个城镇如有可能，应分成若干区和分部。每一个主要城镇，都应当成立一个由 9 人组成的市镇委员会，设助理司库和书记各 1 人。全国宪章协会的全国首脑机构为全国执行委员会。它由 7 人组成，其中包括司库和书记各 1 人。执行委员会人员由全体大会选出，并且支付薪金，执行委员会的成员同时兼任特派员的职务。

"组织计划"的最后一项提出了达到目标应采取的某些方法。其中有，在今后每届大选时推选宪章派作为候选人，协会会员应当参加一切政治性的公共集会，在会上用提出修正案或其他方式，迫使会议讨论我们的权利和要求。①

曼彻斯特代表会议选出了詹姆斯·李奇、迪根、利特勒、蒂尔曼、泰勒、史密斯和海伍德等 7 人为执委会委员，并选举蒂尔曼为书记，海伍德为司库，李奇为第一任主席。②

全国宪章协会的成立和宪章协会的组织计划得到了宪章派的欢迎。例如 7 月 28 日在伯明翰召开的宪章派大会上便通过一项决议，对曼彻斯特会议通过的组织计划和全国宪章协会表示支持。③

全国宪章协会的特点

全国宪章协会规定，加入宪章协会要有严格的手续，须定期交

---

① 《北极星报》，1840 年 8 月 1 日。
② 爱泼斯坦：《自由之狮：菲格斯·奥康诺和宪章运动，1832—1842 年》，第 258 页注 26。
③ 甘米季：《宪章运动史》，第 202 页。

纳会费，从中央到地方建立递进的严密的组织机构。其领导机构执行委员会是一个拥有权力、对基层组织负有指导职责的执行机构。它有集中领导的性质，并有各级地方组织作为它工作的组织基础。全国宪章协会具备了一个工人政党应具备的组织要素。它所达到的高度组织程度在马克思主义诞生以前的早期自发工人运动中是罕见的。

全国宪章协会的组织规章规定了全国宪章协会是一个严密的工人阶级组织，参加这个组织的人在一切场合都应当代表工人阶级的利益，坚持该组织的政治要求，与其他资产阶级、小资产阶级激进派的纲领做斗争，以此坚持宪章运动的政治独立性。全国宪章协会在工人阶级政党的形成和发展史上有重要的地位，它的经验为日后马克思主义奠基人创立新型的无产阶级政党提供了宝贵的经验。恩格斯曾高度评价全国宪章协会，称之为近代第一个工人政党。全国宪章协会的历史意义还应当从它所处的特殊历史环境来理解，当时英国没有完全废除1825年颁布的结社法。而根据这一法令，任何全国范围的自下而上的结社组织都是违法的，因此，全国宪章协会的组织形式很显然具有非法的性质。它表现了向资产阶级国家的法律挑战的态度。

全国宪章协会这样一个具有严密组织形式的工人政党雏形之所以在英国出现绝不是偶然的。19世纪30年代末40年代初，英国工业革命已完成，大工业组织的严密性使得工人阶级的组织素质迅速提高。宪章运动最初4年的经验教训提高了工人阶级的觉悟。他们从实际经验中认识到必须加强自己的组织。此外，宪章运动以前的激进主义运动具有组织严密的良好传统，1792年成立的伦敦通讯社便具有相当严密的组织形式，它分成由10至40人组成的分部，每个分部有2名代表参加总委员会，总委员会再选出8人组成执行委员会，定期召开会议。① 1835 年以后的欧文主义运动也有较为严密的内部组织，它建立了区分会，并成立了成员支付薪金的中央理事会。此外更早些，在某些教派如监理派中便存在严密的金字塔式的组织形式。激进民主运动和工会运动的经验和传统形式对于宪章运动的影响是显而易见的。② 宪章运动是英国民主运动优秀传统的继承者。研究者认为全国宪章协会是以北部工业区宪章运动中存在的"十人团"组织为基础的。这种"十人团"在怀特郡称为"班"。③

全国宪章协会在其成立之初发展较慢，1840 年底有 70 个支部加入全国宪章协会，最早的全国宪章协会的组织分布在兰开郡、约克郡、密德兰、伦敦和伯明翰，到 1840 年底在兰开郡、西雷丁区、达勒姆郡和格罗斯特郡都建立了全国宪章协会的郡委员会。1841 年 2 月在曼彻斯特又召开了一次宪章派全国代表会议、制订了全国宪章协会新的组织计划。它强调所有宪章协会的会员都属于同一个团体，不再设立支部、分部和地方书记，每个城镇可以直接提名总委员会成员。做出这种修改是使全国宪章协会不违背法律。而且所有会员属于一个全国性组织，比地方分会和支部的存在更有利于进行联络。④ 这样，全国宪章协会被大多数宪章派接受。

1841 年到 1842 年，全国宪章协会得到很大发展。到 1841 年 9 月止，全国宪章协会执委会成员共在 150 次以上的集会上发表讲

---

① 爱德华·汤普森：《英国工人阶级的形成》，第 167—179 页。
② 爱泼斯坦：《自由之狮：菲格斯·奥康诺和宪章运动，1832—1842 年》，第 226 页；里德、格拉斯哥：《菲格斯·奥康诺：爱尔兰人和宪章派》，第 91—92 页。
③ 《北极星报》，1840 年 7 月 25 日。
④ 《英格兰宪章派通报》第 1 卷，第 57 页；《北极星报》，1841 年 2 月 27 日。

演。①1841年2月全国宪章协会有80个支部。1841年春季全国宪章协会组织了一次为拯救被捕宪章派的全国请愿，共征集到200万人的签名。10月1日《北极星报》报道，它已有近200个支部，16000名会员。1841年12月发展到282个地方支部。1842年夏，全国宪章协会已拥有7万名会员。②1841年6月全国宪章协会选举产生第一届全国执委会，由李奇、麦克道尔、摩根·威廉斯、乔治·宾斯、菲力普、坎贝尔等人组成。以后全国宪章协会执委会成员有所变动，菲力普、麦格拉斯、惠勒、托马斯·克拉克和克里斯托弗·多伊尔是其中主要的成员，而奥康诺每年都被选入执委会，他是全国宪章协会的真正领袖。

洛维特和柯林斯的"教育计划" 宪章派禁烟、禁酒运动和宪章派教会

1840年复兴的宪章运动表现出不同倾向。第一次全国请愿和暴动计划的失败毕竟使宪章派中一部分右翼分子发生动摇，他们开始倡导温和的社会改良路线。

1839年8月洛维特和柯林斯在沃里克法庭受审，被判处监禁一年，囚禁的生活隔断了他们与宪章运动的联系。洛维特在狱中受到虐待，他的希望开始破灭，对争取实现《人民宪章》的群众斗争丧失了信心。这个时期洛维特和资产阶级激进派普雷斯有着频繁的通信联系。洛维特在信中说到，宪章运动内部的"倾轧和愚蠢行为"

---

① 《全国宪章协会执行委员会杂志》第1期，1841年10月16日，载《普雷斯剪报》第56辑，第196页。

② 霍威尔：《宪章运动》，第199页；韦斯特：《宪章运动史》，第164—165页。

使他烦恼和厌恶,他把希望转向中产阶级中"善良的例外者"身上①,希望和资产阶级激进派合作。在此期间,普雷斯竭力在政治上影响洛维特。普雷斯劝告洛维特重新恢复伦敦工人协会的精神,同时普雷斯更加明确地劝告洛维特接受资产阶级激进主义运动。普雷斯说,除了《人民宪章》外不接受任何部分改革计划的做法是愚蠢的,他建议工人阶级参加到反谷物法等资产阶级改革运动中去,通过微小的改革,最终实现《人民宪章》的要求。②普雷斯争取部分改革而不是争取实现《人民宪章》的建议遭到了洛维特的反对。③但是,和资产阶级、小资产阶级激进派联合的思想在洛维特心目中已经十分牢固了。

在沃里克监狱被囚禁期间,洛维特的思想又回到30年代初他宣传的通过教育来解放工人阶级的民主启蒙主张。1840年初洛维特和柯林斯合作写成一部书《宪章主义》。7月他出狱后该书出版问世,其中心是教育计划。洛维特和柯林斯在书中坚持了知识分子对工人阶级解放的传统见解,认为工人接受文化道德的启蒙教育是他们政治解放的基本条件。他们对工人说:"你们必须有知识和道德,否则任何革命也不会对你们有帮助。"他们提出创建一个"促进政治和社会改造的全国协会",以促进人民的政治社会状况的改善。这个组织的宗旨有十条,包括:建立一个实现上述目标的总机构;造成公共舆论促使劳动阶级享有普选权;建立从事教育工作的学校和公共大厦;创办巡回文库,发行传单和小册子;通过自愿募捐筹集所需的

---

① 霍利斯(主编):《早期维多利亚时代英国议会外部的压力》,第119页。
② 霍威尔:《宪章运动》,第203—204页。
③ 1840年5月19日洛维特给普雷斯的信,载《普雷斯手稿》第55辑。

资金等。①《宪章主义》提出的温和的改良的路线预示着洛维特等宪章派右翼必将和资产阶级激进派合流。洛维特和柯林斯的"教育计划"得到了一些在1839年高潮失败后向右转的宪章派的支持，文森特和洛厄里就是这样的代表。文森特被捕后政治态度发生了很大变化，他赞成促进"政治、道德和科学知识"的传播。洛厄里曾在1838至1839年坚决提倡暴力政策，但此时已从极端的"左"翼转到温和的右翼，他认为教育计划对群众"极有普遍的实际意义"。②

洛维特在写出了《宪章主义》小册子以后，还拟定了具体的实施措施，他开始为创立一个"新的人民的组织"拟订一个计划大纲。这个计划中的组织便是1841年4月创立的"联合王国促进人民社会和政治改进的全国协会"。它旨在把持各种信仰和观点、属于不同阶级的促进政治社会改进的人士联合在一个组织中；创造和扩大支持《人民宪章》的公共舆论，确保《人民宪章》的实现；设立公共大厦和学校，创立流动图书馆，散发教育小册子和传单以满足人民的需要。③1841年春季，"联合王国促进人民社会和政治改进的全国协会"成立。1842年，洛维特在伦敦创办的全国教育大厦开始工作，它存在了7年。1843年他又创办了一所星期日学校，作为实行其教育计划的中心实验场所，这所学校一直存在到1857年。洛维特在1840年以后逐渐对政治斗争丧失兴趣，1842年以后他离开了宪章派的政治斗争。④

---

① 洛维特：《威廉·洛维特战斗的一生》，第202—207页；霍威尔：《宪章运动》，第205—208页。
② 沃德：《宪章主义》，第140—141页。
③ 洛维特：《威廉·洛维特战斗的一生》，第205—206页。
④ 罗亚尔：《宪章运动》，第31—32页。

洛维特和柯林斯倡导的"新运动"背离了宪章运动的革命方向。从一开始就遭到左翼宪章派的批评。伦敦民主协会在1841年4月通过的决议说:"我们东伦敦民主协会的成员认为,从事'新运动'的先生们把宪章派的注意力从其目前的组织转移到别处是笨拙的、不明智的和毫无道理的。"① 但是在运动的低潮时期,在宪章派中主张采取改良路线的也不乏其人。1842年4月,里兹的宪章派史密斯在《英格兰宪章派通报》上提出了一个建立宪章派星期日学校的计划,主张在全国各地宪章派集会场所建立这种学校,向儿童和成年人教授各种有益的知识。②

在开展教育运动的同时,宪章运动的温和派还开展了禁烟和禁酒运动,文森特是宪章派禁酒运动的主要倡导者。文森特1839年底在新港被捕入狱后,写下一份倡导禁酒运动的宣言,1840年11月在《敦堤时报》发表。在这份宣言上署名的还有伦敦工人协会的克利夫、赫瑟林顿和伦敦民主协会的尼索姆,《北极星报》编辑希尔·洛厄里和柯林斯也参加了这个运动。这批老宪章派活动家在宣传禁烟禁酒运动的同时,还主张同资产阶级激进派联合。③ 1841年初,在英格兰北部成立了一些宪章派禁酒协会,并试图建立一个全国宪章派禁酒协会。但这个运动遭到奥康诺的坚决反对,之后又遭到左翼宪章派领袖琼斯的谴责。④

所谓宪章派"新运动"的第三股潮流是宪章派教会的活动。在英国,民主运动与教会接近有着历史的渊源。早在17世纪英国资产

---

① 《北极星报》,1841年4月21日。
② 马瑟:《宪章运动和社会》,第106—108页。
③ 韦斯特:《宪章运动史》,第151—152页;罗亚尔:《宪章运动》,第32、98页。
④ 马瑟:《宪章运动和社会》,第99页。

阶级革命时期，某些激进教派就作为民主运动的一支而存在。英国革命后两百年中，由于政治生活富于贵族色彩，缺乏民主气氛，民主派和教会间的这种联系并没有断绝。一些教派曾支持并参加了19世纪30年代争取10小时工作制的改革运动和反对新济贫法运动。宪章运动开始后，非国教派对宪章运动持同情态度。1839年在英格兰北部工业区宪章派曾试图把教堂作为集会场所，认为教堂和教会的管理权应当属于人民。在布莱克本宪章派宣布"教会是人民的财产"。在一些地方，宪章派促使一些教士做有益于宪章运动的宣讲。① 这种民主运动和教会的传统性联系使一些消沉的宪章派在19世纪40年代初倡导组织宪章派教会。柯林斯获释后在伯明翰创立了一个宪章派教会，以后在巴思也建立了宪章派教会。1840年9月22日的《北极星报》发表了三封通信，鼓励宪章运动和基督教相结合。宪章运动的教会运动在苏格兰声势最大。1840年在20个地区建立了宪章派教会组织。② 到1841年初，居然在格拉斯哥召集了一次基督教宪章派代表会议。③ 苏格兰宪章派的《宪章派通报》是宪章派教会的热烈倡导者。在英格兰，建立宪章派教会组织的地区要少一些。但全国宪章协会的许多分支每逢星期天都要在举行例会的地方举行宗教仪式。虽然宪章派教会的活动渗入了政治权利和社会正义的要求，但它和其他宪章派"新运动"一样，起了分裂和削弱宪章运动的作用。④ 日后琼斯正确地评价说："类似的运动具有敌对的倾向。人民只有靠一个统一的同心协力的运动才可能取胜。""分裂成倡导类似目的却提倡不同方式的十来个

---

① 马瑟：《宪章运动和社会》，第274页。
② 威尔逊：《苏格兰的宪章运动》，第142页。
③ 韦斯特：《宪章运动史》，第184页。
④ 《宪章运动中的基督教》，载《过去和现在》第91期，第139页。

党派，那只会使所有的希望落空。"①从本质上说，这些所谓的"新运动"不过表现了宪章派在低潮时期的动摇和彷徨。

在这个时期，一些在第一次高潮中叱咤风云的左翼宪章派也发生了向右转的趋向，在组织上同资产阶级激进派接近并最终与之合流。罗伯特·洛厄里便是其中之一。洛厄里是第一次宪章派国民大会最年轻的代表之一，以演说激烈而闻名，但是在第一次高潮以后他的政治态度发生很大的变化。1842年洛厄里在爱丁堡等地劝告工人宪章派和斯特季的全国选举协会合作，他在全国选举协会大会的宣言上签了字，并成为禁烟和禁酒运动的积极参与者。他这时认为，如果没有一个道德教育运动作为先导和补充，社会改革运动不可能取得任何效果。②他变成持自由主义见解的温和改革派。

宪章派的土地要求和奥康诺的计划

宪章运动复兴时期的另一个重要倾向是工人和小资产阶级群众中蕴藏的土地要求更加强烈地表现出来。早在1839年夏天，奥康诺在罗其代尔的讲演中就向宪章派提出这一任务："任何人分得一份土地是他们最起码的权利"，"国家所有的居民都有权平等地享有土地"。③1840年初被囚禁于狱中的奥康诺开始酝酿土地计划，他在和全国宪章协会的负责人李奇频繁的通信中讨论了土地问题。这些信件公开发表在宪章派的报纸上。

---

① 《人民报》，1852年5月8日。
② 哈里森、霍利斯：《罗伯特·洛厄里：激进主义者和宪章派》，伦敦1979年版，"导论"第2—6页。
③ 《北极星报》，1839年7月13日，第7页。

奥康诺在信中把人类社会分成"自然的"社会和"矫揉造作的"社会两大类，他认为"除了田园生活外，其他一切都是矫揉造作的"。① 他像科贝特一样憧憬着工业革命前乡村的"黄金时代"，那时有着存在已久的村民团体，人们彼此间存在着独立和粗陋的平等。"社会分成小小的乡村团体，它们为了共同的利益而紧密结成联盟，每个人之间又由于友谊而相互依靠使他们组成一个大家庭。""在那里没有警官，没有济贫委员会官员，没有间谍，也没有密探。"② 奥康诺的社会理想是建立一个前工业化的以独立劳动为基础的小生产者的社会。他批评"现存制度"使人们"没有可能享受其中的乐趣"③，他寄希望于土地，认为土地可以给工人群众提供舒适安全和独立的生活。1841年夏季，当奥康诺被囚禁在约克城堡监狱中时，他写了《给爱尔兰地主的信》，劝告在工厂主威胁侵害下的爱尔兰地主应当放弃大农场制，把一部分地产分给农民，农民不仅可获得极好的生计，而且也愿意付出高额的地租。这种制度适合于爱尔兰，也适合于不列颠。④ 奥康诺的以小农所有制为基础的土地计划这时已初露端倪。1841年底哈利法克斯的约翰·韦斯特提出了一个购买荒地安置宪章派的计划，这一计划遭到一些宪章派的批评。但是奥康诺接过这个计划，吸取了韦斯特的设想，在1842年1月发表了题为《土地》的小册子，正式提出了他的土地计划。⑤

奥康诺在小册子中提出，在联合王国有1500万英亩可供开垦的

---

① 《北极星报》，1840年5月16日，第5页。
② 《北极星报》，1840年5月16日，第6页。
③ 《北极星报》，1840年8月20日，第5页。
④ 霍威尔：《宪章运动》，第271页。
⑤ 《北极星报》，1842年1月1日。

荒芜土地，如果建立100万个面积为15英亩的小农场，每个农场投资100英镑，就可以使这些荒地被开垦出来，这些农场的产品价值将超过1.2亿英镑。政府也可以购买这些土地再将其分配给租户，逐年向租户征收每英亩4至5镑的地租，21年以后逐渐减少地租，直到1英亩地租减到1先令4便士以利于农民。奥康诺认为，只有"回到土地上去"，才能真正解决工人的贫困失业问题。

宪章派和里兹议会改革协会的斗争

在宪章运动第一次高潮失败和政府大批逮捕宪章派之后，一些资产阶级激进派考虑和宪章派建立某种共同的政治组织，劝告宪章派接受温和稳健的路线。1840年2月资产阶级激进派议员约瑟夫·休谟写信给普雷斯，讨论了这种可能性。他问普雷斯："在宪章派目前行动变得更加稳健的时候，如果我们把自己置于领导者的地位，并把《人民宪章》的主要之点作为我们的要求，并组织人数众多的强有力的示威，工人现在是否会参加到我们的行列中并接受我们的要求？如果是这样的话，我们可以着手提出我们的要求。"[①] 激进派议员卢卑克也暴露出这种动机，他在给妻子的信中说："我们要一个新的宪章而不要老的名称，它将统一目前自由派中对立的观点。"里兹的工厂主马歇尔、斯坦斯菲尔德，以及资产阶级激进派议员休谟、奥康奈尔等人都积极推动这一运动。在这种策略的指导下，1840年5月资产阶级激进派组织里兹议会改革协会成立，并于同年8月底召开第一次群众大会。

---

① 普雷斯手稿，第35151号第208件。

里兹议会改革协会表面上由一个中等阶级和工人阶级成员人数相等的委员会领导着，实际上却是由一小批极富有的大工厂主和大商人控制着，当时世界上最大的亚麻纺织厂所有人詹姆士·马歇尔就是其中一员。他们领导着里兹的自由贸易运动，他们中有不少人是市镇委员会中最显赫的要员，过去的和未来的市长及下院议员。

宪章运动领导人洞察到资产阶级激进派和中等阶级的企图。奥康诺1840年5月要求全国宪章协会不但要排斥、谴责而且要禁止任何把劳动者阶级和其他不是以劳动为生而是以剥夺劳动而谋利的人纠合在一起的做法。这年8月奥康诺针对资产阶级企图控制宪章运动的新动向说，在政治上和中等阶级结盟将是"绝对不现实的"，并不可避免地将败坏激进主义的名声和落入辉格党的圈套。他认为这些以激进派面目出现的资产阶级分子对宪章派来说比辉格党更加危险。他在《北极星报》上写道："那些来自辉格党营垒的人已经超越了他们党规定的界限"，"他们是我们所有敌人中最危险的和一点也不能信任的，是我们不得不对付的诡计多端的、最阴险的、最虚伪的和最危险的政党。"[①] 1840年5月哈尼在《北方解放者》报上也发表文章，要求宪章派针锋相对以对付激进派吞并宪章运动的阴谋。他认为宪章派应当参加所有中等阶级组织的群众集会，在这些会上提出"实现整个《人民宪章》，除了《人民宪章》以外什么也不要"的修正案，向中等阶级表明，如果他们真要发动一场阶级对阶级的决战，如果他们胆敢通过立法对宪章派实行暴虐的统治，那么就要在公共集会上使他们明白，工人阶级也能以其人之道还治其人之身。[②]

---

① 《北极星报》，1840年8月15日。
② 爱波斯坦：《自由之狮：菲格斯·奥康诺和宪章运动，1832—1842年》，第268页。

1840年底奥康奈尔准备访问里兹。里兹激进协会准备组织一次宣传改革的会议，由奥康奈尔做主要讲演人，通过这个会议建立地方范围的中等阶级和宪章派的阶级合作。随后不久，《北极星报》就号召北方的宪章派在里兹举行一次群众性运动支持普选权。① 奥康诺撰文谴责资产阶级激进派的欺骗伎俩，呼吁约克郡的宪章派对宪章运动表示支持，他还号召北方的宪章派购买入场券参加里兹激进改革协会召开的大会，以粉碎中等阶级的阴谋。宪章派响应奥康诺的号召，在西雷丁区成立了"接待丹尼尔（奥康奈尔）委员会"，准备在奥康奈尔到来时组织一次抗议示威。② 1841年1月来自约克郡、兰开郡、伯明翰、格拉斯哥、英格兰东北部和密德兰东部25个地区的宪章派代表聚集到里兹，这时在整个西雷丁区广泛张贴着公告，劝告每个宪章派都去参加集会，在会上与资产阶级激进派做斗争。③ 1月21日里兹议会改革协会的大会召开了，由于事先得到宪章派将进行反对阶级合作的抗议示威消息，奥康奈尔没有敢来里兹，休谟在会上代表资产阶级激进派提出的决议案说："一切改革派应共同努力进一步推广普选权，从而使代表的利益和全国的利益一致，并通过这一途径为各阶级人民谋求一个公平的政府。"尽管这一天天气非常恶劣，但各地宪章派的队伍仍浩浩荡荡开进了里兹。在霍尔贝克猎场首先单独召开了宪章派的集会，全国宪章协会的领导人李奇、蒂尔曼等许多领袖都参加了这次大会。集会一致通过决议，对资产阶级激进派表示不信任。宪章派单独集会以后，宪章派代表和大批群众涌进马歇尔工厂内里兹激进改革协会会场，他们大概早已买下几千张价值6便士的入场券。洛

---

① 《北极星报》，1841年1月16日。
② 里德、格拉斯哥：《菲格斯·奥康诺：爱尔兰人和宪章派》，第93页。
③ 甘米季：《宪章运动史》，第206页。

厄里、迪根、马森、柯林斯等在会上讲了话，他们表示决不放弃自己崇高的立场。会议最后向宪章派领袖表示欢呼，而对原定在会上讲演的激进派议员奥康奈尔表示唾弃。宪章派完全控制了这个会议，使资产阶级激进派的目的完全落空了。①

宪章派和反谷物法同盟的斗争

19世纪40年代以前，英国的工业资本还没有在经济和政治上层建筑领域争得支配地位。英国工业资本的发展受到代表土地贵族的政府的种种限制。当工人阶级起来为自己的政治、经济权利斗争时，工业资产阶级的政治代表们还是以在野的政治反对派面目出现，为争取有利于工业资本发展的政治经济条件而拼搏。反谷物法同盟便是英国工业资产阶级的政治组织。反谷物法同盟发动的请愿在19世纪30年代末到40年代初和宪章运动同时展开。工业资产阶级的代表进行种种欺骗性的宣传，企图争取工人群众支持自由贸易运动，和宪章派争夺群众。和工业资产阶级的挑战做斗争，成为宪章运动保持自己政治独立性的重大任务。

随着工业革命的开展，工业品产量成倍增长，英国工业资产阶级需要广阔的欧洲市场以销售产品，并希望按照传统的方式由欧洲各国向英国提供大量的谷物。可是英国的土地贵族为了保持国内市场上高额的粮价，以谋取粮食生产的高额利润，他们竭力限制外国廉价谷物进入英国。他们通过自己把持的议会在1815年通过一项谷物法，

---

① 甘米季：《宪章运动史》，第208—209页；爱泼斯坦：《自由之狮：菲格斯·奥康诺和宪章运动，1832—1842年》，第270页。

在国内小麦价格低于每夸脱 80 先令时就完全禁止外国谷物进口。到 1827 年虽对此法令有所修改,仍规定谷物价格每夸脱为 64 先令时进口税为 23 先令,谷物价格为 73 先令时进口税为 1 先令,旨在把谷物价格保持在每夸脱 73 先令的高价。这使工业资产阶级在高额的食品价格条件下不得不支付给工人较高的必要工资使其利益受到损害。此外,拒绝进口欧洲大陆各国的粮食,反过来又刺激了这些国家民族工业的发展,也造成对英国工业的竞争。早在 1835 年,曼彻斯特工厂主科布登就积极宣传李嘉图抨击谷物法的论文。1836 年激进派议员格罗特、休谟、摩尔斯沃斯、罗巴克等在伦敦便成立了"反谷物法协会",并创办了《太阳报》,企图把工人阶级拉到反谷物法运动中来。《太阳报》宣传说:"人民最好投身于取消可恶的谷物法的斗争,实现这个目标的希望比实现宪章更大。"①

1838 年 10 月曼彻斯特的工厂主成立了"反谷物法协会",科布登不久便加入这个协会并成为其领袖。次年 3 月该协会改组为"反谷物法同盟",并发行《反谷物法周报》。反谷物法同盟在各地成立了它的地方组织,并雇用一批演说家到各地做鼓动。反谷物法同盟在宣传中欺骗劳动群众说,谷物法是工人阶级遭受社会苦难的唯一重大原因,取消谷物税会降低粮价,同时使人民有经济力量去购买工业品,从而促进工业的繁荣。他们把废除谷物法说成是结束一切灾难的灵丹妙药。②而其真实目的是希望劳动者支持工业资产阶级改变政府的政策,使工业资产阶级获得自由发展。③

从 1838 年到 1842 年夏季,反谷物法同盟在全国范围试图与宪

---

① 比尔:《英国社会主义史》,下卷,第 45 页。
② 甘米季:《宪章运动史》,第 111 页。
③ 比尔:《英国社会主义史》,下卷,第 49 页。

章派组织联合。这个时期之初，两个运动在争取改革的斗争中曾有过相互的同情。但是，即使在这个阶段，宪章派还是明确表示了反对资产阶级自由贸易运动的态度。奥布莱恩指出："中等阶级和劳动阶级在利益上的分歧是无法沟通的。自由贸易是中等阶级的政策，所以它对工人阶级是无益的。工资一律以生活必需品的价格为依据，它的上升和下降都以此为标准。谷物法的废除会降低粮价，因此也会降低工资。""我们承认，自由贸易会振兴工业，商业也将活跃起来。但是，1685年以来贸易的巨大增加是否使工资提高了呢？没有。所以，自由贸易并不能为工人带来拥护者所保证的福利。"① 奥布莱恩是从劳动与资本的对立为出发点来认识这一问题的，他的看法反映了当时宪章派左翼对于资产阶级自由贸易派的立场。

1839年国民大会召开后不久，国民大会便委托奥布莱恩起草一项决议案，要求人民把注意力集中在全国请愿上，丢掉其他一切幻想。国民大会向宪章派指出，目前开展的废除谷物法的运动实际上是要转移劳动者阶级的视线。它要求工人阶级不去理睬反谷物法运动，努力争取实现《人民宪章》。② 在整个反谷物法同盟活动时期，宪章派基本上接受了上述决议案的指导，只有少数宪章派追随科布登。在宪章派第一次全国请愿之后，宪章派与反谷物法同盟的斗争更坚决了，在里兹和莱斯特尤其明显。

1839年12月，设菲尔德的中等阶级向伦敦的宪章派提议和反谷物法同盟进行合作。伦敦的宪章派在《宪章报》上明确地拒绝了这一提议。

---

① 《不列颠政治家》，1842年10月29日，11月5日、12日、16日。
② 《宪章报》，1839年2月10日。

宪章派表示："要求我们把党争置于一边，真心诚意地和他们一起进行反谷物法请愿，事实上这毫无共同基础，因为我们的事业是人民的事业，而不是一个政党或派别组织的事业，是人数众多的勤劳的阶级的事业。"文章揭露中等阶级"劝诱你们在放债人、大资本家和富有的工厂主的祭坛上为眼前的利益而牺牲自己的原则"。①

在莱斯特，托马斯·库珀针锋相对向反谷物法同盟提出："你们先给予我们普选权，然后我们会帮助你们取消导致饥饿的和其他坏法律。"莱斯特的宪章派说："取消谷物法并不错，一旦我们的《人民宪章》通过，我们就将争取废除谷物法和其他苛法。但是如果你们放弃为宪章而进行的请愿而去帮助自由贸易派，他们将绝不会帮助你们实现《人民宪章》。不要再次被中等阶级欺骗了，你们曾帮助他们取得选举权，你们加强了他们争取改革法案的呼声，但是他们是怎么实现其美好的诺言呢？他们却让你们去喝西北风！""现在他们要求废除谷物法，同样不是为了你们的利益，而是为了他们自己的利益。他们叫喊着'廉价的面包！'但他们的含意是'低廉的工资'。"② 1840年4月，莱斯特工业资产阶级的代表威廉·比格斯试图用资产阶级的改革纲领即户主选举权、3年召开一次议会和秘密投票来统一宪章派。莱斯特的宪章派断然拒绝了这一圈套。随后《北极星报》载文向莱斯特的宪章派表示祝贺。③ 在里兹，从1839年2月起，宪章派不止一次冲散了反谷物法同盟召开的会议。④ 在麦克斯菲尔德，宪章派向群

---

① 《宪章报》，1839年12月29日。
② 托马斯·库珀：《托马斯·库珀的一生》，莱斯特大学出版社1971年版，第136—137页。
③ 《北极星报》，1840年5月30日。
④ 见布里格斯（主编）：《宪章运动研究》，第84页。

众指出:"直到宪章成为这个国家的法律为止,为取消谷物法和任何其他苛法进行的请愿只会比无用更糟糕。"①

但是在 1841 年以前,反谷物法同盟的蛊惑性宣传对觉悟不高的工人尚有一定的欺骗性,使一部分工人追随反谷物法同盟。1839 年 2 月在曼彻斯特根据科布登指示成立的"工人反谷物法协会"便起了吸引工人支持反谷物法同盟的作用。② 在博尔顿、卡莱尔、哈利法克斯、哈德斯菲尔德、兰开斯特、莱斯特、利物浦、伦敦、设菲尔德,一些收入较高的工人成立了工人反谷物法组织,接受资产阶级的领导。③

全国宪章协会成立后对于与反谷物法同盟的斗争起了指导作用。1842 年春,当一些宪章派组织感到不知如何对付资产阶级改革派的渗透时,全国宪章协会做出了指示:"每一个反谷物法运动的成员或那些表明信奉宪章主义的中等阶级人士在参与我们的请愿或与我们合作以前都应该公开地毫无保留地宣布附属于《人民宪章》的全部原则。""反谷物法宣布或中等阶级鼓动家要求与我们合作,就应该赞成我们所有的领袖在一切政治集会上毋庸置疑有演说权利,及对所有的决议案提出修正案的全部权利。"④ 全国宪章协会在处理与资产阶级改革派关系问题上坚持了工人阶级在政治斗争中的独立性。

宪章派和 1841 年大选

1841 年夏季,英国的大选开始了。自 1832 年以来一直是辉格党

---

① 沃德:《宪章主义》,第 154 页。
② 沃德(主编):《1830—1850 年代的人民运动》,第 143 页。
③ 麦科德:《反谷物法同盟》,伦敦 1958 年版,第 98 页。
④ 戴维·琼斯:《宪章运动和宪章派》,第 72 页。

执政，但由于它种种倒行逆施，已声名狼藉。自1837年以后，辉格党在两院和各郡的地位已经削弱，无法控制巩固议会的多数。辉格党墨尔本内阁在其任期将满之际，为了挽救自己日益降低的声望，实行了一些微小的改革，如减少某些日用必需品的关税，以骗取公众的信任。希望争取宪章派支持的辉格党内阁提出了三项措施，废除现行的谷物法、统一自由制造的食糖和使用奴隶劳动制造的白糖二者的税率、降低进口木材的税率。尽管这些措施多少有利于工业资本主义的发展，然而此时作为换取辉格党继续执政的筹码抛出来，遭到全国上下的鄙视。1841年5月议会下院否决了墨尔本内阁的上述提案。6月5日，保守党领袖罗伯特·皮尔利用国内对辉格党的不满提出了不信任案，辉格党内阁被迫辞职。随后议会宣布解散，并决定在7月举行大选。在即将来临的大选中对两党采取何种策略，成为宪章派面临的重要问题。

稍早一些，1841年4月在诺丁汉举行了议员补选。保守党推出反济贫法运动成员和《泰晤士报》编辑华尔特作为候选人，辉格党则推举乔治·拉彭特作为候选人。在诺丁汉拥有相当数量选民的宪章派宣布支持华尔特，结果华尔特当选。①

针对在大选中的政策和策略，1841年5月3日到5月28日宪章派在伦敦召开代表会议，有12名代表出席。会议发表了《告宪章派书》。这份文件提出："有时候宁可真正的专制政府统治，也不能接受背信弃义的伪善的政府。我们生来是辉格主义和托利主义的敌人，既然不能把这两个党派一齐消灭，我们奉劝你们还是利用其中一个党

---

① 爱泼斯坦：《自由之狮：菲格斯·奥康诺和宪章运动，1832—1842年》，第305页脚注59。

派作为消灭另一个党派的工具。我们劝告你们利用一切机会击败执政党的候选人。""要不就选举宪章派,要不就击败执政党的奴仆。"① 然而,上述意见并未被宪章派一致接受。宪章派在选举政策上出现三种意见。

第一种意见把击败辉格党作为宪章派的主张任务。当时尚在狱中的奥康诺在5月和6月的《北极星报》上发表了一系列文章,主张支持托利党击败辉格党,理由是辉格党曾欺骗过人民,如果它被击败而处于逆境,将有可能听取宪章派的要求。② 6月21日《北极星报》的社论指出:"无论在什么地方,如果我们无法凭自己的财力竞选,那么应尽力使辉格党败北。"③ 当时较多宪章派赞成这种政策是有历史原因的,一是托利党作为在野党而工人对它较少怨恨。二是工人们对辉格党执政期间敌视工人阶级的政策记忆犹新,如制定新济贫法、乡村警察法,以及逮捕和流放宪章派。三是有一些托利党人站在工业资本主义的对立面支持改革工厂立法、反对新济贫法,使一批工人民主派对他们产生好感。

第二种意见主张在大选中支持资产阶级激进派和自由派人选。《北极星报》的一篇社论表达了这种观点。它指出:"应以下列各点作为衡量标准:(1)拥护宪章;(2)主张立即释放一切被捕宪章派并允许宪章派流亡者返回故乡;(3)取消济贫法;(4)实行10小时工作制,彻底改革残害儿童的工厂制度;(5)取消乡村警察,都市和自治市的警察应归居民管辖;(6)取消一切钳制报刊和舆论的法律。""谁

---

① 《北极星报》,1841年5月22日。
② 《北极星报》,1841年6月19日、26日,7月3日。
③ 《北极星报》,1841年6月21日。

投票赞成并尽力实现上述改革,谁就是你们应当选举的人。"①

第三种意见由奥布莱恩为代表,有一批宪章派支持他的意见。他认为,对托利党和辉格党都不能抱有希望,托利党是彻头彻尾的反动派,仇视一切民主事物,宪章派不能去帮助托利党获胜。奥布莱恩也不赞成伦敦宪章派和中等阶级合作的政策,因为宪章派和中等阶级的利益是背道而驰的。必须通过选举的手段达到发动暴动的目的。他在兰开斯特监狱中写的文章中说,他"拒不承认类似的两党中的任何一个"。"至于促使宪章派让托利党充斥下一届议会下院的欺骗性政策,我简直找不出适当的语言来表达我对它的蔑视。""因为无论辉格党和托利党从来都不会随便地接受《人民宪章》。"②

由于意见不统一,所以各地宪章派在大选中各行其是。索尔福德的宪章派支持反谷物法同盟的候选人布拉泽顿,结果布拉泽顿当选为议员。在北安普顿,麦克道尔则干预并阻止一些宪章派提名一个托利党人为议员候选人的做法。③

在这场斗争中,许多地区的宪章派坚持了工人阶级的政治独立性,他们推选自己的代表进行竞选。在约克郡选举前夕,《北极星报》发表了一篇写给约克郡工人的指导性的文章。文章说:"下星期对约克郡来说是个伟大的日子,穿粗棉布的人将反对穿厚宽黑呢的人。人性的尊严将反对财富的独尊!……不要让一个脓包出现,不要让一个人温顺地去支持辉格党或托利党。"④ 在莱斯特,宪章派推选奥康诺为候选人参加竞选。在北安普顿,宪章派推选麦克道尔为候选人。在

---

① 《北极星报》,1841 年 6 月 21 日。
② 普卢默:《布朗特里·奥布莱恩的政治传记》,第 162 页。
③ 霍威尔:《宪章运动》,第 238—239 页。
④ 《北极星报》,1841 年 7 月 3 日。

班伯里，宪章派推选文森特作为候选人。在西雷丁区推选哈尼和皮特基思利为候选人。在里兹推选李奇和詹姆斯·威廉斯为候选人。在卡莱尔推选汉森为候选人，在纽卡斯尔推选奥布莱恩为候选人。还有一些地区也推出宪章派领袖作为议员候选人同资产阶级和地主的代表竞选。①

1841年大选中宪章派的活动充分说明，宪章派在议员竞选中已经作为一个政治上较为成熟的阶级去活动，他们不再是土地贵族或资产阶级政党的追随者。地方的工人宪章派以其阶级本能扬弃了某些宪章派领袖的错误政策指导，他们的革命性远远超过了暂时还充当领袖的那些小资产阶级民主主义者。就连资产者的报刊如《非国教徒报》和《曼彻斯特和索尔福德公报》也承认宪章派在1841年大选中已作为一支独立的政治力量发挥了不可低估的作用。1841年大选结束后，全国宪章协会执委会发表了一份宣言，指出宪章派是击败辉格党的主要力量。宣言强调说："不要再重复宪章运动同托利党联合的论调，有一个真理众所周知，这就是人民形成了反对辉格党的公众舆论，但这绝不是赞成托利党。难道宪章派能够从托利党政府那里得到什么利益？"② 可以看出，这份宣言在努力澄清某些宪章派领导人的权宜政策造成的宪章派的思想混乱。

斯特季和全国选举协会4月会议

从1841年秋季开始，新的经济危机的阴云开始笼罩英国。工业

---

① 爱泼斯坦：《自由之狮：菲格斯·奥康诺和宪章运动，1832—1842年》，第285页。
② 《北极星报》，1841年7月24日。

资产阶级曾经希望辉格党政府以立法措施来恢复工商业，而现在辉格党下了台，又怎能设想保守的托利党会采取有助于工业资本的政策呢？工业资产阶级在失望之余开始把注意力转到工人阶级。他们设想，如果批准了普选权，就可以借助下层人民的力量来达到自己的目的，他们还希望在经济危机期间取得工人阶级的某种谅解来渡过难关。工业资产阶级之所以产生上述设想，是因为到1841年宪章派还没有在政治上彻底与资产阶级激进派决裂，这就给了资产阶级改革派可乘之机。这集中表现在以斯特季为首的全国选举运动。

全国选举运动是1841年夏季辉格党败北以后从反谷物法同盟中派生出的一个组织。它的主要发起人有两个，一个是《非国教徒报》的编辑爱德华·梅尔；另一个是其主要领导人约瑟夫·斯特季。爱德华·梅尔是基督教非国教化的鼓吹者，他主张基督教会摒弃国家的财政资助，并且反对国家对教会的控制。他对工人阶级的苦难表示同情，赞成工人阶级关于在议会中有自己代表的要求。约瑟夫·斯特季（1793—1859年）是谷物代理商、夸克派教徒，反谷物法同盟成员。他曾在20年代积极投身反对奴隶制的斗争，使议会取消了奴隶制。1838年斯特季进入伯明翰市议会。1839年"牛场"冲突发生后，他担任了市议会调查委员会主席，证明冲突是由于伦敦警察采取的暴力造成的。他努力为被捕者争取减刑，促使当局与宪章派和解。主张改革、同情民主运动和工人运动是斯特季的一个特点。斯特季的思想还有另一个方面。他作为中等阶级成员，目睹政府拒不给工人阶级以选举权造成了严重的阶级对立，反过来威胁着有产者的安宁，他感到忧虑不安。他在给朋友刘易斯·塔潘的信中说："我们这里未获得选举权的公民在政治上仿佛和你们的奴隶一样。"他担心宪章派诉诸武力将危及社会秩序。他认为最好的办法是达到对两个阶级都有益的结果。1841年他在《非国教徒报》发表了总标题为"中等阶级和工人阶级之间的和解"的一系列文章，宣传阶级合作。[1]

1841年11月17日在夏曼·克劳福德发起的反谷物法同盟的会议上，完成了"全国选举协会"的发起和组织工作。全国选举协会由反谷物法同盟中分离出来的中等阶级激进派组成，它在全国几十个城市中建立了自己的组织。[2] 1842年1月由斯特季为该组织起草的题为《和解》的文件向宪章派提出了联合的建议，但大多数反谷物法同盟的成员并不支持这个组织。[3]

斯特季派关于阶级合作的呼吁在右翼宪章派领袖中得到呼应。早在1841年10月，洛维特领导的"联合王国促进人民社会和政治改进的全国协会"就发表过《致中等阶级书》，其中提出"希望能把过去的分歧统统忘掉，希望看出所有明智和优秀的阶级下决心在将来共同理智地为在政治和社会方面重建人类生活而工作"。[4] 1842年1月，斯特季派起草了一份给维多利亚女王的备忘录，送到洛维特的全国协会征求签名。2月11日斯特季派又在伦敦皇家和铁锚酒家召开了一次争取普选权的大会，赫瑟林顿和洛维特参加了会议，双方在会上交换了看法。资产阶级激进派斯宾士和杨在会上强调要把选举权扩大到工人阶级，而洛维特则强调自由贸易派要公开接受《人民宪章》，这样才能消除宪章派对他们的猜疑。[5]

---

[1] 亨利·理查德：《回忆约瑟夫·斯特季》，伦敦1864年版，第296—297页。
[2] 普卢默：《布朗特里·奥布莱恩的政治传记》，第168页。
[3] 斯特季为此愤愤不平地说："在我们自己的阶级中存在着如此多的偏见，以致我时时感到沮丧。"（大英博物馆，手稿第27810号，第128—129号）
[4] 洛维特：《威廉·洛维特战斗的一生》，第215页。
[5] 洛维特：《威廉·洛维特战斗的一生》，第227页；比尔：《英国社会主义史》，下卷，第109页。

斯特季派加速推进他们的计划。1842年4月5日在曼彻斯特滑铁卢大街召开了全国选举协会的第一次大会。有103人出席了这次大会，其中有斯特季、沃德、斯宾士等资产阶级激进派，也有文森特、洛维特、尼索姆、奥布莱恩、理查逊等宪章派，他们中有几位参加过1839年的国民大会。这次大会的过程相当奇怪，直到会议结束，始终避而不谈全国选举运动的政治纲领。这出于大会组织者的良苦用心。因为斯特季派从未准备接受宪章派的纲领，他们对《人民宪章》持保留态度。出席大会的以洛维特为代表的宪章派提出动议，希望大会接受《人民宪章》。在会上，宪章派的六项要求一项一项地通过，资产阶级激进派提出的关于纳税人有代表权的决议遭到否决，取而代之的是根据人生来就有的权利给予他们代表权的要求，否决了关于选举自由的决议，通过了秘密投票的要求，布赖特关于3年召开一次议会的决议只得到少数到会代表的支持，大会几乎接受了《人民宪章》包含的全部要求。斯特季派对这种情况很不满意。大会决定，在晚些时候召开另一次大会，以便取得双方的一致。①

4月全国选举协会的大会遭到工人宪章派的坚决反对。4月5日，也就是全国选举协会召开大会的那天，全国宪章协会在伯明翰召开了一次群众大会，向全国选举协会的大会表示挑战。奥康诺和李奇出席了这次大会。大会一致通过一项决议："我们这些来自全国各地的人民的代表聚会在伯明翰，其目的是立下誓约，继续始终如一地不加删改地为宪章的全部要求进行鼓动。我们认为，谁要是有删改《人民宪章》的要求，那么，不管他是谁，也不论冠以何种名称，都是与工

---

① 普卢默：《布朗特里·奥布莱恩的政治传记》，第168—175页；霍威尔：《宪章运动》，第148—150页。

人阶级为敌的行为。"① 参加全国选举大会的宪章派代表中有5位来自工业区布雷德福。他们认为这次大会本身就是背叛工人阶级利益的行为。他们给奥康诺写了一封信，把奥布莱恩斥责为工人阶级的叛徒。奥康诺在《北极星报》上也尖锐地批评洛维特、奥布莱恩与中等阶级激进派合作的做法。②

这时，一场大罢工已在英格兰北部工业区酝酿，并即将爆发，而宪章派的领导人却毫无察觉。

---

① 《北极星报》，1842年4月9日。
② 比尔：《英国社会主义史》，下卷，第109—110页。

第六章　1842年英格兰北部工人大罢工和第二次全国请愿

1842年英国工人的悲惨状况

1837年开始的经济萧条到1841年以后加剧了。1841年时全国人口有30%的生活水平低于贫困线。穷人的绝对数字也由400万增至500万以上。[①]这年冬天，哈尼在设菲尔德附近看到有人偷偷摸摸到地里去把积雪扒开找马铃薯来充饥。设菲尔德街上满是失业人员和流民。1842年设菲尔德城里只有30000工人有职业，此外有24000人是失业或半失业的待雇人员。[②]在1842年的危机开始以前，里兹的贫民救济委员会掌握有10000镑救济金，此外，还借得7000镑，但是在危机期间全部用尽。至于一个穷人，当他有资格领到救济金时，都已是贫穷到不堪忍受的程度，否则是没有资格领到救济金的。[③]当时在里兹有4000个家庭得到教区救济。[④]到1842年3月，穷人达

---

① 爱德华·汤普森：《英国工人阶级的形成》，第256—257页。
② 斯科恩：《宪章派的挑战》，第111页。
③ 波斯特盖特（主编）：《革命文献，1789—1906年》，第110页。
④ 沃德：《工厂运动，1830—1855年》，第224页。

到 1427187 人。① 格拉斯哥警察局长说，在任何大的住宅区中，他都能找到 1000 名没有姓名、只是像狗一样具有诨名的儿童。在爱丁堡，贫苦的工人对于"你最终的愿望是什么"的回答通常是："我最终的愿望是坐牢。"邓弗里斯鼠疫蔓延，每 11 个人中就有一人死于鼠疫。② 1842 年 3 月，有 1/10 的人民要靠贫民救济金过日子。③ 但是，面对全国的饥饿和贫困，政府却不采取任何救济居民的行动。马考莱1842 年 5 月在下院辩论宪章派第二次《全国请愿书》时供认说，没有任何一个政府"有能力或者可能……从大地上消除贫穷"。资产阶级统治者认为，工人阶级悲惨的处境是无法克服的。④

危机期间，在业工人的工资由于受经济萧条的打击和失业者的竞争急剧地下降了。1841 年煤铁矿工人每人的日工资收入尚有 4 先令，到 1842 年时，却只有 1 先令 7.5 便士到 2 先令 5.5 便士。⑤ 1842 年前 6 个月中，布莱克本的纱厂工人工资下降了 30%—50%。同年 5 月，博尔顿纱厂工人工资下降了 20% 左右。⑥ 1842 年博尔顿的 50 家纺织厂中有 30 家倒闭或短期停工。⑦ 博尔顿其他各行业的失业率也非常高，例如，制铁业的失业率为 36%，成衣工人和制鞋工人的失业率均达50%，石匠的失业率为 66%，木匠的失业率为 84%，砖工为 87%。⑧

1842 年 8 月 6 日《斯塔福德郡调查者报》报道，成千上万的矿

---

① 柯尔：《普通人民》，第 305 页。
② 柯尔：《普通人民》，第 307 页。
③ 约翰·史蒂芬森：《1750—1850 年英国的群众骚动》，朗曼出版社 1979 年版。
④ 斯科恩：《宪章派的挑战》，第 112 页。
⑤ 《北极星报》，1842 年 8 月 13 日。
⑥ 米克·詹金斯：《1842 年的总罢工》，伦敦 1980 年版，第 56 页。
⑦ 沃德：《工厂运动，1830—1855 年》，第 224 页。
⑧ 泰勒（主编）：《工业革命时期英国的生活水平》，第 70 页。

工和制鞋工人都失了业，他们无以为生，"济贫院人满为患，无法计数的饥饿的男人、女人和儿童一群群地在乡间流浪，他们敲打着每家的大门乞求食物和钱"。① 在莱斯特，许多处于悲惨状况中的编织工人成群结队到异教徒主持的教堂去做礼拜，当他们离开教堂后，成群地站在街道两边，挥动着他们的帽子祈祷说："记住穷人呀！"他们常常20人以上成群沿街寻求人们帮助施舍，当有人对他们说，这样会触犯法律时，他们答复说："对他们来说监禁已毫无恐惧，他们正处在饥饿之中，在监狱中恐怕比在外面还要好一些。"②

1842年，考克·泰勒在其旅行记中记载说，帕迪厄姆的手机织工对他说："我们等待着再一次发动的命令。"他们准备用坚决斗争来改变这种工人阶级悲惨的处境。兰开郡的工人们希望把工资提高到1836年的水准。③

宪章派请愿的酝酿和准备

从1841年秋季起席卷英国的严重的工业危机给社会各阶层都带来很大的影响。辉格党曾经想用立法措施来恢复工商业的正常状况，但他们的希望破灭了。普遍性的灾难使得中等阶级的政治态度稍有改变，他们面对英国灾难深重的现实转而赞成改良。这酿成了1841年开始的斯特季派发动的全国选举协会的运动。他们希望缓和中等阶级和工人阶级之间的对立来应付经济困难。托利党对于辉格党的执政极

---

① 韦尔摩斯：《19世纪的一些工人运动》，第93—94页。
② 韦尔摩斯：《19世纪的一些工人运动》，第92页。
③ 罗：《宪章运动和斯宾特菲尔德丝织工人》，载《经济史评论》第20卷第2辑，1967年12月，第483页。

为不满，企图从辉格党手中夺得政治权力。1841年的资产阶级和贵族的斗争，曾造成了宪章派的分歧，某些宪章运动领袖采取了混乱的政策。但是，宪章派还是决心在工人群众革命重新高涨起来之时第二次向议会递交《全国请愿书》，以争取实现《人民宪章》。

全国宪章协会执委会为第二次全国请愿拟定了一份请愿书草案，它的内容不再局限于《人民宪章》中的政治民主内容，它还反映了人民对于种种疾苦的强烈抗议和经济方面的要求。此外，针对英国资产阶级政府对爱尔兰的民族压迫政策，请愿书中提出了取消大不列颠和爱尔兰议会合并的法案。

在第二次《全国请愿书》上签名的总数达331万人，远远超过了在第一次请愿书上签名的人数。①

1842年4月12日，宪章派国民大会在伦敦舰队街的约翰逊酒家召开。参加这次国民大会的共有25名代表。代表中只有7人是1839年第一次国民大会的成员，他们是：奥布莱恩、奥康诺、洛厄里、邓肯、莫伊尔、麦克道尔、皮特基思利。其余的18名代表是：斯托尔伍德、李奇、贝尔斯托、多伊尔、罗伯茨、怀特、鲍威尔、巴特利特、比斯利、麦克弗森、哈里森、威廉斯、菲利普、里德利、伍德沃德、梅森、托马斯和坎贝尔。②新选出的代表大多是工人阶级的忠实代表，许多是宪章运动中新涌现出来的勇敢坚定的领导人。在代表中间，已经不再像第一次国民大会召开时那样有资产阶级激进派分子，所以第二次宪章派国民大会在阶级构成上已有质的变化。这是自1839年第一次国民大会以来，英国工人阶级的政治独立性日益增强

---

① 比尔：《英国社会主义史》，下卷，第114页；戴维·琼斯：《宪章运动和宪章派》，第87页。
② 普卢默：《布朗特里·奥布莱恩的政治传记》，第167页。

和政治主动性大大提高的结果。它预示了宪章运动第二次高潮将在广阔的无产阶级斗争的基础上展开。

宪章派第二次《全国请愿书》能够征集到比第一次请愿书一倍以上的签名人数，除了和1841年开始的严重的经济危机有关外，一个重要的原因是宪章派的基层组织发挥了巨大作用。全国宪章协会经过两年的努力，到1842年已和全国400个以上的地区建立了联系，建立众多的地方支部，登记在册的全国宪章协会的会员已达4万多人。北安普顿郡的宪章派团体在1839年时仅有两三个，到1842年已有十多个了。在莱斯特、诺丁汉、德比、兰开郡、约克郡宪章派的组织和北安普顿类似，也有相当大的发展。全国宪章协会派往各地进行鼓动的演讲员，旅行一次往往历时几个月。再一个因素是在宪章运动复兴以后，虽然有一批老的宪章运动领袖蜕化落伍了，离开了宪章运动领导集团，转而投身于资产阶级改革运动，但在宪章运动中又涌现出一批和工人有着密切联系的新领袖。例如，詹姆斯·李奇成为全国宪章协会主要领导人之一，他常在公共集会上发表平易自然的讲话，用充分的事实根据来说服工人群众，在群众中享有很高的声誉。此外，像纽卡斯尔的约翰·梅森、利物浦的威廉·琼斯、贝尔斯托、约翰·坎贝尔都是地方宪章派的杰出活动家，他们在工人群众中有很大的影响。坎贝尔写的小册子《谷物法之探讨》在宪章派与反谷物法同盟的斗争中产生了很大影响。

第二次请愿书及请愿书的性质

1842年5月2日，一支庞大的队伍从宪章派国民大会的会场出发，国民大会代表麦克道尔和里德利骑在马上，走在请愿队伍的最前列,他们之后是请愿书,再后面是奥康诺率领的国民大会代表的行列。来自各地的宪章派群众跟在后面。整个队伍长达两哩①,穿过几条大街前往下院。有无数的群众聚集在护送请愿书队伍经过的街道两边。随后,请愿书用小车推进下院,激进派议员邓库姆向下院呈递了请愿书。第二次《全国请愿书》的内容比第一次更加尖锐和富于革命性。

虽然第二次请愿书和1839年第一次《全国请愿书》一样,仍然以《人民宪章》中以成年男子普选权为中心的要求作为主要内容,但是在内容上与第一次《全国请愿书》已有很大的不同。② 在第一次递交议会的《全国请愿书》中,没有单独地论述工人阶级的利益和工人阶级的独立要求,仍把工人的利益和资本家的利益相提并论。③ 但是,在1842年的请愿书中,则已明确地把"占有土地的人和有钱的人"与农业劳动者和工厂的工人相对立,把千千万万工人的状况和少数统治者的收入做比较,揭露了无产阶级和资产阶级利益的根本对立。请愿书完全是站在工人阶级的立场上揭露资本主义压迫剥削给工人带来的巨大灾难。两份请愿书作者的出发点截然不同。前者从民主的立场出发,没有划分资产阶级和工人阶级的利益,而后者则是以工人阶级立场来写作的。两份请愿书的不同之处还在于提出的要求有差别。1839年提出的请愿书的要求,限于被称为"自由民权利"的不彻底的民主主义范畴,它斥责的是"违背宪法"的不合理的统治,它还表示要"服从法律"。它没有单独提出工人阶级的任何一项独立的要

---

① 霍威尔:《宪章运动》,第255页。
② 第二次《全国请愿书》全文,见霍利斯(主编):《19世纪英国的阶级和阶级冲突,1825—1850年》,伦敦1973年版,第217—223页。
③ 比尔:《英国社会主义史》,下卷,第30—31页。

求。然而，到1842年请愿时则全然不同了，请愿书不仅包括了大量反对和批评政治不民主的内容，而且提出了工人阶级的经济和政治要求。第二次请愿书提出了工人劳动时间超过了人们可以忍受的限度，工人的劳动条件非人能够忍受，工人无法维持起码的温饱，劳动者阶级遭到彻底的蹂躏等有关工人阶级切身利益的问题。请愿书提出了废除"济贫法的巴士底狱"（即济贫院），改变工资菲薄和劳动条件恶劣的状况等要求，这些都是工人阶级独立的经济要求和政治要求。此外，第二次《全国请愿书》还控诉了爱尔兰人民遭受的压迫，主张爱尔兰人完全有权撤销合并的立法，这也是英国资产阶级所不敢提出的。

英国工人阶级宪章派提出的第二次《全国请愿书》是一个纯粹工人阶级的文件。第二次《全国请愿书》表明，宪章运动到1842年初在政治上已发展成为一个独立的工人阶级运动。至于说工人阶级宪章派在组织上的独立，是在稍后一些时候通过和斯特季派的决裂而实现的。

激进派议员托马斯·邓库姆在向议院提出请愿书之后，在议会下院发表了长篇演说支持这次请愿。邓库姆在演说中说，在请愿书上签名的300多万人只是整个英国成年男公民的一部分，也只是工人阶级中的一部分。如果需要的话，还可以有100万以上的工人阶级家庭在这份请愿书上签名。邓库姆在演说中，对于18世纪后期以来的英国激进主义运动的起源和发展做了一个回顾，他特别谈到了历史上诸次改革无一不是与人民的强烈不满相联系的。他指出，在现今的1842年，社会情况不仅不妙，而且比1830年时更糟糕了，他认为下院对于此间人民的意志并不了解。邓库姆说，他大约收到了500封关于人民生活状况的来信，这些信中反映了人民的苦难处境。邓库姆挑出其中8封来信在会上做了宣读，这些来信分别来自设菲尔德、沃尔弗汉普顿、伯恩利、爱丁堡、普雷斯顿等地。邓库姆用信中提供的材料生动地描述了工人阶级痛苦的情景。他请求下院准许请愿者的代表出席议会，亲口为人民申述情况，他希望昨天递交议会下院的请愿书能够通过。①

下院的资产阶级激进派和自由贸易派议员如鲍林、菲尔登、罗卑克、韦克利和休谟等人先后发言，表示支持邓库姆的发言。相反，托利党和辉格党议员则在发言中表示反对。资产阶级的议员们敏锐地察觉到了宪章派第二次《全国请愿书》鲜明的无产阶级性质，他们感到工人阶级对于政治民主权利的要求中隐藏着对资产阶级统治本身和资本主义所有制的挑战。辉格派历史学家、议员马考莱在议会辩论中表示，他反对普选权，他认为普选权对于政府的存在和贵族政治及其他一切事物的存在都是致命性的威胁，而且它是与文明的存在完全不相容的。他认为资产阶级文明是建立在财产安全的基础上。而请愿者是要把资本和积累的财产都置于工人的支配之下，这就意味着对财产的没收和对富人的剥夺。马考莱看到工人阶级没有在请愿书条文中写出的却反映了工人阶级根本利益的要求，这就是要夺取政权，最终推翻资本主义和剥削制度，马考莱因此坚决反对通过请愿书。拉塞尔勋爵则在发言中攻击宪章派政治思想的基础自然法理论，他援引古代宪法的条文来证明成年男子享有普选权是没有理由的。和马考莱相似，拉塞尔勋爵认为，如果议会由普选产生，就可能破坏或动摇那些最有效地维护社会完整的制度，即危及资产阶级社会制度的法律支柱。②

---

① 威纳（主编）：《大不列颠国内政策文件，1689—1973年》第2卷，第1115—1127页。
② 比尔：《英国社会主义史》，下卷，第119—121页。

罗伯特·皮尔在议会的发言中则说："我觉得请愿书完全是对我们国家宪政的责难,是对整个社会结构的责难。"[①] 他认为,通过《人民宪章》这和英国的混合君主制是不相容的,他们已在这种制度下平安地生活了150年,他们享有除了美国以外比其他任何国家更多的自由和幸福。[②] 资产阶级议会对于具有鲜明工人阶级性质的第二次《全国请愿书》表示出较1839年更加强烈的仇视及反对情绪。他们一致地把宪章派的要求看作是对现存资产阶级社会的威胁。没有超出人们的预料,议会以287票对49票否决了请愿书。

在进行1842年请愿的时候,虽然宪章派在请愿书中写进了工人阶级的经济和社会要求,但是,在第二次全国请愿的活动中,宪章运动的领袖有一个缺点,即没有能很好地把争取《人民宪章》的请愿和工业区工人争取工人经济利益的斗争很好地结合起来。工业区的工人群众没有在向议会提交请愿书时采取有力的支持措施。在时间表上工业区工人斗争的高潮到来要迟一些,到7月至8月才掀起罢工热潮。所以,议会下院中辉格党和托利党议员联合起来轻而易举地就把第二次《全国请愿书》否决了。

事实上,宪章运动的一些老领袖当时对于工人阶级的独立斗争业已丧失信心,他们在4月份正忙于和斯特季为代表的中等阶级改良派联合,在全国请愿失败后他们继续努力和中等阶级的联合,此后又参加了12月的普选权协会大会。

[①] 韦斯特:《宪章运动史》,第184页。
[②] 霍威尔:《宪章运动》,第257页。

请愿后的宪章运动

第二次请愿书被否决后两个月内,全国工人阶级群众对此反应是淡漠的。虽然《北极星报》发表的文章使用了极其激烈的措辞,但各地只有很少宪章派对政府的行为提出抗议,各地召开的宪章派群众集会也不多。比较重要的集会是6月5日在兰开郡布莱克本附近举行的大会。博尔顿的宪章派领袖马斯顿出席了这次大会,他在会议上提出人民应当拿起武器,聚集成千上万人向白金汉宫进军。但随后一个时期,宪章派那些著名的老领袖脱离群众,缺乏朝气,他们提不出什么新的斗争策略,也唤不起群众的热情。

在这一时期,被关押在设菲尔德监狱的宪章派霍尔贝里去世,使宪章派受到很大震动。霍尔贝里是1840年设菲尔德起义的参加者,长期被囚禁在北阿勒顿监狱和约克监狱,他在狱中所受的非人待遇激起了设菲尔德宪章派的愤怒,他们在6月27日为霍尔贝里举行了公葬。人们称霍尔贝里为"人民宪章的殉难者",有2万群众参加了送葬游行。在墓地,哈尼向前来送葬的群众发表了演说。他说:"我们的任务是立即行动;全心全意地为推翻这个制度而努力奋斗,因为霍尔贝里就是在这个制度下牺牲的。""我们的任务就是以我们一次光荣的努力来实现国家的自由,以免自由儿女们将来再牺牲他们的生命。"①对去世的宪章派战士的悼念激起了活着的宪章派对统治阶级的仇恨,他们坚决地为实现自己的目标斗争下去。

第二次全国请愿前后,全国宪章派领袖的注意力主要集中在和斯特季派联合的问题上。参加1842年4月伯明翰全国选举运动大会

---

① 霍尔贝里协会发行的小册子《萨缪尔·霍尔贝里,1814—1842年》。

的宪章派代表中有几位来自布雷德福，他们在会后尖锐地批评奥布莱恩等人和斯特季派联合，共同成立全国选举协会的做法，指出这背叛了工人阶级的利益。支持这些代表意见的奥康诺在《北极星报》上重新发表一篇当年《贫民卫报》反对中等阶级的文章，作为说明奥布莱恩的叛变行为的佐证。

1842年7月9日，奥布莱恩在《不列颠政治家》报上发表了一篇答复奥康诺批评的文章。奥布莱恩在文章中认为，此时宪章运动的主要危险是由于看不到条件不成熟而产生的盲动，这种条件不成熟是由于中等阶级还没有起来支持宪章派。奥布莱恩极其重视中等阶级的力量，把这支力量看成宪章运动取胜的重要因素。他主张要区别中等阶级中的同情者和反对者，而不要把他们当作一个阶级来攻击。他认为中等阶级在5年以前是和宪章派为敌的，而现在不同了。[①] 这篇文章表明奥布莱恩把考虑问题的基本点放到中等阶级激进派身上。他没有估计到资产阶级激进派和工人阶级的联合是有条件的、暂时的，对于资产阶级激进派中同情工人阶级的派别不能寄予过高的希望，更不能作为主要的依靠力量。奥布莱恩更没有充分估计到工人阶级宪章派本身蕴藏着巨大的力量。事实上，在1842年，不仅奥布莱恩对于中等阶级存在很大的希望，就是指责他的奥康诺，在另一些场合也表示希望得到中等阶级的支持。他们脱离工人阶级的倾向已十分明显。

1842年夏季总罢工的酝酿　工会和宪章运动

到了夏季，严重的经济危机使工人的工资一再降低，成千上万

---

① 霍利斯（主编）：《19世纪英国的阶级和阶级冲突，1825—1850年》，第284页。

的工人难以糊口。设菲尔德当时征收的济贫税比1840年增加了1倍，但是，穷人每周只能得到略多于1先令的救济，仍然不够维持生存的需要。① 在这种情况下，以兰开郡棉纺织工业区为中心的工人大罢工，不以宪章派领袖的意志为转移地自发地爆发了。地方宪章派是罢工的积极组织者和发动者。1842年夏季北部工业区以兰开郡为中心的总罢工却是在宪章派全国领袖毫无估计的情况下发生的，全国宪章协会没有领导这次罢工。

工业革命后期蓬勃发展的英国工人运动具有多样性。1834年夏季全国各业统一工会失败以后，工会运动开始走向衰落。但是在曼彻斯特等工业区的机械安装工人、机匠、机械工人、铸造模工、锻工这几个机械行业中，行业工会仍然存在，亚历山大·哈钦森就是他们的一位主要的领袖。他坚持保护工人的利益，并使活动保持工人阶级的方向。1840年初，哈钦森创办了一份名为《工会杂志》的月刊，第1期在1840年7月4日发行。② 在哈钦森等领导下，1840年4月6日，召开了锻工协会的代表大会，并在会上做了进一步推动工会运动的决定。1841年2月17日，在曼彻斯特召开了机械业所属五个行业的代表大会，实行了初步的联合。在这次大会上，经哈钦森的提议，成立了"联合工会协会"。③

虽然哈钦森领导的联合工会协会基本上是按照欧文主义工会的方式组织起来的，但这个工会组织在40年代初工业资产阶级反谷物法同盟拉拢工人群众支持时，坚决地表示支持宪章运动。在1842年3月2日工会召开的大会上，哈钦森表示，他的工会将只为支持《人

---

① 斯科恩：《宪章派的挑战》，第111—112页。
② 韦伯夫妇：《英国工会运动史》，伦敦1973年版，第190页。
③ 米克·詹金斯：《1842年的总罢工》，第119—134页。

民宪章》而罢工，除此以外不再支持谁。出席会议的其他一些工会的代表也表示，他们各自所属的工会也都持这种态度。

3月14日，在曼彻斯特召开了一次工人代表会议，共有64人参加。其中16名代表是非工厂工会的代表。而在这16人中，有11名是来自宪章派组织的代表。此外，48名是工会代表，他们分别代表了24个不同的行业和工厂。哈钦森作为锻工的代表担任了会议的主席。染丝行业、印布工、粗条棉布裁布工、砖工工会的代表在会上发言时都表示无条件地支持《人民宪章》。会议通过的决议说："如果说我们，即聚集在这个屋子里的来自曼彻斯特的工会、作坊和政治组织的64名代表要建立什么联盟的话，它应当也必将是一个建立在原则基础上的而不是权宜的团体。因此，我们按指令行动，现在我们保证将为宪章而请愿。"会议还否决了同时为《人民宪章》和废除谷物法斗争的修正案，并起草了一份《根据人民宪章的原则致工会和民众书》。① 这次会议是大罢工准备时期的重要事件。事实表明，在1842年夏季高潮开始以前，北部工业区的许多工会组织已经宣布接受《人民宪章》，把它作为自己的活动宗旨。

1842年5月初，第二次全国请愿书被议会否决以后，曼彻斯特机械工人工会进一步加强和宪章运动的联系。5月31日晚，召开了当地机械工人工会的会议，到会的大多数人同意加入宪章协会，只有极少数表示反对。全国宪章协会执委会的李奇在会上讲了话。6月15日和7月12日，曼彻斯特的铁匠和锻工分别举行大会，并通过参加全国宪章协会的决定。李奇分别参加了两次会议。② 事实说明，英格兰北部工

---

① 《北极星报》，1842年3月19日。
② 米克·詹金斯：《1842年的总罢工》，第137—138页。

业区的工人在夏季罢工以前很久就已和全国宪章协会发生了密切联系，并宣布他们接受《人民宪章》作为自己的纲领。所以，英格兰北部 50 万工人大罢工并不是脱离宪章运动的偶然事件。

斯塔福德郡矿工的罢工

在兰开郡棉纺织工人开始罢工以前一星期，在斯塔福德郡范围内爆发了一次矿工大罢工。它成为大罢工的先导。这次罢工的直接原因是雇主提出每天削减煤矿工人 7 便士工资。7 月 18 日，在斯塔福德郡的汉莱地方召开了一次群众大会，会议通过了一项决议，要求实现 9 小时工作制，其中包括 1 小时进餐时间，每天工资需保证有 4 先令；停止实物工资制，每周用现金支付工资；直到雇主同意这些公正的要求，工人们才复工。几天以后，煤矿工人们又增加了连续工作五个夜班需支付 6 天的工资等要求。由于雇主执意削减工资，矿工罢工扩大到整个斯塔福德煤田。汉莱的失业矿工召开的集会通过一项决议说，只有《人民宪章》才给我们力量去实现"劳动一天应有一天公平的工资"。7 月 31 日在伯斯莱姆召开的有 1 万工人参加的大会同样也提出《人民宪章》应成为国家的法律，以解决他们的问题。罢工的矿工们从一个矿井走向另一个矿井，从一个城镇出发到另一个城镇，他们来到靠近托克堡的博恩顿，关闭了那里的矿井。矿工的罢工引起雇主的恐慌，他们组织了临时警察，并召来军队以对付这些"非法的暴民"。到了 8 月中旬，参加总罢工的矿工们和一连龙骑兵发生了冲突。

矿工的罢工并不限于密德兰地区。在斯塔福德郡矿工罢工的同时，在北方，苏格兰煤矿工人也举行了罢工。在埃尔郡的霍利顿和考特布里奇分别有 32 个和 43 个煤、铁矿井关闭。在格拉斯奇地区则有28个矿井关闭,大约有13000名矿工参加了罢工。斯塔福德郡矿工罢工还影响到东密德洛锡安、法夫、福尔柯克矿区罢工的发生。罢工的矿工们普遍要求每天有4先令的工资,用货币支付工资。他们表示,直到《人民宪章》成为国家的法律,他们决不停止请愿。①

罢工的中心地区　兰开郡东南部的罢工

在整个7月份,斯塔福德郡北面的兰开郡的工人们面临着削减工资的威胁。那里的工会不断举行大会,抗议削减工资,要求10小时工作制,以及禁止把童工和女工作为廉价劳动力加以残酷剥削,禁止对工人罚款和实物工资制。同时,工人中要求实现《人民宪章》的呼声也愈演愈烈。而在这种环境中,斯塔布里奇和阿希顿的一些雇主却决定削减工资的25%,这激起了工人们无比的愤怒。在阿希顿、斯塔布里奇、达金菲尔德和海德举行了谴责资产阶级削减工资的群众大会,集会的工人警告说,他们将用罢工来作为对资产阶级削减工资的答复。

7月26日,在阿希顿举行了一次工人集会,雷诺工厂的工人积极参加了这次集会。有6000人参加了这次集会。阿希顿一位宪章派伍德拉夫担任了这次大会的主席。伍德拉夫同时被选为参加8月全国宪章协会大会和工会代表大会的代表。伍德拉夫在会上号召人民举行罢工直到他们能够取得"一天公正的劳动付给一天公正的工资"。理查德·皮林在会上提出了一项决议案:"目前的工资收入不足以支付他们维持生活的自然需要,因此,这个会议认为,在这个地区哪怕最轻微的削减工资如不恢复到原来水平的话,他们将停止工作,直到能

---

① 《北极星报》,1842年8月13日。

保证'一天公正的劳动付给一天公正的工资'时为止。"最后到会者通过了这一决议。

7月29日,在斯塔布里奇的海伊召开了一次群众集会。会议除了通过与上述会议类似的决议外,还决定起草一项给罗伯特·皮尔的备忘录,要求保护工人阶级的生命和财产。①

8月1日,在海德的运动员旅馆附近召开了另外一次群众大会,宪章派工厂工人坎德莱特担任了会议主席,在海德的会议以后,在达金菲尔德也召开了群众大会。

7月下旬和8月初召开的几次群众集会对大罢工的发动产生了很大的影响。8月4日,贝莱的纺织工人和其他雇佣工人,由于工资削减25%,他们召开了一次大会,决定斯塔布里奇所有的工人都应当停止工作。第二天,即8月5日,贝莱的纺织工人们推派了一个代表团等待雇主的答复,要求停止削减工资。他们说,如果雇主强行削减工资,他们将举行罢工。但是一个雇主对他们说,如果雇主拒绝工人的条件,工人们恐怕得改变他们的决定。当工人们听到这一消息后,他们不再等待正式的答复,所有的工人立即离开了工厂举行罢工。罢工的工人们游行到了海伊,在那里举行了集会,一些人在街上讲了话。次日,即6日,他们再次聚集起来,从达金菲尔德游行到海德,返回时路过了纽顿。在他们经过的城镇,那里的工人们纷纷停止工作,举行了罢工,并一同游行到斯塔布里奇。6日夜间,这批工人再次举行了示威集会,他们决定第二天在摩特兰荒原举行大会。

摩特兰荒原是当地宪章派数年来经常召开露天会议的场所,它离斯塔布里奇和海德距离相当,都是三英里半。

---

① 米克·詹金斯:《1842年的总罢工》,第64—65页。

8月7日这一天是星期天，上午10时半，在摩特兰荒原召开了工人大会，好几千群众参加了这次大会。米尔豪斯主持了这次大会。这次大会对于总罢工的发动起了重要的指导作用。会议开始后米尔豪斯发表了讲话，他说："到会的朋友们和工人们，我要对你们说，我们在这里集会不是为了工资问题或者信仰问题……而是为了一个全国的问题"，即举行大罢工。下午，在原地举行了另一次大会，有3000至4000名工人参加，仍是米尔豪斯主持大会，他在大会上提出了一项决议案：英国人民将停止工作直到他们取得一天的劳动有一天公平的工资，并使《人民宪章》成为这个国家的法律时为止。另一位工人领袖约翰·李奇在讲话中把教会称作敞开的地狱，里面塞满了棉纺业巨头，他们是一帮盗贼和无赖。约翰·李奇对工人们说，明天在柴郡和兰开郡将会爆发一次总罢工，到那时，《人民宪章》将要实现。他宣布8日早晨将开始总罢工。随后，米尔豪斯发言说："你们一直在控诉我们劳动者所受的痛苦，我要告诉你们，明晨5点钟在斯塔布里奇将召开一次大会，到那时，我们将从一个工厂到另一个工厂，我们将使那些不愿罢工的人停工。而且，朋友们，一旦我们罢工开始，我们就将直到《人民宪章》成为国家的法律时为止，只有《人民宪章》才能保证你们的工资要求。我希望明天早晨在斯塔布里奇见到你们，那时我们将手挽着手加入这次全国大罢工。"①

总罢工的爆发　罢工的第一阶段

8月8日是总罢工的第一天，早晨5时，在斯塔布里奇的海伊已

---

① 米克·詹金斯：《1842年的总罢工》，第68—69页。

聚集起2000到3000名工人，其中主要是贝莱的工人。在会上，德拉姆和克罗斯利等工人领袖讲了话，并决定向达金菲尔德、阿希顿等地进发。当早饭后进军的队伍召集起来后，已有14000人。当队伍来到一家工厂附近时，那里的工人穿上外套离开工厂，加入罢工工人的队伍。在达金菲尔德的亨德莱工厂，工人们也参加了罢工。有的地方工厂主把厂门锁起来，不准许工人们离厂罢工，工人们把大门捣坏后冲出了工厂。到下午2时，在斯塔布里奇、阿希顿、达金菲尔德的每家工厂和纺织厂的工人都参加了罢工。阿希顿的马凯特广场已经挤满了工人群众。于是，大会决定迁到一块荒地上举行。到下午3时，在那里聚集了40000多衣衫褴褛的工人。理查德·皮林等人在大会上讲了话。理查德·皮林就第二天的罢工工人的行动路线提出了建议。大会一致通过了关于包括反对雇主以削减工资相威胁，劳动一天应有一天公平的工资，以及使《人民宪章》成为国家法律的决议。下午4时，由皮林率领的4000至5000名阿希顿工人来到了奥德姆，他们受到那里的工厂工人的欢迎。随后，阿希顿许多工厂都举行了罢工。晚上7时，召开了一次大会，约有8000至10000人参加。

曼彻斯特的罢工

8月9日和10日曼彻斯特爆发了大罢工。曼彻斯特的罢工是由阿希顿等地的工人带动的。8月9日这一天，在阿希顿继续有大批群众举行集会，估计人数在10000到20000之间。群众集会通过了一项决议："直到雇主把织工、纺纱工人、梳毛工人的工资恢复到1840年的水平，否则罢工的工人决不复工。"大会上还通过了向曼彻斯特进军的决议。① 于是，罢工工人的队伍沿着阿希顿的新大街、波拉德街和大安柯斯街开向曼彻斯特。声势浩大的工人示威使警察当局极为震惊，曼彻斯特治安法官达尼尔·莫德蛮横地坚持要工人解散，曼彻斯特首席警官查尔斯·萧怂恿军警采取行动以解散游行的工人。但是反动当局的努力是徒劳的。罢工工人的代表和治安法官莫德进行了谈判。工人们的斗争是正义的，人数众多的工人在当时又是团结的，反动当局无论如何也不敢轻视工人的力量。莫德不敢立即使用警察，向强大的工人队伍做了让步，让工人队伍通过大安柯斯街，在曼彻斯特的格兰比罗广场召开了罢工工人大会。工人推选理查德·皮林担任大会的主席，皮林向当地的群众介绍了在阿希顿、斯塔布里奇和海德等城镇发生的罢工，揭露了雇主大肆降低各业工人工资额的情况，他对群众说，罢工者决不复工，直到雇主同意把工资恢复到 1840 年的水平。这时曼彻斯特的工厂已纷纷停工，集合的工人增加到 2 万人。其他的工人领袖接着在大会上讲话。阿希顿、斯塔布里奇、海德的工人得到曼彻斯特工人的支持，他们一同投入了争取提高工资而进行的斗争。下午 1 时半，在向大会主席致谢，并为《人民宪章》再三欢呼以后，来自阿希顿等地的工人队伍和平地、有条不紊地返回。

8 月 9 日在曼彻斯特，政府官员、治安法官和警察面对着罢工工人的强大队伍极其仇恨的同时也怀有恐惧。出于阶级的本能，他们希望立即把这场规模空前的罢工扑灭掉。曼彻斯特首席警官查尔斯·萧是一个老军人，他曾在尼德兰和葡萄牙服役，是资产阶级政府忠实的奴仆。当 8 月阿希顿大罢工的消息传来以后，他当天潜入阿希顿集会群众中观察形势。随后，萧骑马奔回曼彻斯特，找军队指挥官磋商。

---

① 米克·詹金斯：《1842 年的总罢工》，第 75 页。

他极力想说服指挥官使用武力,然而,指挥官却表示,在没有治安法官在场的情况下,他本人无能为力。萧于是找到正在和游行队伍谈话的治安法官莫德,要求立即制止这一事件,然而莫德表示他不愿发生冲突。警官萧在两个月后写给《泰晤士报》的一封信中哀叹说,这一天简直是"罪恶的时刻",所发生的事件"从开始到结束都极混乱而又无组织"。当时资产阶级中一部分人的确感到需要再搞一次像1819年在曼彻斯特进行的"彼得卢大屠杀"。《曼彻斯特通报》当时把罢工示威的工人群众直接称为"攻击城市的敌人"。[1] 然而资产阶级当局采取了和1819年时不同的态度,他们不敢放肆地大打出手,制造一次血腥的惨案,因为1842年的英国工人阶级力量已远非1819年时那么弱小,以产业工人为核心的工业区工人阶级具有强大的力量,如果资产阶级当局敢于施行镇压措施,那么可以设想,必将遭到愤怒的被阶级压迫、危机萧条和自然灾害、资本家削减工资逼得走投无路的工人群众的殊死回击。工人阶级的强大力量震慑着资产阶级当局。

这一天,罢工工人的游行示威队伍穿过了曼彻斯特的市中心,曼彻斯特工厂的工人以罢工来表示呼应。随后,曼彻斯特周围的工业区,如奥德姆大道、牛津大道、大安柯斯街、阿德维克街上的工厂工人都举行了罢工。许多工厂的罢工工人往往在几分钟内就从厂里奔走一空,罢工工人们破坏了一些厂房设置。曼彻斯特的工人罢工尤其以伯里工厂的工人最为激烈。

伯里工厂的罢工是从早上开始发动的。当局派出军警到这家工厂去,军警使用了棍棒,企图平息这家工厂的罢工,但是没有成功。随后,政府增派了装备着来复枪的步兵和一队龙骑兵,把这个工厂团

---

[1] 米克·詹金斯:《1842年的总罢工》,第81页。

团围住,清除了工厂周围的地带,并昼夜在伯里工厂周围巡逻,伯里工厂附近禁止通行。9日下午3点,罢工工人和警察展开了战斗,工人们在斗争中非常英勇,军警用刺刀逼退了工人们。工人们接着对军警发动了接二连三的进攻,工人们打伤了多名警察。① 在9日夜间和10日早晨,曼彻斯特和萨福德几个工厂的工人也和警察发生了冲突。在曼彻斯特地区,和警察相对峙的罢工工人的力量远远超过了警察的力量。

8月9日晚间,曼彻斯特机器织机织工召开了一次代表会议。这些机器织机工人们当时处境非常不好。1839年时,他们的每件产品可得到1先令10便士,而到1842年8月,生产同样数量只能得到1先令5便士,据说每件的工资还要下降2便士。这给织工们造成了很大的威胁。经这次代表会议决定,在10日清晨5时召开了一次群众大会。参加这次大会的有10000名织工和其他行业的工人。道罗文、麦卡特尼、多伊尔、李奇等工人代表在会上讲了话,他们在讲话中要求,工作一天要有一天公平的工资。② 这一天中午12时,一次规模更大的群众集会接着在曼彻斯特克兰比罗广场召开。据《北极星报》报道,有15000至20000人参加了大会。道罗文、布罗菲、狄克森在会上讲了话。发言的人说,在他们得到公平的劳动待遇以前,他们宁愿死,也不复工。会议一致通过决议,罢工要到工资恢复到1840年的标准时才停止。③ 在10月以后,在曼彻斯特每天都有不止一次罢工工人大会召开。

大规模的工厂工人罢工使得曼彻斯特当局和军事指挥官非常恐

---

① 米克·詹金斯:《1842年的总罢工》,第84页。
② 米克·詹金斯:《1842年的总罢工》,第88页。
③ 米克·詹金斯:《1842年的总罢工》,第89页。

慌。8月10日晚，曼彻斯特的军事指挥官沃尔上校给伦敦内务部发出求援的信件，他要求伦敦立即通过铁路派步兵营到曼彻斯特来，信中写道："阿希顿、奥德姆、斯塔布里奇，特别是斯托克堡都请求派军队去保护和支援，而我全然无法满足他们的要求，我在这个城市只掌握一支非常不足的军队，而我面临的却是组织起来的工人阶级，他们的情绪又非常愤激……我不希望在曼彻斯特以南的兰开郡发生一次总罢工……如果真的爆发的话，他们势必成群结队地向曼彻斯特进发而丝毫不把警察和驻军放在眼里。"①

然而在此时，英国伦敦的统治阶级当权人士却深深地感到自己力量的薄弱。8月12日，内务部长格拉姆在给沃尔上校的回信中提醒沃尔说："必须采取非常谨慎的态度，不要阻止他们不顾自己力量的行动。另一方面，我必须提醒你们，要想阻止那些大胆的抵抗和某些个人的非法的暴力行为是不明智的。"②曼彻斯特当局在缺乏援军的情况下，只得从当地的资产阶级中争取支持，他们号召人们登记参加临时警察，宣布工厂爆发的罢工是非法的，并警告人们不要加入罢工者的行列。8月10日晚，警察竟然对示威的罢工工人发动了一次猛烈地进攻，使用了大头棒和弯刀来镇压主要是由妇女和未成年的女孩子组成的示威队伍。

但是，面对着越来越多的愤怒的罢工工人，曼彻斯特少数警察是无济于事的。8月10日的《北极星报》报道说："这个城市处在一种极度愤激的状态。军队和警察从城市的这头调到那头以驱散群众，但却毫无效果。"③

---

① 沃尔给内务部的信，1842年8月10日，收藏于英国公共档案馆，H.O.45/268号。
② 米克·詹金斯：《1842年的总罢工》，第85页。
③ 《北极星报》，1842年8月10日。

8月10日和12日，铁路工人也发动了罢工。在曼彻斯特到奥德姆铁路线上所有正在建设中的新火车站上工作的工人和从曼彻斯特到托德莫顿的铁路上工作的人们都发动起来。①

罗其代尔和斯托克堡等地的罢工

一本关于1842年大罢工的专著写道："大罢工像野火一样蔓延开了。"自罢工开始起，工人队伍就从一个城镇向另一个城镇进军。罢工斗争的中心是阿希顿、斯塔布里奇，从这里派出工人代表到其他地方去做发动工作，从这里发动向其他城镇的进军。罢工的发动很快就收到了效果，曼彻斯特以外的地区也发动起来了。

8月10日，阿希顿和斯塔布里奇的罢工工人们派出一个代表团来到了罗其代尔，估计他们和罗其代尔的工人领袖商讨了在罗其代尔发动大罢工等事宜。第二天，8月11日上午10时左右，成千名阿希顿、斯塔布里奇、奥德姆和其他城镇的工人来到了罗其代尔街头，他们分头到罗其代尔的各纺织厂和工厂中去和当地的工人接触交谈进行动员工作。罗其代尔的绝大多数工人表示愿意参加罢工，他们拔去锅炉的塞子，攀墙而出，加入罢工者的行列。但他们纪律严明，没有发生任何捣毁破坏现象。随后，在克隆克肖地方召开了一次群众集会，参加集会的工人有3万至4万人以上。会上通过了一项决议，他们在劳动一天取得一天公正的工资之前决不复工。会后，罗其代尔的罢工工人向海伍德镇进军，他们用同样的方法鼓动了海伍德的工人起来罢工，并组织了类似的集会。8月12日早上6时，在克隆克肖再次召

---

① 米克·詹金斯：《1842年的总罢工》，第90页。

开了有 4000 至 5000 人参加的大会，在一些工人演说以后，罢工工人游行到了巴克普镇，在那里的所有的棉纺织业和毛纺织业的工人都参加了罢工。工人们还游行到了托德莫顿，那里的大多数工人已经停工了。到 12 日中午，罗其代尔"所有在棉纺织厂和毛纺织厂工作的工人都参加了罢工，生产完全停顿下来"。罗其代尔也成为罢工的一个中心。8 月 15 日和 18 日，罗其代尔的工人也派出游行队伍到巴克普、哈利法克斯和托德莫顿去。

博尔顿的工人也发动起来了。8 月 10 日，一批曼彻斯特、阿希顿、斯托克堡的工人代表来到了博尔顿。随后，在马凯特帕雷斯召开了一次群众大会。会上一致决定，第二天早晨在博尔顿工厂区里进行一次游行，以发动当地的工人进行罢工。绝大多数纺织厂的工人响应了罢工的号召。次日早晨，连一些有警察警戒的工厂也发生了罢工。12 日，博尔顿附近地区的煤矿工人开进城内。矿工们袭击了警察所。警察们用武器把工人们驱散了。这时，当局调集了军队把警察所团团警戒起来。①

在 8 月 10 日以后，在密德尔顿，在纺织业中心之一利镇，在伯里、埃尔顿、托廷顿都先后发动了罢工。

在斯托克堡，罢工开始后第一周内斗争的形式要比其他地方更加激烈。斯托克堡是工业区的一个重镇，当曼彻斯特发生罢工之后，曼彻斯特当局曾要求斯托克堡驻军威姆斯上校率军队去增援。然而威姆斯上校率领两个步兵连固守斯托克堡未动，还从其他地方调集了军队前来斯托克堡。阿希顿、海德两地的罢工工人曾准备向斯托克堡进军，但他们得知斯托克堡当局严阵以待时，他们改变了计划，决定占

---

① 米克·詹金斯：《1842 年的总罢工》，第 91 页。

领阿希顿的火车站,以防止运送军队到斯托克堡去支援。斯托克堡当局随即采取了措施,动员和招募当地的资产阶级群众充当临时警察。8月10日早饭时分,斯托克堡的一些纺织厂举行了罢工。11日中午,一大批罢工工人从城外冲入斯托克堡城内。斯托克堡当局用弯刀装备了警察和援军,治安法官来到马凯特广场张贴了告示,并当众宣布了《暴动法》。这些已无济于事。在滑铁卢大街召开了群众大会。与此同时,另一些罢工群众进入各纺织工厂中,号召所有工人停止工作参加罢工,并加入罢工工人的游行队伍。随后,工人们冲进了济贫院,并发现了700余个7磅重的面包,若干小袋食肉以及价值总共几镑的铜币,这些成了他们的战利品。治安法官和警察为此逮捕51名罢工工人,并在斯托克堡济贫院设立了一个临时法庭。把其中16人送往柴郡监狱审讯。然而,斯托克堡的工人并没有被压服。第二天清晨5时,罢工工人们又在滑铁卢大街举行了规模盛大的集会。

普雷斯顿工人和警察的斗争

8月12日,在普雷斯顿召开了一次群众大会。罢工工人们在会上通过了一项决议说,他们为"获得一天的工作有一天公正的工资"而举行罢工。并且表示,他们继续为实现《人民宪章》而斗争。这天入夜以前,所有的工厂都发动了罢工。8月14日早晨,在普雷斯顿的查德威克果树园召开了群众集会,会后集会的群众在普雷斯顿举行了游行。罢工的工人队伍和萨缪尔·巴尼斯特率领的普雷斯顿的临时警察在卢恩大街上遭遇了。巴尼斯特带领的还有十几名警察和30名苏格兰高地人。随即军警和罢工工人之间发生了冲突,工人们用石块掷向军警。正当市长宣读《暴动法》时,愤怒的工人掷去一块石头把

《暴动法》从市长手中打飞了。这时，市长凶相毕露，下令军队向手无寸铁的工人开枪，当即几位站在队伍前列的工人倒在血泊中。有4名工人当场牺牲，有一名工人腿被打断了，至少有7名受了重伤。被打死的都是无辜的工人，其中一名是年仅17岁的梳毛工人麦克纳马拉。另两位牺牲者是19岁的织工索尔伯斯和手机织工默塞尔。①

8月15日在布莱克本也发生了类似的暴行。这一天，来自阿克林顿和其他地方的罢工工人开进布莱克本镇，鼓动各工厂工人罢工。在默瑟斯·霍普德工厂，工厂所有者鼓动经理人员和监工、工头从窗户里向外开枪，一名妇女受重伤，数名工人受轻伤。随后，工人们和街道上的军队发生了战斗，一名军官下达了开火的命令，军队向徒手的示威工人们连续齐射四次。②

在哈利法克斯，8月15日早晨5时工人们召开了一次集会，随后他们前去会合来自兰开郡的罢工工人。这支罢工工人的队伍总人数有2万至5万，由好几个城镇的工人组成在鲍林·狄克工厂，有6名罢工工人被捕。示威的工人们试图把被捕者解救出来，并与军队发生了冲突。这时军队向示威的工人们开枪。在韦尔兰，军队再一次向罢工工人的队伍开火。军队的暴行并没能压服罢工工人。下午2时，在有1万至1.5万人参加的斯克考特荒原大会上，通过了两项决议，即要使《人民宪章》成为国家的法律、把工人的工资恢复到1840年的水平。不达上述条件，决不复工。③

普雷斯顿、布莱克本和哈利法克斯工人的斗争是第一周罢工发展的最高峰。

---

① 米克·詹金斯：《1842年的总罢工》，第97—101页。
② 米克·詹金斯：《1842年的总罢工》，第101页。
③ 米克·詹金斯：《1842年的总罢工》，第103页。

8月8日至15日是大罢工的第一阶段。罢工已经在整个英格兰北部工业区发动起来，大约有25万人投入了罢工。几乎所有的兰开郡、切郡、约克郡的棉纺织工人都已经卷入了罢工。从斯塔福德郡到拉纳克郡的绝大多数矿工也参加了罢工。这些罢工工人中有很大一部分在争取提高工资的同时，宣布他们决心使《人民宪章》成为国家的法律，这种规模浩大的罢工，在英国历史上是前所未有的，它反映了英国工人阶级力量的成长壮大。参加罢工的产业工人从一开始就自觉自愿地接受《人民宪章》，把实现普选权作为比提高工资更进一步的要求。事实表明，宪章运动已经在英国工人阶级和工人运动中产生了深刻的影响。

工会代表会议的筹备　曼彻斯特大会

当8月初英国的大罢工在英格兰北部工业区如火如荼地发动起来的最初阶段，罢工是分散的。在整个北部地区，罢工运动尚未形成统一的领导。但罢工工人都意识到需要有统一的领导，来把各行各业工人的力量联合协调起来。这种赖以统一罢工运动的组织基础，存在于英格兰北部的工会组织中。在1842年夏季大罢工之前，英格兰北部工人在斗争中已经有过联合起来展开活动的先例和经验。这就是由各行各业的工会派出代表，召开代表会议以讨论决定对待共同的斗争目标的态度。一次是在1840年6月，曼彻斯特召开了各业工会的代表会议讨论支持斯托克堡织工罢工，再一次是1841年11月3日，在曼彻斯特卡本脱会堂召开了支持伦敦泥瓦匠罢工的会议。当曼彻斯特开始罢工之时，工人已经考虑建立一个集中的领导罢工的机构。

8月9日晚，曼彻斯特机器织布厂的工人代表会议召开了。这次大会"讨论了采取何种措施以防止雇主进一步降低工资"。与此同时,曼彻斯特的机工们也行动起来,准备建立一个罢工的领导中心。8月10日中午,他们召开了一次有机械安装工、机匠、翻砂模工、锻工和机械制造工参加的露天大会,在会上决定召开规模更大的所有各行业工人参加的大会。

8月11日和12日,在曼彻斯特卡本脱大厦聚集了来自机械业各部门的工人代表,其他行业的工会和其他城镇也派出代表前来参加,出席会议的代表共有358名。[1] 在研究了形势以后,这次大会通过了9项决议,其中最重要的有如下几项:"《人民宪章》包括了正义和繁荣的因素,在《人民宪章》的要求未成为国家的法律以前,我们决心不放弃自己的要求。""这次会议将任命一个委员会,它将尽可能努力在采取实际措施以减轻我们的苦楚之前,实现更加广泛的联合。""这次会议保证,在曼彻斯特各业一致确定做出决定以前,决不复工。"[2]

在8月11日和12日的大会以前,罢工工人对于这次罢工的主要目标尚存在着分歧。大多数人认为,一旦通过《人民宪章》,工资不仅可以改善,而且可以稳定,而一次罢工成功充其量也只能暂时性地改善工人的状况。但是,也有少数人反对把政治和罢工联系起来。他们认为:"只要我们把自己限制在工资问题的范围内,就可以得到许多中等阶级和所有劳工朋友的同情。我们需要这种同情,因为我们缺乏经费,不能长期罢工。如果我们把《人民宪章》作为我们纲领的主要内容,我们便要与辉格党、托利党以及所有反对普选权的人发生冲突。"[3] 在表决中,358名代表有320名投票赞成第一种意见,即坚持

---

[1] 甘米季:《宪章运动史》,第237页。
[2] 米克·詹金斯:《1842年的总罢工》,第143—144页。
[3] 比尔:《英国社会主义史》,下卷,第125页。

为实现《人民宪章》而继续罢工,只有少数代表坚持仅仅为争取增加工资而罢工。①坚持进行政治斗争的意见战胜了纯粹为经济目的斗争的意见。这些工会代表把宪章运动的旗帜作为自己的斗争旗帜。对这次大罢工运动来说,这是一个转折点。它从此改变了经济斗争的特点而具有政治斗争的性质。

8月11日和12日的曼彻斯特机械工人的代表会议,表示将要召开更广泛的、有更多行业参加的工人代表会议。会议做出了决议,要求各业工人立即举行罢工。8月11日中午,在卡本脱会堂召开了曼彻斯特所有行业的工人代表大会。

曼彻斯特工会代表大会

曼彻斯特和附近地区的各业工会代表大会8月15日上午10时在曼彻斯特舍伍德旅馆召开。它具有广泛的代表性,代表总数共有141人。②代表们选举亚历山大·哈钦森为大会主席。

会场外,有成千上万的工人聚集着,他们举行了和平的集会。

在第一天的会议上,成立了另一个3人委员会以起草一份告群众书。

第二天上午10时,代表大会继续举行。旁听席上挤满了没有代表身份的工人。会场外面仍聚集着无数的群众。哈钦森在大会上宣读了一份告群众书。告群众书说,代表们除了自己的劳动以外,没有其他的财富,他们生活在工人之中,他们的父母、妻子和子女可以看作

---

① 甘米季:《宪章运动史》,第237页。
② 米克·詹金斯:《1842年的总罢工》,第267—285页。

是交给工人们的人质,他们绝不会为自己的利益干些什么事,也不会劝告其他人去做有害于工人利益的事。[①]

在两天会议期间,代表们一个接一个地向大会做报告,一些代表向大会报告他们所在地的工人对于罢工斗争究竟是为了《人民宪章》还是仅仅为了提高工资。有的代表则向大会报告了当地工人的罢工要求。

大会很快地把注意力集中到最主要的问题上,即采取何种措施使大罢工转到争取实现《人民宪章》的问题。曼彻斯特代表马诺里提出的一项提案表示希望派出代表到联合王国的每个地方去宣传《人民宪章》,使所有各阶层人民都停止工作,即发动一次总罢工,使《人民宪章》成为国家的法律。但是,支持举行总罢工的代表人数不多。一些代表提出了修正案。有的代表提出了资助罢工工人和他们家庭的问题,有人希望得到小店主和中等阶级的支持。在会议上讨论一项重要的议案,即罢工究竟坚持原来以工资问题为限的要求,还是转到为实现《人民宪章》而斗争的问题时,主张罢工斗争以工资目标为限的意见占少数。因为代表们都看到,单纯进行经济斗争,不可能长时间保持较高的工资水平。大会书记斯图亚特做出这样的结论:"为了保持我们的工资,最要紧的是取得政治权利。"

大会第二天表决时,有141位代表在场,赞成为实现《人民宪章》而罢工的代表人数超过120人,只有7人赞成坚持总罢工以工资问题为限。当通过了为实现《人民宪章》而斗争的决议以后,大会向工业区的工人群众提出一份呼吁书。这份告群众书说:"会议的代表谨建议我们所代表的各个选区,采取一切合法的手段以实现《人民

[①] 米克·詹金斯:《1842年的总罢工》,第266—267页。

宪》。同时我们还建议派遣代表分赴全国各地努力取得中等阶级和工人阶级的合作，以实现罢工的决议，直到'宪章'成为国家的法律为止。"①

8月17日上午，大会再次举行。这时，大会的书记斯图亚特已被捕，许多代表业已返回自己所在的地区。大会在闭幕以前选举了包括主席在内的13人执行委员会。大会要求各地工人成立地方委员会以具体领导和组织罢工。大会表示要争取更多的各阶层人士支持。这些都写在一份告群众书中广为张贴。

曼彻斯特工会代表大会的召开和它的活动说明，它成了工人们所接受的大罢工的领导核心，各行业的广大工人和工会组织在这个代表大会的指导下，实现了圆满的合作和团结。8月15日至16日的工会代表大会产生了广泛影响，当地人把它称之为"全体工人的国民大会"。②虽然曼彻斯特工会代表大会不是由宪章派主要领导人组织起来的，代表中大部分也不是当时最著名的全国宪章派活动家，而主要是工会领袖，但是，《人民宪章》这面工人阶级的战斗旗帜已经为曼彻斯特工会代表大会完全接受，大会号召各地的工人为实现《人民宪章》而举行罢工。

工会代表大会结束以后，代表们回到各自所在的地区。绝大多数代表都继续向大会选出的委员会报告自己的工作。8月15日，分管国内事务的国务大臣格拉姆爵士在写给北部军队指挥官陆军少将沃尔爵士的信中说："很清楚，这些代表构成了指挥机构，他们在工会和宪章派之间建立了联系。"他希望破坏这个团体以便扑灭工人的罢

---

① 米克·詹金斯：《1842年的总罢工》，第267页。
② 米克·詹金斯：《1842年的总罢工》，第157页。

工运动。此后，根据国务大臣的指示，各地纷纷逮捕工会运动的领导人。到8月19日，国务大臣向女王报告说："5名主要的工会领袖已被逮捕，同时向另4名工会领袖发出了拘捕令。"① 工会代表大会的主席哈钦森、书记斯图亚特和其他许多代表及罢工工人领袖都先后被捕入狱。

宪章派国民大会和大罢工

在1842年夏季大罢工中最引人注目的现象就是宪章派国民大会和全国宪章协会执委会对这次大罢工毫无所知。当英格兰北部工人大罢工业已发生之时，全国宪章运动的领袖们正忙于纪念彼得卢大屠杀活动，计划在彼得卢事件纪念日1842年8月16日这一天在曼彻斯特为亨利·亨特的纪念碑揭幕。出席这次宪章派国民大会的有全国宪章协会执委会成员和来自曼彻斯特、约克郡、西雷丁区的代表。8月16日，国民大会在曼彻斯特的设菲尔德教堂秘密举行。到会的有40多位代表，但当代表们看到"烟囱林立的城市"几乎完全停工的现象，却感到非常惊讶。全国宪章协会的秘书约翰·坎贝尔惊呼道："没有一家工厂开工。"② 于是原定的关于亨特纪念碑的揭幕典礼和解决宪章运动中争论问题的议程暂缓进行。大会的主题转到工会领导的大罢工上。

国民大会迅速地做出了一项决议，它认为罢工应当继续进行下去，直到《人民宪章》成为国家的法律。各业工会代表大会发布的

---

① 布里格斯（主编）：《宪章运动研究》，第389—390页。
② 霍威尔：《宪章运动》，第261页。

宣言使得宪章派无比激动，他们完全相信，"有效地使政府瘫痪的时机已经到来"。①国民大会的大部分代表希望立即动员人民参加这场斗争。

麦克道尔提出，国民大会应当和各业工会采取一致的政策，鼓励和支持工人的总罢工，一直坚持到《人民宪章》成为国家法律为止。库珀认为，总罢工必然会导致一场全国规模的斗争，政府必将使用武力来镇压和迫害罢工工人，因此总罢工要想和平进行是不可能的，只有用人民的武装来反抗资产阶级的政府。为此，宪章派必须动员人民群众把他们变成不可抗拒的力量。这是国民大会中的一种意见。②奥康诺坚决反对麦克道尔和库珀等人支持总罢工的动议，他说："我们在这里开会，不是讨论战斗。"《北极星报》的编辑希尔在发言中亦反对介入罢工。他认为宪章派准备不足，两手空空，"人民没有能用来战斗的东西，如果贸然战斗，必然会被大炮轰倒"。他还认为罢工是由反谷物法同盟发动的，如果宪章派延长罢工，只会成为反谷物法同盟的工具。参加国民大会的哈尼这时已改变了在第一次国民大会时那种极端政策，反对诉诸暴力。③

国民大会进行了表决，反对参加总罢工的意见只取得少数，国民大会决定与罢工的各业工会一致行动。大会通过的决议说："目前的罢工虽非由宪章派团体所发动，来自英国各地的代表所举行的会议却对于罢工的工人深表同情。我们坚决赞成扩大和继续目前的斗争，直到《人民宪章》成为法律为止。根据如上的精神，特通告，在代表

---

① 托马斯·库珀：《托马斯·库珀的一生》，第208页。
② 比尔：《英国社会主义史》，下卷，第129页。
③ 比尔：《英国社会主义史》，下卷，第129—130页。

分别返回各地后，应对人民的努力给予正当的指导。"① 大会的决定使 1842 年的大罢工发展到一个新阶段。从此，大罢工不仅有工会组织参加，而且有广大的宪章派组织参加，英国工人运动两支主要力量现在开始融合在一起。

但是，对待大罢工的意见分歧并没有解决。国民大会在 8 月 17 日同时发布了两份通告。第一份通告为《全国宪章协会执行委员会通告》，它强调了目前正是工人阶级开展斗争的极好时机，通告说："我们已经庄严地宣过誓，每个人都宣布，我们现在既然已抓住了黄金般的时机，就不应该毫无成果地放弃它"，"我们现在毫无疑义地决议，直到劳动者的苦楚全都消除，通过实施《人民宪章》使我们自己、我们受苦的妻子和无助的儿女都得到保护时为止。我们决不复工"。通告呼吁把罢工推广到所有的工人中并扩展到全国去。

这份文件只是对大罢工表示了一般性的号召，它没有就斗争的政策和方式做出任何一点指示，更没有鼓励宪章派和工人群众在斗争中采取极端的革命策略即诉诸暴力。

第二份通告为《国民大会致宪章派公众书》。这份文件是匿名发表的。它的态度较前一个文件要鲜明坚定，它指出，北方的罢工工人不仅是为提高工资而斗争，同时也是为了原则而斗争。他们认识到，只有在《人民宪章》成为法律以后，所有劳动者才能免受摧残。文件向宪章派指出："我们所进行的是一场劳动反对资本、贫困反对财产、权利反对强权、正义反对非正义的斗争。"它认为工人们联合起来就是以战胜暴君能够召集的一切暴力。文件指出，这是一场反对摧残生命财产的斗争，这场斗争将迫使统治阶级认识到劳动才真正是财富的

---

① 米克·詹金斯：《1842 年的总罢工》，第 275 页。

源泉,也才是权利的唯一源泉。① 第二份通告实质上是按照阶级斗争和反对资产阶级压迫和剥削的路线写成的。它比第一份通告更加鲜明地反映了工人阶级的立场,它的字里行间隐藏着将采取更激烈的手段来对付反动统治阶级。很显然,这两份通告表明曼彻斯特宪章派国民大会中有一批不赞成全国宪章协会执委会政策的代表。

总罢工的第二阶段

从全国宪章协会执委会发布告群众书时起,大罢工进入了一个新阶段。全国宪章协会各个基层组织纷纷对大罢工表示支持,英国工人阶级在更大的范围里发动起来。先前尚沉默着未发动起来的地区,如南威尔的默瑟尔河谷,苏格兰的某些地区,多塞特郡和萨默塞特郡的纺织工业区都纷纷发动了罢工,② 呼应英格兰北部罢工工人们。

在总罢工发生以后,伦敦的工人阶级和进步人士召开的群众大会一致表示支持北部工人的大罢工。其中规模最大的一次是8月16日晚在伦敦斯特普尼草地举行的万人群众集会。大会通过了一项支持英格兰北部工人罢工,抗议英国政府把军队调到北方的决议案。③

8月17日,在克勒肯韦尔草地召开了一次宪章派大会。18日,在艾斯林顿草地又召开了一次群众大会。20日许多群众又在艾斯林顿草地、克勒肯韦尔草地、林肯法学院广场聚集起来。20日晚间,在蒙默思街和莫尔街路端的空地上有大批愤怒的群众聚集着。

---

① 米克·詹金斯:《1842年的总罢工》,第272—275页。
② 马瑟:《1842年的总罢工》,载波特(主编):《地方劳工史丛刊》,埃克塞特1972年版,第22页。
③ 米克·詹金斯:《1842年的总罢工》,第168页。

22日,伦敦的宪章派分别在潘丁顿和肯宁顿公地举行集会。肯宁顿公地的大会是当晚6时举行的,会议开始时到会的群众有6000人,而不久就增加到10000人。当局非常惊慌,出动了约500名临时警察,逮捕了17人。[①]

在总罢工的第二周中,工人阶级的革命要求日益明确和成熟了。工人们看到,资产阶级对于工人的压榨并不是一个偶然的现象。利物浦的丝织工人麦卡特尼在讲演中指出:"工资的下降并不是一时的现象,而是由于贪婪的工厂主的掠夺和榨取造成的。"宪章派宣传家莫菲·布罗菲在密德顿的讲演中指出:"在这里法律保护一切,唯独不保护工人的劳动。"[②]工会代表大会派出的一位代表在8月25日对群众的讲演中说,应当毫不迟疑地停止犹豫,起来保护公众的安全。在总罢工发展的形势下,工人们不仅要求解除他们当时的饥饿和悲惨状况,而且他们还要求把工资水平恢复到两年前未下降时的水准,每周支付工人的工资,结束工厂设商店的制度,增加就业人数,劳动一天有一天公平的工资,实现10小时工作制。他们要求实现《人民宪章》,最终以实现上述激进的社会改革要求。在罢工的这一阶段有一个新的特点,这就是在各地组织了地方罢工委员会,派出代表走城串镇地去宣传罢工。

就在这个时期,"拔塞"运动开始了。在罗其代尔,大约有5000至6000罢工工人来到各个工厂,拔掉工人锅炉的塞子,使锅炉中的水流光。工人们在这些斗争中是清醒和有节制的,他们努力保护机器和工厂,而不是像早年的鲁德派那样捣毁机器。[③]在大罢工中,各地

---

① 米克·詹金斯:《1842年的总罢工》,第170页。
② 米克·詹金斯:《1842年的总罢工》,第180—181页。
③ 米克·詹金斯:《1842年的总罢工》,第183—184页。

的工人还互相支持，曼彻斯特工会代表大会募集了一笔款项以派出代表去哈利法克斯等地发动群众。

8月中旬以后，罢工扩展到了新的地区。在罢工爆发的第三周，敦堤发生了罢工。16日，敦堤召开了一次群众大会，第二天，举行了有4000人参加的示威游行。18日，在马格达仑广场，召开了有14000人以上参加的群众大会。大会一致通过的决议说，他们在星期一将举行罢工，直到《人民宪章》成为国家的法律为止。19日敦堤召开了工会代表大会，来自53个工厂的约100名代表出席了大会。到22日，敦堤大多数工厂都停工了。①

在兰开斯特，到8月20日，几乎所有的工厂都罢工了，罢工一直持续到8月27日以后。

杜斯伯里城完全被罢工工人掌握了，城内很安定。8月22日，卡莱尔也发生了罢工，并波及周围较小的城镇，制革工、硝皮匠、制帽工、石匠都举行了罢工。街道上聚集的人们数量激增。莱斯特郡和希罗普郡煤田的矿工持续地进行了罢工，在斗争中非常坚定。29日，诺威治的花布织工举行了罢工。同一星期，诺丁汉郡有7座矿井的工人也加入了罢工者的行列。

在博尔顿，由于当地的工人自1841年起长期有半数以上失业或工作不稳定，工人处境尤其困难，所以，罢工一开始就具有广泛性的特征。8月15日这一天聚集在博尔顿街道上的罢工工人有4000至5000人，他们聚集起来开向维根。一路上，罢工工人不断增加，到维根时，人数已达30000人。②在博尔顿这个工人运动的中心，罢工持续了很长时间，到9月21日，即总罢工开始的第六周，博尔顿的

---

① 米克·詹金斯：《1842年的总罢工》，第206—207页。
② 米克·詹金斯：《1842年的总罢工》，第208页。

织工重新发动了罢工,他们要求把工资增加 30%。

斯塔福德郡北部的汉莱、斯托克、芬顿、朗顿、滕斯托尔、伯斯利姆等城镇一带,是英国瓷器和陶器生产中心。曼彻斯特工会代表大会召开的消息传到陶瓷工业地区时,8 月 15 日在这里召开了大会,在当地宪章派领袖约翰·理查兹和乔治·海明斯的提议下,通过了"所有工人停止工作,直到《人民宪章》成为国家法律"的决议。随后,汉莱附近的陶瓷工人举行了罢工,群众攻击了汉莱的警察所,把几名被捕者释放了,撕毁了那里的簿册和文件。他们宣布,"我们决不交越来越多的警察捐",并用缴获的临时警察的警棍把自己装备起来。随后,他们攻击了济贫税征税所。在这以后,一些群众攻打了领薪的专职治安推事罗斯的住宅,并攻打了斯托克堡的济贫院。大批群众来到朗顿,捣毁了那里的违警犯罪法庭和警察局。到中午,群众烧毁了朗顿教区长维尔的住宅。他们还捣毁了芬顿的警察局和瓷器工厂主马森的住宅。当局从纽卡斯尔调来了军队,在这天逮捕了一些罢工者。但军队到夜间不得不放弃了纽卡斯尔和瓷器工业区,瓷器工业区完全掌握在罢工骚动的工人们手中,以汉莱为中心的骚动加剧了,罢工工人继续攻打为人憎恨的官员的住宅。

16 日早晨,在汉莱召开了一次群众大会,许多到会的群众手持棍棒,他们随后出发去伯斯利姆。一队骑兵和临时警察当众宣读了《暴动法》,试图用剑驱散扔石块的示威群众。当罢工工人准备攻入城镇时,上尉波伊斯下令军队开枪,当场至少打死一人,许多罢工工人受重伤,群众被强行驱散。几天以后,一个农场的工人们要求增加工资和食物,又有许多人被打伤。[1]

---

[1] 爱泼斯坦、多萝西·汤普森(合编):《宪章运动的经验》,第 207—209 页。

大罢工的余波

在 1842 年大罢工中，英国工人阶级表现出不屈不挠的斗争精神。斯托克堡的罢工工人不但斗争坚决，而且坚持罢工了很长时间，直到 9 月份。一位佚名作者的日记如实地反映了工人的斗争风貌。

"在 8 月 22 日，星期一早晨，19 所工厂还在开工，到 6 时 30 分，一些发动机停下来；到中午，全部工厂停工。工人们蔑视那些雇主们。

"8 月 27 日，这个城镇的工厂在星期四……没有因为要迅速做出决定而发生任何争论的迹象。

"8 月 31 日，整个来说还看不出一点工人要复工的意向。一切保持平静。

"9 月 3 日，没有一所工厂复工。

"9 月 10 日星期六，罢工工人召开会议，他们将继续罢工，直到雇主下令补发工资，并使物价恢复到 1840 年的标准。考虑到在罢工会议上流露出的感情，这似乎还不是终结。

"9 月 17 日，罢工工人的大会每天在召开，会上通过的决议说，在工资恢复到 1840 年 1 月的水准以前决不复工。"[①]

在 9 月的第二周，阿希顿的工人们继续罢工，他们印发了一份给工厂主和店主的公开信，强调罢工的正义性。

"我们为什么要停工？我们为什么要坚持并将继续罢工？

"首先，我们停工是由于我们处于过度劳累和饥饿状态中。

"其次，我们之所以不上工是因为当时我们正当的要求并没有得到同意。最后，我们现在敢于继续罢工，除非我们的要求得到同意，

[①] 米克·詹金斯：《1842 年的总罢工》，第 208 页。

我们不再像以前那样挨饿和长久地被奴虐。

"我们希望并盼望当我们再次复工时,能得到作为对我们劳动报酬、对必需的生存需要的保证。并得到一点所有都是由我们工人制造出来的给人以愉快之物。我们希望和平地享受我们劳动创造的成果,能够过一种有点娱乐,并能得到人道待遇的生活。"[①]

直到罢工的第 7 周,阿希顿和斯塔布里奇的工人们才根据执行委员会的命令复工。

曼彻斯特织工的罢工坚持到 9 月底,持续 7 周之久。在 8 月 22 日,厂主们试图使工厂开工,但只有极少数的工人去上班,所以工厂主只得把工厂关闭了。第二天,曼彻斯特工人们召开了一次会议,决定把罢工再延长一个星期,"甚至哪怕他们靠一日三餐每餐 3 个马铃薯为生",也要继续罢工。他们向雇主提出,操作两架织机的织工们每人每周应有 10 先令工资,他们号召工人们继续为此目标斗争。[②]

直到 1842 年 9 月 17 日,《曼彻斯特卫报》还报道了在许多工厂,工人们仍在和企图开工的雇主做斗争。

罢工工人的斗争并非一无所获,在罗其代尔、伯里、阿希顿、奥德姆和博尔顿,一些工厂主慑于工人阶级的力量,不得不将工资稍稍增加。

托利党格拉姆政府的镇压措施

辉格党和托利党的代表人物都把宪章派和工人们视为财产和社

[①] 《不列颠政治家》,1842 年 9 月 10 日。
[②] 米克·詹金斯:《1842 年的总罢工》,第 211 页。

会秩序的敌人。威灵顿公爵在1842年8月给格拉姆的信中诬蔑宪章派说:"掠夺是他们的目的,掠夺也是他们的手段。"[1] 这反映了资产阶级仇视工人阶级的立场。然而这还不是统治阶级的政策本身。英国的两党制使得辉格党和托利党对于宪章运动和大罢工采取了有差别的政策。

在1839年宪章运动第一次高潮中,拉塞尔内阁采取的自由主义政策,前已论及。当宪章运动在1842年达到新高潮时,英国正处在托利党执政时期,皮尔是内阁首相,格拉姆担任了内务部长。一般说来,托利党不像辉格党那样狡猾,也没有1839年辉格党的拉塞尔那种以欺骗性政策控制局势的乐观态度。托利党官员们往往把英国的革命威胁估计得过于严重,因此,他们往往习惯对工人阶级采取直接镇压的政策。1842年议会通过了一项法令,它不仅设置了一批支付工资的下级临时警察,而且在职业警察队伍中训练了一批临时警察的指挥官,监督临时警察进行工作,并很快在很多郡实行了这项法令。它通过强化警察制度在宪章运动高潮中来巩固资产阶级社会的秩序。[2] 格拉姆还急切地提出要在冬季到来之前建立一支英格兰特别炮兵部队。

在夏季的大罢工发生以后,在英格兰北部工业区的许多地方,统治阶级的法律失去了效力,统治阶级政府急不可待地准备采取镇压措施。格拉姆在8月21日写给布鲁姆的信中说:"我的时间已经为工人阶级疯狂的起义导致的可恨事端所占满了。"他认为:"只有武力才能压服这种叛乱的精神。"资产阶级政府利用新建立起来的铁路网把大批军队调进曼彻斯特、西雷丁区、斯塔福德郡的陶瓷生产区,授命

---

[1] 威灵顿公爵致格拉姆,1842年8月22日。格拉姆文件,52B。
[2] 马瑟:《宪章运动时代的公共秩序》,第76—78页。

他们用强制的手段对付愤怒的罢工工人。当时各郡郡长发出了一份授命治安法官禁止暴徒强行进入矿山、工厂,在镇外阻止工人们进入城镇的传单。内务部竭力禁止宪章派举行人数众多的集会。政府的首脑和女王频繁地磋商,不仅要逮捕个别的罢工运动的积极分子,而且酝酿着一个阴谋,即企图一举把罢工运动彻底扑灭。威灵顿公爵设计出一个计划,他让那些可以信赖的治安法官用金钱收买关于罢工和暴动领袖的情报,并张贴布告,以诱使罢工参加者向法官提供消息。格拉姆深深了解威灵顿公爵提出的这种措施将是有效的,他给曼彻斯特的沃尔爵士的信中提议实施。8月13日颁发了一项王室宣言,对于罢工期间的告发者予以50英镑奖赏。①

格拉姆深感曼彻斯特工会代表大会的代表是领导这场罢工的骚乱中心和心腹之患,他决心逮捕参加曼彻斯特工会代表大会的代表。8月15日格拉姆在给当时北部英军指挥官陆军少将沃尔的信中下达了逮捕工会代表的命令。8月17日,格拉姆再次给沃尔写信,强调逮捕工会代表不仅有利于平息以曼彻斯特为中心地区的骚动,而且对该地区以外都有很大的意义。于是资产阶级政府开始行动。到19日已逮捕了5名工会大会代表。随后,有更多的工人领袖被捕入狱。

在奥德姆,8月24日,治安法官当众宣读了《暴动法》,要求所有的罢工的公民明了利害,立即解散,否则的话,就要按照《暴动法》的条款加以惩治,将对罪犯判处15年以上或终身流放,或者监禁并服3年苦役。他下令临时警察立即把聚集在街道上的人赶走,并逮捕所有的暴徒和不守秩序的人。②

---

① 米克·詹金斯:《1842年的总罢工》,第201页。
② 米克·詹金斯:《1842年的总罢工》,第200页。

到8月下旬，当局在各地大肆地逮捕和迫害罢工的工人领袖，使得罢工沉寂下来。《北极星报》从8月初开始就不断报道斯塔福德郡煤田大批矿工被逮捕的消息。8月27日的《博尔顿自由快报》发表的来自约克郡的消息说："成批的宪章派骚动者在军队和警察的护送下，不断地被押到这里"，"他们被上了手铐，有铁链系着，蹒跚地走过街头"。① 工人群众不得不陆续回到工厂里去上班。但是工人阶级的斗争并没有停止，在8月下旬，甚至9月底，某些地方还在继续罢工。

虽然托利党政府终于把1842年震撼英国的大罢工镇压下去了，但统治阶级始终处于惶恐不安之中，他们并不是胜利者，他们感到工人阶级的巨大力量的威胁。

1842年秋季对罢工被捕者的审讯

8月中旬全国宪章协会执委会告群众书发表之后，政府便开始逮捕宪章运动的主要领导人。奥康诺、李奇、坎贝尔等一大批宪章派领袖被逮捕，或交保听候传讯，或径直提交审讯。当局对起草全国宪章协会执委会告群众书的麦克道尔，印出其画像，悬赏50英镑，在各地公共场所张榜招贴，企图缉捕他。麦克道尔在里兹、曼彻斯特、布赖顿等地几度险遭逮捕，最后逃往法国，过了两年流亡生活。库珀由于在群众中进行宣传活动，也一度被逮捕。怀特、埃斯利等宪章派活动家也遭逮捕。②

---

① 米克·詹金斯：《1842年的总罢工》，第202页。
② 甘米季：《宪章运动史》，第247—250页。

参加 1842 年夏季大罢工的许多工人积极分子也遭到逮捕，仅仅在西北地区，就有 1500 名以上罢工工人被捕并送交审判。[①]

从 1842 年 9 月到 10 月，政府的法官和其他官员、军队的头目们开始在北部各郡频繁地来回奔走，为即将在卡莱尔、约克、切斯特、兰开斯特、利物浦和斯塔福德举行的特别法庭审判搜集罗织对被捕工人领袖起诉的材料。他们费尽心机，企图把这次对工人的迫害说成是"合法"的行动。首席检察官波洛克在 10 月 19 日给内务部长格拉姆的信中说："这次审判对于工会和称作'宪章协会'的组织将是极大的威胁，当然这绝非提交给个别法官审理处置的小案件"，"这是和整个王国利益密切相关的事情"，"公众必须充分了解这种危险性和它的危害程度"，"我将证明这些密谋是有罪的"。[②] 波洛克和首相、大法官一同制订了一个审判计划，他们决心对奥康诺以及参加 8 月 16 日和 17 日工会会议的代表、全国宪章协会执委会成员严加迫害。

资产阶级的法律机器早已开始运转了。1842 年 8 月底索尔福德的终审法庭和有 31 名治安法官与 23 人组成的大陪审团投入审判工作。有 199 名被捕者被定为重罪犯人。此外，还有 159 人被定为轻罪犯人。10 月 5 日，柴郡审讯委员会开始活动，有 66 名罢工工人被提交审讯，他们中大多数是年轻人，他们很多人参加了攻打斯托克堡济贫院的斗争。他们中有 4 人判处终身流放，1 人被判 15 年徒刑，5 人被判 10 年流放，3 人被判 7 年流放，还有一批被判两年或两年以下的监禁。在利物浦，有 11 名工人被流放，此外，115 人被监禁，阿宾杰勋爵主持了审讯。[③] 阿宾杰在向大陪审团控告被捕工人时，十分

[①] 米克·詹金斯：《1842 年的总罢工》，第 219 页。
[②] 米克·詹金斯：《1842 年的总罢工》，第 221 页。
[③] 米克·詹金斯：《1842 年的总罢工》，第 223—224 页。

粗暴地攻击民主制度，他蛮横地向被捕者宣称，下院决不允许没有财产资格的人占有席位，他甚至无耻地公开宣称，社会上大多数人注定永远是少数人的奴隶。阿宾杰埋怨对工人的制裁不够严厉，对此表示遗憾。这种无耻的言论激起了全国人民的极大公愤。①

在对工会运动和宪章运动活动家的所有审讯中，最引人注目、也最有代表性的，是1843年3月在兰开斯特巡回法庭上对菲格斯·奥康诺和其他58人的审讯。

被提交兰开斯特巡回法庭审判的58人中有宪章运动最重要的领袖和活动家奥康诺、哈尼、希尔、库珀、麦克道尔、理查德·皮林、詹姆斯·李奇、威廉·比斯特、多伊尔等。②被捕的宪章运动的主要领袖是在兰开斯特被审讯的。政府当局做了精心的布置。内务部长格拉姆爵士曾希望把这批宪章派领袖统统定为叛国罪，但是法官们认为这种指控并没有足够的证据。

首席检察官波洛克在给格拉姆的信中报告了他所设计的卑劣的陷害阴谋，他设想指控奥康诺为这些人的总密谋者，"而不是对他仅仅就罪论罪，或是作为一个代表，参加了代表会议的罪行提出指控——我设想把他和那些被称为暴徒、做煽动性讲演和停止工厂生产的最坏的被告以同样的罪名起诉"。为了达到这一目的，波洛克建议将这一案件转给威斯敏斯特女王统辖下的高等法院审理。这一建议最初得到政府的赏识，但考虑到转交审理会导致案件搁置拖延，以致最终破坏当时形势所必需的严厉的气氛，未付诸实施。③

---

① 甘米季：《宪章运动史》，第261页。
② 甘米季：《宪章运动史》，第458—459、251—259页。
③ 里德、格拉斯哥：《菲格斯·奥康诺：爱尔兰人和宪章派》，第105—106页。

兰开斯特巡回法庭对58人的审判从1843年3月1日起进行。①在巡回法庭上对奥康诺等58人提出了一份"庞大的起诉书",罗织了九条"罪状",指控他们曾"非法接济、教唆、协助、鼓励、支援并怂恿某些心怀叵测的人,使他们继续并坚持举行非法的集会,施展威胁、恫吓和暴力的手段,妨碍并阻止某些行业、工厂和商店所经营的事业,蓄意借此在国内和平臣民的心理上造成恐惧和惊慌,并利用这些恐惧和惊慌,以使对我国依法制定的宪法强暴地、非法地引起并造成某些重大改革"。指控他们"非法地竭力诱惑并怂恿上述忠义臣民,使他们互相勾结,合伙同谋,商定各自舍弃原有工作,使全国大部分地区产生停工现象,蓄意借此对我国的法律和宪法促成并实行改革"。"罪状"条款虽多,各款内容却不过是改头换面,并没有什么新鲜货色。政府方面在审讯中收买了两个宪章运动的变节者卡特里奇和格里芬,这两个人向法庭提供了曼彻斯特代表会议的情况和代表们在会上的活动。在审讯中,奥康诺和其他几位宪章派活动家在自我辩护中都对格里芬、卡特里奇卖身投靠的行为进行了毫不留情地质问,这两个变节者回答时矛盾百出,暴露出了他们的丑恶灵魂。②

在哈尼的答辩词中,反映出宪章派领导人对于夏季大罢工态度上存在严重的意见分歧。哈尼表明自己从一开始便反对这次罢工,他还为防止罢工做了一系列的努力。但哈尼坚定地表示,他决不会为了逃避可能加在他身上的苦刑而改变自己的立场,而站到告发者的立场

---

① 奥康诺(主编):《对菲格斯·奥康诺和其他五十八名宪章派以谋叛罪进行的审讯》,1843年。
② 甘米季:《宪章运动史》,第252—255页。

上去，靠叛卖得到的酬劳宴饮作乐。① 在哈尼的思想上有一种和某些宪章派一致的固执的看法，他认为，尽管某些行业工会的绝大多数都是宪章派，但不管怎样，领导他们的却是反谷物法同盟派而不是宪章派。哈尼曾向工人们明确表示过："我将和你们有难同当，但我绝不领导你们和军队战斗。"这表明了宪章派领导人中存在着严重的策略的意见分歧。② 我们下面将研究宪章派领袖这种政策的得失，但我们绝无理由指责哈尼是个懦夫和变节者。

许多被捕的宪章派在审讯中都与当局展开了斗争，说明工人阶级的罢工斗争是正义的，如詹姆斯·李奇在自我辩护中清晰而又精辟地陈述了工人阶级的社会地位，他说明，在短短的 5 年时间里，工人阶级的地位每况愈下，帕克斯在答辩中努力表明，现存的社会制度与上帝的意旨是相抵触的。在兰开郡的工人中享有盛誉的宪章派活动家比斯利在答辩中声明说："你们的裁决会把我们暂时打入牢狱，但是这段时间不久就会消逝，一旦牢门重新开放，准许我在天地间自由的空气中重新出现的时候，我还将和过去一样。纵有千万件控诉案也无法改变我的宗旨；因为只要我一息尚存，我就决心吹响宪章运动的号角"，"即使有千万条罪状加在我身上，我仍然是一个宪章运动者"。③

宪章派斗士面对严厉的审讯，毫不妥协软弱，表现出无比英勇的气概。阿希顿年轻的裁缝沃尔林顿说："如果说赞成宪章也算犯罪，那么我甘愿因此受罪。"皮林说："雇主们勾结起来要杀死我，但我和

---

① 甘米季：《宪章运动史》，第 256—257 页。
② 奥康诺（主编）：《对菲格斯·奥康诺和其他五十八名宪章派以谋叛罪进行的审讯》，第 236—237 页。
③ 甘米季：《宪章运动史》，第 258 页。

同志们联合起来使我活下去。"①

尤其值得提出的是皮林,他把当局对宪章派的审讯变成了对资本主义剥削压迫下工人悲惨状况的一次控诉。他描绘了1841年到1842年间工人阶级普遍的痛苦悲惨的景况,他在法庭上的讲话为人们所熟知。他说:"诸位先生,我差不多43岁了,昨晚有人问我是不是60岁。假如我过去和别人一样养尊处优,我应该看来只有36岁,不至于像一个60岁的人。在1801年,当我只有10岁光景,我就当了手机织工。我生平开始工作的第一个星期,靠手织机赚了16先令。我从事那个职业直到1840年,那时我是一个家庭的父亲,有妻子和三个孩子,在1840年,我只能赚到……6先令6便士,可是我只得干下去,不然就要讨饭。"

"我维持自己和家小的生活颇感困难。我的次子已16岁,去年复活节时因患痨病而不再工作,我们当时薪金又减掉9.75便士,我们每周收入只剩16先令左右,这就是我赖以生活的全部收入。家中有9口人,房租每周需付3先令,面前还躺着一个有气无力的生病的儿子,我曾回家去看看那个儿子(皮林说到这里已激动得流出眼泪),我看到他倚枕躺在病榻上奄奄待毙,除了马铃薯和盐以外没有别的东西可吃……既没有药,也没有日用生活必需品。""我的儿子在罢工开始之前就死了,阿希顿的群众为他的殡葬费用募集了4镑。""如果再度减薪25%,我就会结束自己的生命。""我要对陪审员们和在场各位说明,假如没有最近的一场斗争,我深信千百万人将会饿死。"

---

① 奥康诺(主编):《对菲格斯·奥康诺和其他五十八名宪章派以谋叛罪进行的审讯》,第277、255页。

"我在手机织工中生活了 20 年，在工厂中干了 10 年，我毫不犹豫地说，除了那 12 个月斯托克堡没有一个雇主肯给我工作以外，我从事工作的时间越长，越努力，我越是一年比一年穷，直到最后，我差不多精疲力竭了。"①

宪章派被捕者在兰开斯特法庭上义正词严的斗争和声泪俱下的控诉，在全国上下产生了很强烈的反响。它向英国各界公众表明，夏季罢工的工人们不是什么暴徒和骚乱者，他们是在为自己的起码的温饱和生存权而斗争。被捕宪章派和工人领袖的控诉，揭露了统治阶级当局蓄意迫害的卑鄙企图，争得了法庭以外正直的人士的支持同情。

同情宪章派的资产阶级激进派议员邓库姆向议会下院递交了一份请愿书，请愿书揭露了许多被捕者受到的非法的待遇，李奇被关押在黑暗、肮脏、潮湿的囚室中 13 天而不准取保释放，这对治安法官来说是非法的行为。当允许他交保释放时，又向他勒索高达 200 镑的保释金。此外，怀特、哈尼、布鲁克、莫利斯、斯基文顿等 20 余人也受尽了虐待。邓库姆揭露说，人身保护法完全遭到当局蹂躏和蔑视。他坚决反对政府的这种做法。他向议会提出动议，要求任命一个特别委员会，以调查上述宪章派和工人活动家受到的委屈。但议会以 139 票对 32 票否决了邓库姆的动议。

当局的卑劣阴谋激起了更多公众的不满，到兰开斯特审判前夕，全国上下共向议会下院递交了将近 1000 份请愿书。请愿书尤其揭露阿宾杰勋爵无视法律、滥用职权的胡作非为。尽管许多保守派议员仍认为阿宾杰勋爵忠于职守，但是议会内外改革派和民主派的有力斗争

---

① 戴维·文森特:《激进主义的遗嘱：1790 年至 1885 年工人阶级政治家的回忆》，欧罗巴公司 1977 年版，第 201—203 页。

毕竟造成了一个结果，这就是统治阶级内部的分裂，使得在野的辉格党公开表示反对托利党的政策。辉格党的议员拉塞尔把自己装扮成自由的拥护者，指责阿宾杰勋爵的做法，他坚持自由主义政策，认为一个法官应当"以最宽容的态度用法律为国家服务，特别在政治骚动时期，尤其应当如此"。①

议会内外同情者的努力，和法庭内外工人阶级和被捕的宪章派领袖的斗争，使得审判长无法做出放肆的判决。法庭最终做出一项决定，对被捕工人的起诉不能成立，被捕工人没有一个人被判刑。②

全国选举协会12月大会　宪章派同资产阶级激进派决裂

在1839年宪章运动第一次高潮时，宪章派中的右翼是在高潮失败以后才开始转而和资产阶级改革派联合的。但是在1842年的高潮中，宪章运动领导集团中的右翼分子却远远离开了夏季的罢工。还在大罢工以前，我们就可以看到一股若明若暗的鼓吹和撮合工人阶级与资产阶级改革派联合的逆流了。

1842年春天普雷斯又在积极地活动。1842年1月，在激进派俱乐部的会议上，普雷斯和布莱克、汤普森等资产阶级激进派商讨建立一个以阶级合作为基础的、以议会下院改革为目标的组织。③ 1842年4月宪章派《全国请愿书》被否决以后，普雷斯及其同事认为以资产阶级激进主义改革纲领统一工人阶级和中等阶级的时机已成熟，于是

---

① 奥康诺（主编）：《对菲格斯·奥康诺和其他五十八名宪章派以谋叛罪进行的审讯》，第328—329页。
② 米克·詹金斯：《1842年的总罢工》，第233页。
③ 普雷斯手稿，第27810号第1件。

在 1842 年 5 月 20 日，他创立了"首都议会改革协会"。这个协会以泰勒为主席，布莱克为书记，得到了资产阶级激进派议员的支持。它成立了一个 47 人组成的委员会。① 但这个协会的实际工作都由一个很小的事务委员会承担，普雷斯、赫瑟林顿、韦斯特顿是后一个小委员会的成员。首都议会改革协会的宗旨有六条，其内容大都与《人民宪章》相似，但它提出"议会召开的期限应当缩短，不应当超过 3 年"，放弃了《人民宪章》每年召开一次议会的要求。然而，这一协会的实质在于使工人阶级与资产阶级改革派联合起来。

第二次请愿失败以后，宪章派的个别领导人也发生了动摇。奥康诺在夏季开始时提出，需要努力争取中等阶级的支持，奥康诺把中等阶级对《人民宪章》的支持看得比什么都重要，他说："现在还有什么力量能吓倒我们？""现在还有什么力量能战胜我们？"他认为现在宪章派的力量由于得到中等阶级支持而非常强大。② 它表明，在英格兰北部工业区的工人正挺身而出与资本主义剥削压迫做斗争时，一些有影响的宪章派领袖却在向中等阶级暗送秋波。

奥布莱恩这位在宪章运动前夜和宪章运动初期很有影响的理论家，在 1842 年前后也发生了动摇。在 1841 年 12 月到 1842 年 7 月间，奥布莱恩提出了一个问题，即："不通过革命能否实现改革？"③ 他对坚持工人阶级政治独立性、革命性的原则性问题发生了动摇。从 1842 年 7 月起，奥布莱恩担任了《不列颠政治家》的编辑，他这时不再对中等阶级进行尖锐的抨击。奥布莱恩认为，现在宪章运动中主要危险是左倾。他对宪章派说："现在的危险不是你们不动，而是你

---

① 普雷斯手稿，第 27810 号第 28 件。
② 《北极星报》，1842 年 7 月 24 日。
③ 布里格斯（主编）：《宪章运动研究》，第 269 页。

们动得太快",他强调,对整个中等阶级进行咒骂,把他们中愿意给工人阶级一些权利的人和不愿给工人阶级权利的恶棍混为一谈不是理智和清醒的态度。总之,奥布莱恩持这样一个出发点,即现时的中等阶级和30年代中期的中等阶级有所差别,那时中等阶级与工人阶级为敌,而现在,中等阶级的政治态度发生了分化。① 奥布莱恩表示希望和一部分中等阶级合作。奥布莱恩在文章中竭力反对宪章运动的"左"倾,这完全是对于形势的一种错误估计。应该说,当时威胁和危及宪章运动的,主要是某些领导人提倡阶级合作和妥协的右倾危险。由于总结了经验,在第一次高潮中左翼宪章派暴露的"左"倾盲动情绪在第二次高潮中已有所克服。

夏季大罢工前后,以斯特季为代表的资产阶级激进派也在积极地为在资产阶级和工人阶级实行某种合作而活动着。全国选举协会最初拟定在秋季召开一次工人阶级和中等阶级的协商会议,后改在12月下旬举行。1842年12月27日,全国选举协会在伯明翰开会。到会的代表有374名。② 各地的宪章派派出了自己的代表参加了这次会议。洛维特、柯林斯、奥布莱恩、奥康诺、库珀等都参加了这次大会。斯特季则被选为大会的主席。在会议上,全国选举协会的成员托马斯·贝格斯代表其协会提出了一项动议,把全国选举协会委员会起草的一份由96项条款组成的、被称为"人民的权利法案"的文件作为讨论的基础,并以此为核心起草一份递交议会的请愿书。这份"人民的权利法案"在内容上虽然包括了《人民宪章》的六项内容,但中等阶级的代表绝口不提"人民宪章"。他们表面上表示准备赞成普选

---

① 《不列颠政治家》,1842年7月9日。
② 洛维特:《威廉·洛维特战斗的一生》,第235页。

权,而实质上都企图取代工人宪章派对于争取普选权的民主运动的领导权,希望把宪章运动纳入中等阶级改革派运动的轨道。直到"人民的权利法案"的文本放在会议桌上时,参加会议的宪章派代表仍对此一无所知,他们都以为讨论的一定是《人民宪章》。当全国选举协会的发言人读完这项议案后,会场上宪章派代表立即窃窃私语,不满情绪油然而生。

洛维特首先起来发言,他希望全国选举协会委员会的发言人删掉议案中关于"以全国选举协会所提出的法案作为讨论基础"一节,以保持双方的联合,如果普选权协会不这样做的话,那么他就要出于自己的职责提出把《人民宪章》作为讨论的基础。

洛维特批评斯特季派,"你们无法取信于我们","当我和我的朋友几个月以前在这个城市会见你们时,我们热诚地相信,在未告知我们之前不会采取任何违背我们观点的措施,而现在却完全不是光明正大地提出了这个建议。如果你们撤销你们的提议,我会坚持我的修正案"。[1] 在场的宪章派代表听了洛维特的发言欢声雷动。这时奥康诺立即讲话,表示支持洛维特的立场,并表示要与洛维特实行和解。他坦率地表示对洛维特的好感。他说:"我曾误解了洛维特先生的诚意和纯洁,因此我应毫不犹豫地向洛维特先生表示深切的歉意。我的事业就是洛维特先生的责任。我十分高兴地看到洛维特先生能利用这个机会来捍卫原则,而且走在我的前面。"他最后表示要加强宪章派的团结,他"自己宁可在坚持原则的斗争中做一名普通战士,也不愿意在钩心斗角的争夺中充当一军的领袖"。[2]

---

[1] 托马斯·库珀:《托马斯·库珀的一生》,第222—224页。
[2] 比尔:《英国社会主义史》,下卷,第113页。

这时，到会的全国选举协会的中等阶级代表感到无比的失望。参加会议的中等阶级代表之一劳伦斯·海伊表示："我们将拥护你的原则，但是我们绝不会接受你们的领导。"

当会场的气氛重归平静后，全国选举协会的代表斯宾塞改用和善、耐心和尊重的态度来劝说宪章派代表们，然而这无济于事。宪章派的代表韦德发言说："所谓'权利法案'将吞噬掉我们希望的东西，这个玩意儿将带来黑暗，把我们带到乌黑的煤洞中去。"他最后说，"我是一个宪章派"，"我不在乎谁理解这一点"。大会的分裂已显而易见了。

这时，詹姆斯·威尔斯在库珀的支持下，提出调和意见，把双方的条件都作为请愿书的基础，但只有极少数的几个代表支持这种主张。① 宪章派为了争取实现《人民宪章》已经做出了巨大的牺牲，有那么多的宪章派因此而被捕受审、监禁和放逐，甚至牺牲生命，他们决不愿意放弃《人民宪章》的旗帜。

最后，对斯特季派的原提案和宪章派的修正案进行表决。洛维特的修正案得到193票，斯特季派只得到94票。② 宪章派战胜了斯特季派企图领导工人阶级的阴谋。斯特季此时站起来宣布说，他和他的同事将退出这个大会，单独进行活动。③ 至此，宪章派与资产阶级激进派在组织上最终实行了决裂。恩格斯对于工人阶级和斯特季派决裂这一事件予以高度评价。他说："工人们嘲笑了他，仍然沉着地继续走自己的路。从这时起，宪章主义就成为没有任何资产阶级分子参加的纯粹的工人运动了。"从此以后，"激进的资产阶级已完全处于自由

---

① 托马斯·库珀：《托马斯·库珀的一生》，第225—226页。
② 《北极星报》，1842年12月31日。
③ 托马斯·库珀：《托马斯·库珀的一生》，第227页。

资产阶级的影响之下。他们现在所扮演的是一个极其可怜的角色"。"但是宪章派的工人却加倍积极地参加了无产阶级反对资产阶级的一切战斗。"①

---

① 恩格斯:《英国工人阶级状况》,人民出版社1956年版,第285—286页。

第四编　宪章运动的第三次高潮

第七章 宪章派土地计划和国际主义活动

19世纪40年代经济发展的趋势和宪章运动的衰落

宪章运动作为一次自发的工人运动在其发展过程中很明显地受到资本主义经济变动和工人生活水平起伏因素的影响。自30年代末到40年代,英国逐渐度过了工业革命带来的阵痛而进入自由资本主义蓬勃发展的时期。在1837至1842年严重经济萧条过去以后,英国的对外贸易有了较快的发展。1842年英国外贸总额为47381023镑,1843年为52279709镑,1844年增加到58584292镑。英国铁路的建设加快了,铁路投资1843年为3861350镑,1844年则增加到17870361镑,相当于1843年投资的4倍还多。这同时也提供了更多的就业机会。[①] 由于经济的复苏和自然灾害的减少,劳动者基本粮食小麦的价格比30年代末有大幅度下降趋势。每夸脱小麦价格1839年为70先令8便士,1840年为66先令4便士,1841年为64先令4便士,而到1843年和1845年分别降低到50先令1便士和50先令10便士。[②] 加之工人阶级和宪章派持续地为改善工人的经济状况而斗争,使英国资产阶级不能不提高工人的工资。工人收入的增加也影响到

---

① 马科伯:《英国激进主义,1832—1852年》,第15章。
② 柯尔:《普通人民》,第312—313页。

40年代宪章运动的群众性。

此外，在1842年夏季宪章运动高潮失败的打击下，有组织的宪章派人数急剧减少，在1843年3月的巡回审判以后，仅剩下3000至4000人。[①] 宪章运动的一批老领袖日渐落伍，而另一批左翼宪章派如哈尼等人则陷入痛苦的沉思之中，据多萝西·汤普森统计，1842年宪章派地方组织总数为325个，而到1844年仅有129个，即为1842年的42%。从1842年9月下旬起到1843年5月，宪章派没有召开过任何野外集会。[②] 1843年夏季当哈尼在苏格兰各地旅行时，他发现埃尔郡和邓弗里斯有组织的宪章运动已经看不到了，一度是宪章运动重要根据地的格拉斯哥、敦堤和爱丁堡，群众斗争也缺乏生气。[③] 奥康诺在1844年底时说："1843年是宪章运动熟睡的年头，而1844年是宪章运动苏醒和思考的年头。"[④]

1842年12月底召开的全国选举协会大会在斯特季派退出后，余下的宪章派继续开会，会议转变成一次全国性的宪章派代表的会议。库珀在会上提出一项重新组织全国宪章协会的计划：每年召开全国宪章协会的代表大会，由年度代表大会组织执委会并任命主席、副主席、司库、秘书，其任期为1年。他还认为，在两届大会之间执委会应举行季度会议，处理全国宪章协会的日常事务；协会成员一旦加入有违《人民宪章》宗旨的组织，他所在地的会员可以将他罢免。库珀提出的组织计划对于统一和加强宪章运动有很大意义，得到奥康诺等

---

① 多萝西·汤普森：《宪章派》，伦敦1984年版，第341—368页。
② 韦尔摩斯：《19世纪的一些工人运动》，第156页。
③ 斯科恩：《宪章派的挑战》，第122页。
④ 《北极星报》，1844年12月28日。

代表的支持。① 在会上帕里提出建议，希望一切支持《人民宪章》的人加强团结。但是，到会的宪章派代表存在着宗派裂隙，洛维特及其支持者不相信奥康诺有团结的诚意，他们退出了大会。大会开始时有300 至 400 名代表，而到最后表决时只剩下不到 40 名代表。

奥康诺的土地计划

1843 年 1 月 14 日《北极星报》发表了题为《土地是唯一的救助饥饿工人的手段》的编辑部文章。文章说："在工业城镇响彻着这种灾难之声，主要因为在工业生产过程中成年男工已几乎完全被廉价的成年女工及年幼的童工或是毫无生命的机器所代替。""成年男工现在正在被赶出工业劳动力市场。"文章探讨了帮助这些失业工人的途径，"我们希望男人们去占有土地，这是使其独立的办法，他们在那里将成为自己的主人。""除了把他们安置在土地上，我们还能在哪儿为这些被机器所驱逐的工人们找到工作呢？"②

从 1843 年初开始，《北极星报》努力把宪章派的注意力引到土地问题上来。2 月 21 日发表的一篇长文章中提醒工人："毛织业将被改造，如果工人们毫无准备将被彻底压垮。他们应当做好回到土地上去的准备，因为剩余劳动者不可能在工业部门找到希望，使他们免除贫困的办法是使他们作为小自耕农安置下来，一旦剩余劳动力被清除出去，仍留在工业部门中的工人就可以争取公平的工资和较好的劳动条件。"③

从 1843 年 4 月 15 日至 5 月 27 日奥康诺在《北极星报》上刊载

---

① 甘米季：《宪章运动史》，第 265—266 页。
② 《北极星报》，1843 年 1 月 14 日。
③ 《北极星报》，1843 年 2 月 21 日。

《致财富的生产者和所有靠工业和土地生活的人》，提出了他的土地计划。他提出用面积共 20000 英亩的 40 块土地来安置 5000 人，每个家庭可分得 4 英亩，每块土地都应有它的社会中心、图书馆和学校，在土地上耕作的农民可以很快富裕起来，这样，他们就可以为自己的生活和市场生产足够数量的产品。他估计到政府可能不支持这种做法，那么宪章派只有实现普选权才能实施这项土地计划。他认为土地计划和《人民宪章》将是一对孪生兄弟。

1843 年夏季，奥康诺发表了他的著作《小农场的实际管理工作》的一部分。在这部著作中，他设计了独立的土地所有制和耕作制度，他认为生活的基础是合作而不是公共所有。他反对通过共产主义道路而是以合作和小私有制的方式来解放劳动者。① 1843 年夏季，在介绍奥康诺土地计划那一期《英格兰宪章派通报》上，版首刊登了一首诗："在远古时代，那时我们民族还很年轻，他们不为财宝去疯狂作战，每个人平等地享有一份地产，没有帝王般的奢侈生活，也没有憔悴和绝望。那时和平和富裕携手并行，不用害怕凶手的尖刀和敌人的利剑。如果我们勇敢地坚持下去，那些日子将会再来。"② 这首诗正反映了一批希望回到乌托邦式的小农田园制的小生产者的幻梦。他们便是奥康诺倡导的土地计划的响应者。

伯明翰宪章派国民大会

1843 年国民大会于 9 月 5 日在伯明翰召开，到会代表为 30 人。③

---

① 《北极星报》，1843 年 4 月 15 日；《工人》第 1 卷第 149 期。
② 《英格兰宪章派通报》第 2 卷第 115 期，第 249 页。
③ 甘米季：《宪章运动史》，第 270 页。

由于当时宪章运动组织涣散，思想也不统一。会议提出两项任务，一是采取和平的合法的措施来改善工人的社会地位；二是购置土地安置失业者，作为其维生的手段。会议决定通过会员的捐赠设立一笔土地基金，购置土地，划分为4英亩的小农场，以安排失业者。马斯顿在大会上坚决反对购置土地的计划，他认为，这样做无非在事实上承认地主土地所有权，但是他的意见并没有为多数代表所接受。①

伯明翰大会实际上是宪章派实施土地计划的前奏。1842年以后宪章派在思想上极其混乱，他们找不到正确的社会解放的道路，却选择了违背社会发展规律的小资产阶级的社会纲领，即用回到小土地所有制上去的办法来和日益加强的资本主义集中化和雇佣劳动制相抗衡。宪章运动在思想和纲领上的本质性弱点开始暴露出来。

1840年春季以后，《北极星报》的销售量不断下降，经营中出现赤字。此外，《北极星报》同全国宪章协会执委会之间也产生了矛盾。1842年12月，哈尼担任了《北极星报》的助理编辑。1843年7月希尔被辞退，霍布森和哈尼接管了报纸的编务。1842年底以后工业的繁荣使得工业区的工人群众对宪章运动的热情大大减退。②1844年《北极星报》每期大约只发行7000余份，同年11月《北极星报》不得不迁往伦敦。奥康诺指出，《北极星报》除了报道宪章运动，也要报道全国工会和其他运动、土地运动等。根据这一指导思想，《北极星报》易名为《北极星报和全国工会机关报》，希望得到工会的支持。③

---

① 比尔：《英国社会主义史》，下卷，第135页；沃德：《宪章主义》，第173页。
② 斯科恩：《宪章派的挑战》，第133页。
③ 韦斯特：《宪章运动史》，第205页；比尔：《英国社会主义史》，下卷，第143页。

哈尼和恩格斯最初的会见

《北极星报》在尚未迁离里兹时，在1843年11月11日和15日分别转载了刊登在欧文主编的《新道德世界》上的两篇恩格斯的文章，随即哈尼和恩格斯建立了联系。这时恩格斯来到曼彻斯特才一年，很可能是詹姆斯·李奇介绍恩格斯与哈尼相识的。过了很多年，到恩格斯去世后，哈尼回忆起第一次和恩格斯的会见说："1843年恩格斯从布雷德福来到里兹，到《北极星报》来看我。这是一个高大漂亮的年轻人，有着一张差不多是孩子的面孔，尽管他原是德国人，并且是在德国受的教育，但他所讲的一口无可挑剔的英语却使人惊讶不已。他说，他经常读《北极星报》，对宪章运动很感兴趣，这样就开始了我们长达50余年的友谊。"①

合作运动的兴起

在宪章运动过程中影响宪章运动的不仅有经济社会性因素，而且其他类型的工人组织的活动也起到很大的作用。19世纪40年代兴起的合作运动便给宪章运动的发展带来不利的影响。

英国工人运动中合作运动的思潮早已存在。30年代初英国大约有500个合作社，参加者2万余人。1832年议会改革的结果使得英国工人运动的主流转向政治民主运动，欧文主义被工人阶级先进分子抛到一边，合作运动也沉寂下去了。

在宪章运动第一次高潮期间，苏格兰的宪章派曾在不少地方建

---

① 斯科恩：《宪章派的挑战》，第129页。

立自己的合作商店，以抵制反对宪章运动的店主的商品。1841年8月阿伯丁的一位宪章派写了一篇题为《合作商店》的文章发表在《英格兰宪章派通报》上，文章提出"在每一个重要的地区都要建立宪章派商店，出售一般人所需要的工业品，把从中获得的利润用于推进宪章运动"。集聚资金，用于请愿。① 这表明合作主义在宪章运动中仍有一定的影响。这种影响在宪章运动遭到挫折和工人群众对于经济斗争兴趣增大时越发明显。

1842年12月在英格兰北部纺织工业区小城罗其代尔成立了"公正的罗其代尔先锋合作社"。这个合作社的领导人都是欧文派社会主义者，它最初28名参加者大多是纺织工人。但他们的政治观点却较为纷杂，有社会主义者，有宪章派，也有罢工失败的工会会员。罗其代尔先锋合作社的目的是设法使社员获得经济利益，改进其家庭及社会的生活，其方法为按每股一镑筹集资金，凭借筹集的资本设立销售食物、衣服等商品的店铺并建筑房屋，供社员居住；设立工厂生产货物；购买或租进田园供失业的或收入太少的社员耕种；组织生产，向社会供应食品，并按购买量的比例分配所得到的销售利润。②

罗其代尔先锋合作社成立时人数很少，仅有28人，开办资金不过300余镑，但它发展较快，到1855年社员增加到1400多人，资本增至13万镑，销售金额达到56万镑，在罗其代尔先锋合作社成立两年后，在兰开郡和约克郡纺织工业区的许多城镇如托德莫顿、莱夫和米德尔顿等地，工人都仿照罗其代尔建立了合作社。到1851年罗其

---

① 《英格兰宪章派通报》第1卷第35期。
② 托珀姆、霍夫：《英国的合作运动》，朗曼-格林出版社1944年版，第11—12页。

代尔式的合作社已有130个左右,参加合作社的总人数不下于15000人。其中有相当一部分社员曾是宪章运动的参加者。[①] 合作运动的兴起吸引了一批工人群众,起了削弱宪章运动的作用。

宪章派同自由贸易派的斗争

宪章派和反谷物法同盟的关系经过了两个不同的时期。1841年以前,工人阶级民主派和主张自由贸易的资产阶级改革派之间存在着某种程度的相互同情。1841年以后,反谷物法同盟在全国组织起来并加紧活动,1842年12月宪章派在政治上同资产阶级激进派决裂,这两个代表不同阶级利益的政治派别之间的斗争加剧了。1842年3月初,自由贸易派在曼彻斯特破坏了一次宪章派集会。1843年反谷物法同盟在农业区发动了争取佃农支持的运动,12月在埃塞克斯郡成立了"农业保护协会",以后发展成为全国性的"中央农业保护协会",加速了废除谷物法的请愿。这样,代表新兴工业资产阶级利益的反谷物法同盟就成为威胁宪章运动的一支主要力量。从1844年初起,宪章派活动家基德、狄克森和韦斯特在各地领导了与自由贸易派的坚决斗争。

1844年夏季,宪章派与自由贸易派在北安普顿进行了一次公开辩论。由于反谷物法同盟活动加剧了,所以奥康诺表示希望双方进行一次辩论。由北安普顿部分居民邀请,8月5日宪章派领导人奥康诺同自由贸易派领袖科布登、布莱特,以及宪章派惠勒、克拉克、麦格

---

① 多萝西·汤普森:《宪章派》,第301页;季特:《英国合作运动史》,第29—30、42页;克拉潘:《现代英国经济史》,上卷,第731页。

拉斯等参加了辩论大会。科布登首先在大会上发言，他竭力把反谷物法同盟的事业说成是正当的事业。到会的宪章派都希望奥康诺发表一篇雄辩的演说，彻底击溃科布登。但奥康诺在会上所做的45分钟的演说却毫无力量。他对与自由贸易有关的每个问题只是轻描淡写地带过，而始终未能探究问题的实质。他既没有揭露自由贸易派欺骗宣传中所说的自由贸易会提高劳动者工资的谎言，也没有真正揭露自由贸易派打击地主集团最终不过是使工业资本占据国民经济的统治地位，它不会给工人阶级带来任何利益。奥康诺在大会上提出的修正案主张，应当公平合理地调整各利害集团的关系，使自由贸易政策对各方面都无可偏袒。这是一个极其软弱的、旗帜不鲜明的修正案。在他之后麦格拉斯的讲话也没有取得好的效果。在大会表决时，自由贸易派的决议案获得通过。①

宪章派在北安普顿大会辩论中的失败似乎令人费解。因为宪章派在北安普顿并不缺乏群众的支持，参加辩论的宪章派领导人都是有准备的。为什么奥康诺在与自由贸易派的辩论中表现得软弱无力呢？其根源在于奥康诺从来不是私有制的反对者，他在所有制问题上观点没有超出小资产阶级民主主义的范畴，他曾公开表示反对公有制，主张用小土地所有制来取代地主贵族对土地的独占。他在批判工业资本主义时，主张回到前工业化时代自给自足的小农经济去，在社会观上是倒退的。因此，他不可能找到一种有力的批判的武器来击溃自由贸易主义。

---

① 甘米季：《宪章运动史》，第275—277页；罗特斯坦：《宪章主义到劳工主义》，伦敦1929年版，第80页。

宪章派和工会运动

面对工业资产阶级改革派的积极活动，在《北极星报》和全国宪章协会执委会迁到伦敦后，宪章派开始加强与工会运动的联系，奥康诺在1844年11月16日向宪章派呼吁说："我请你们密切地注视目前在全国各地开展的工会运动。我甚至恳请你们如同一直和矿工工会共同行动那样，现在和所有的工会一同行动。""所有的工人和工会运动都要团结。"[①]

英国各行业的工会组织在1845年初召开了一次全国工会协会代表大会。这次大会的目的是为了讨论工人的经济要求和就业问题。一个委员会在给大会的报告中指出，零星的罢工对于改善工人的就业状况无所裨益，应当想出其他办法使剩余劳动力被引出市场或者为各行业吸收。它向大会提出建议：成立联合工会工业保护协会，创立一笔基金以支付必要的开支；协会应当通过它的中央委员会用议会请愿、集会、散发出版物等和平方法来实现缩短劳动时间，并通过工会的努力改善各业工人的劳动条件；建立雇主和工人组成的各业地方委员会来解决关于工资、劳动时间的劳资纠纷，以达到改善工人状况的目的。[②] 显而易见，全国工会协会代表大会采取的基本上是早期工会运动的经济斗争的路线，其中包含了一些雇工与雇主合作的内容。

宪章派对工会运动的见解是有看法的，但宪章派对工会运动仍然采取了宽容态度，他们希望这种对工人状况的讨论会转到对政治问题的讨论。希望工会运动最终会发现宪章运动是他们争取自身权利的

---

① 《北极星报》，1844年11月16日。
② 《北极星报》，1845年2月1日。

希望所在。一部分宪章派领导人出于联合的态度参加了工会运动。梳棉工出身的宪章派地方领袖乔治·怀特在 40 年代中期积极地在梳棉工人中恢复工会组织，并代表梳棉工人参加了 1840 年农业和工业工人联合工会委员会。1845 年怀特受梳毛工人大会委托，领导一批布雷德福宪章派调查梳棉工人的状况，通过挨家挨户的调查，写出一份长达 18 页的报告，揭露了资本家残酷剥削压榨梳棉工人的情况。①

纵然有一部分宪章派参加了工会运动，但总的说来宪章派与工会的联合成效不十分明显，没有能给处于困境中的宪章运动带来明显的转机。处于低潮时期的宪章运动非常缺乏工人群众的支持。与此同时，宪章派领袖之间的分歧和矛盾也加剧了，它进一步削弱了宪章运动的力量。

恩格斯和《英国工人阶级状况》

1842 年 11 月底恩格斯离开家乡巴门来到曼彻斯特这个宪章运动的中心。自 1837 年起，恩格斯的父亲是这里的"欧门-恩格斯"棉纺厂的股东，他在马凯特大街有事务所。在曼彻斯特的生活对于恩格斯从一个革命民主主义者转变成共产主义者具有很重要的影响。

恩格斯在曼彻斯特发现，工人在法律上和实际生活中简直就是雇主的奴隶，男女工人每天在潮湿的工厂中从事 16 个小时甚至更长时间的艰苦劳动，连续疲惫的劳动使工伤事故造成的伤亡人数很多，许多工人失去胳膊、腿或脚，工伤残废者在治疗期间很少能领到工资，以后他们的生计便没有着落。恩格斯发现，无产阶级这种新型奴

---

① 多萝西·汤普森：《宪章派》，第 229 页。

隶同古代奴隶的差别就在于工人似乎有人身自由，但这仅仅是问题的一个次要方面，资本家处于古代奴隶主所没有的、非常有利的地位，他们无须顾及工人的命运，可以随意把工人辞退，工人如果不接受资本家的剥削，他就会失去工作，连一天也无法活下去。所以资本主义剥削和压迫丝毫不亚于古代奴隶制。

面对这种不合理的社会现象，恩格斯思索着，工人怎样才能彻底改变他们的状况呢？工人采取什么方法才能从资本主义剥削和压迫下解放出来呢？恩格斯得出结论："只有通过暴力消灭现有的反常关系，从根本上推翻门阀贵族和工业贵族，才能改善无产者的物质状况。"[1]

恩格斯把希望寄托在无产阶级身上，他开始深入到工人群众中去，了解他们的物质状况、他们的思想、他们的追求和他们的斗争活动。他后来写道："我抛弃了社交活动和宴会，抛弃了资产阶级的葡萄酒和香槟酒，把自己的空闲时间几乎都用来和普通工人交往。"[2] 恩格斯经常参加工人集会，他看到很多工人在阅读启蒙思想家、唯物主义者和空想共产主义者的著作，工人在辩论政治、宗教和社会问题时很内行，他看到一些工人虽然穿着褴褛不堪的粗布夹克，却对地质学、天文学和其他学科知识有广泛的修养，他们的知识比某些有教养的德国资产阶级还要丰富。恩格斯觉得，工人阶级不仅是一个受苦受难的阶级，同时他们有着很好的教养，尊重科学，意志坚定，为了社会的进步，他们随时准备献出"财产和生命"。[3]

恩格斯在这段时期同宪章运动的活动家建立了密切的联系和友

---

[1] 《马克思恩格斯全集》第 1 卷，人民出版社 1956 年版，第 550、551 页。
[2] 恩格斯：《英国工人阶级状况》，第 1 页。
[3] 《马克思恩格斯全集》第 1 卷，第 571 页。

谊。1843年恩格斯从布雷德福去里兹，访问了《北极星报》编辑部，在那里见到了哈尼。恩格斯还结识了全国宪章协会执委会负责人詹姆斯·李奇。这种交往使恩格斯深刻地了解了英国工人阶级。

在恩格斯写作《英国工人阶级状况》之前，他写作了《政治经济学批判大纲》和《英国状况》，发表在1844年2月《德法年鉴》第1期上。在这些作品中，恩格斯已经异常清晰地提出了历史唯物主义的一个基本观点，即"迄今为止在历史著作中根本不起作用或者只起极小作用的经济事实，至少在现代世界中是一个决定性的历史力量；这些经济事实形成了现代阶级对立所由产生的基础；这些阶级对立，在它们因大工业而得到充分发展的国家里，因而特别是在英国，又是政党形成的基础，党派斗争的基础，因而也是全部政治历史的基础"。① 恩格斯指出，资本主义制度带来的种种矛盾只有用"消灭私有制"的办法来解决，而完成这一使命的力量在工人阶级，"他们具有从事这一伟大的民族事业的力量。他们才是有前途的阶级"。②

恩格斯回到德国后，从1844年10月到1845年3月完成了《英国工人阶级状况》一书，并于5月在莱比锡出版，恩格斯在写作《英国工人阶级状况》时利用了各种批判资本主义的著作，也利用了资产阶级自由派的著作、报刊，议会和政府的各种委员会调查社会情况的官方文件，使这部著作具有严谨的科学性。恩格斯第一次用历史唯物主义观点对工业革命时期的历史特点及后果做了研究，清晰地说明了工业革命在引起经济的深刻变化的同时，还引起了社会大动荡，机器的运用使手工业者破产，使资本集中到大资产阶级

---

① 《马克思恩格斯选集》第4卷，第192页。
② 《马克思恩格斯全集》第1卷，第628页。

手中并形成了一支靠出卖劳动力为生的无产阶级队伍。无产阶级处于资本主义的残酷剥削压迫之下，地位低下，处境极其恶劣，为了从非人的生活条件下解放自己，除了革命别无他法。

恩格斯在书中还论述了工人阶级不仅是一个受苦受难的阶级，同时也是一个革命的阶级。恩格斯历史地研究了工人阶级的反抗斗争，指出工人阶级的斗争方式经历了从捣毁机器那种零星的造反形式发展到工会和政治斗争，工人阶级的组织不断加强，斗争也更坚决了。在研究工人运动早期的历史时，恩格斯揭示了工人阶级所具有的阶级斗争观念。

恩格斯在《英国工人阶级状况》中指出了宪章运动的根本性弱点，即工人运动与社会主义理论相脱离。宪章运动在行动方面非常活跃，但在理论方面却很贫乏，这原因在于当时英国的社会主义不具有革命的特征。罗伯特·欧文倡导的社会主义寄希望于一部分进步的资产阶级，在实践上反对工人阶级的政治斗争。恩格斯指出，只有社会主义与宪章运动相结合，即理论与革命行动相结合，才能使无产阶级取得胜利。

恩格斯的《英国工人阶级状况》是最早的研究宪章运动的马克思主义著作，宪章运动则对于促进恩格斯转变为共产主义者起了重要的影响。

民主兄弟协会的创立

19世纪三四十年代是欧洲民族和民主运动蓬勃开展的时代，是革命不断发生的时代，欧洲大陆国家如法国、德国、西班牙、意大利、波兰先后发生了民族民主运动。当时这些国家基本处在维也纳会议以后神圣同盟的反动统治之下,唯有英国比欧洲大陆诸国稍多一点民主气氛。于是,在这些国家革命失败后,大批政治流亡者便离乡背井来到英国。宪章派左翼分子与欧洲各国革命流亡者建立了联系,国际主义活动成为40年代中叶宪章运动的一个重要活动趋向。

居留英国的外籍政治流亡者中最重要的是德国工人运动活动家沙佩尔、莫尔和鲍威尔等。他们是在1839年正义者同盟起义失败后来到伦敦的。① 1840年2月7日德国政治流亡者在伦敦成立了德国工人教育协会,它的最积极的委员都是正义者同盟的盟员。1844年9月侨居伦敦的德国、波兰、意大利流亡者建立了"各民族博爱和正义的兄弟协会"。它的宗旨是联合欧洲各国一切真正的民主主义者,交流各国民主运动和宣传社会主义的情况,援助本国被驱逐出境的民主主义者,以及召开国际性的大会等。沙佩尔是它的领导者之一。参加这个组织的有法国、德国和波兰的流亡者,其成员较为复杂。这个组织的纲领纳入了四海之内皆兄弟和通过和平合法的途径实现其目标的内容。这个组织不久便停止了活动,但成为建立民主兄弟协会的序幕。

1845年1月以奥波斯基为主席的波兰流亡者协会发起一次纪念俄国十二月党人起义的活动,宪章派、法国政治流亡者以及马志尼领导的"青年意大利"都参加了这一活动。② 1845年下半年,在伦敦的各国政治流亡者在奥康诺领导下开展了纪念英国著名的民主派亨利·亨特诞辰的活动,沙佩尔和魏特林参加了这一活动。

---

① 韦塞尔:《英国工人运动和欧洲,1815—1848年》,曼彻斯特大学出版社1975年版,第126页;康捷尔(主编):《马克思、恩格斯和第一批无产阶级革命家》,生活·读书·新知三联书店1963年版,第39—40、75—76页。
② 《北极星报》,1845年2月21日。

1845年8月10日在伦敦天使酒家举行了一次会议，会议主席是宪章派查理·基恩，马克思、恩格斯、哈尼、正义者同盟的领袖和其他许多流亡者参加了会议。这次会议决定组织伦敦的各国民主主义者的集会，以便成立一个协会，"通过定期的联席会议交流各国争取共同事业的运动的情况"。①1845年9月"民主兄弟协会"在伦敦出现了。参加民主兄弟协会的有左翼宪章派的代表、德国工人教育协会的会员和住在伦敦的各国革命流亡者。沙佩尔和莫尔在民主兄弟协会中起了重要作用。

　　9月22日是法兰西第一共和国成立纪念日，这一天在伦敦老城宪章派大厦，民主兄弟协会组织了一次盛大的集会，到会的有1000多名流亡伦敦的各国民主主义者和宪章派。哈尼是集会上主要讲演者。他在讲演中说道："1792年正直而勇敢的法国共和主义者永垂不朽！愿他们曾经取得并终生为之奋斗的平等很快重现于法国，并且传遍全欧洲。"他强调各国民主运动有着共同的目标，法国人民"要求过我们现在要求的东西——真正的完全的平等"。②会上发言的人在谈到各国人民之间的兄弟团结时，认为劳动者首先是无产者在反对政治和社会压迫、反对自己的压迫者中必须建立国际性的合作。民主兄弟协会成员极其重视民主派的国际主义合作。

　　民主兄弟协会的原则和章程内容比较模糊。它规定该协会的目的是相互教育，宣传"人人皆兄弟"的原则。在政治上它坚持"政府由全体人民选出，并向全体人民负责"，反对等级和政治上的不平等；在经济上它认为"土地以及它的一切自然产物都是人类的公共财

---

① 《北极星报》，1845年8月23日。
② 《马克思恩格斯全集》第2卷，第670页。

产","劳动或者报酬应当相等；它提倡国际主义精神，把自己的同胞不论其国籍都看作人类同一大家庭的成员"。①

在稍后一些，哈尼对德国工人教育协会的演说中清晰地论述了工人阶级的国际主义和资产阶级思想体系的根本区别。他说："尽管波兰人、俄国人、普鲁士人、匈牙利人和意大利人由于民族差异而分离，但这些民族差异并没有阻碍俄罗斯、奥地利和普鲁士的暴君联合起来以争取他们的专制统治。那么，为什么这些国家的人民不能为争取他们的自由而携手呢？所有国家的人民的事业是一致的"，即"人类的真正解放"。他希望一切国家的工人阶级兄弟般地联合起来，"争取他们共同事业的胜利"。②

民主兄弟协会在成立后最初半年中，它的组织尚不健全，直到1846年3月才开始登记会员。入会者需由两名会员推荐并经多数会员通过方可接收入会。选出7名书记授权他们起草协会的一切文件，他们是英国的哈尼、德国的沙佩尔、法国的密什勒、斯堪的纳维亚的霍尔姆、瑞士的沙伯利茨、波兰的奥波斯基和匈牙利的奈迈特。③这种组织方法和日后的第一国际很相似，不少历史学家认为民主兄弟协会是第一国际的雏形和先驱，从1847年起民主兄弟协会向会员征收会费。④

总的来说，由于民主兄弟协会是一个以宣传和联络为任务的国际性组织，所以它在组织上不那么严密。但在当时欧洲还没有强大的无产阶级国际组织之时，它的出现对于团结各国工人阶级和革命民主

---

① 柯尔、菲尔森（合编）：《英国工人运动资料选辑，1789—1875年》，第402—403页。
② 摩里斯（主编）：《从科贝特到宪章运动》，第246—247页。
③ 马瑟（主编）：《宪章运动和社会》，第128页。
④ 韦塞尔：《英国工人运动和欧洲，1815—1848年》，第137页。

派相互支持起了重要作用。左翼宪章派积极参加民主兄弟协会的事实说明宪章运动已经越过狭隘的民主主义，具有无产阶级国际主义精神。

民主兄弟协会的活动遭到了民主运动右翼的反对。流亡在欧洲的马志尼为首的"青年意大利"坚持资产阶级自由主义立场，不参加民主兄弟协会的一切活动。① 民主兄弟协会还遭到一些宪章派和全国宪章协会执委会的猜疑，《北极星报》迟迟没有发布民主兄弟协会成立的消息，直到它成立 6 个月后其名称才见诸《北极星报》，这时在该报刊登了民主兄弟协会致英国和美国工人阶级的公开信。其中的原因在于全国宪章协会执委会的某些领导人"他们害怕这是在党内搞出的一个企图取代宪章运动的新党"。② 1846 年 9 月民主兄弟协会在一封致各国民主派的公开信中也透露出这方面的信息："我们并不是要竞争，而是旨在援助所有为了崇高的目的结合起来致力于解放人民的人们。"③ 民主兄弟协会在维护宪章运动团结和加强与欧洲其他国家的民主派的国际联系方面做出了很大的努力。

宪章派土地计划的实施

1845 年 4 月 21 日在伦敦召开的全国宪章协会的年度国民大会有

---

① 斯科恩：《宪章派的挑战》，第 133—137 页。
② 琼斯语，见《北极星报》，1848 年 2 月 5 日，哈尼向恩格斯讲述了这场风波，他说："我们一度受到来自宪章派的偏见和嫉妒。"执委会成员害怕民主兄弟协会"从他们手中夺走对宪章运动的领导权……我们告诉他们说：'你们领导好了，我们会服从你们的。'我们的政策不是为我们自己出人头地，而是推行我们的原则，促使其他人接受这些原则。"F. C. 布莱克、R. M. 布莱克（合编）：《哈尼文件集》，阿森出版公司 1969 年版，第 224 页。
③ 韦塞尔：《英国工人运动和欧洲，1815—1848 年》，第 135 页。

14 名代表参加，会议一致通过了奥康诺起草的建立宪章派土地合作社的报告，宪章派的土地计划开始付诸实施。宪章派土地合作社的任务是购买土地，安置会员，以此向全国证明，土地可以使他们摆脱资本家的压榨；土地合作社强调必须使《人民宪章》迅速获得通过，因为这能使它在局部范围取得的成就扩展到全国去，达到解放被奴虐被侮辱的工人阶级的目的。

这个计划对于土地合作社的前景做了美好的设想。如果按照每英亩 15 先令的价格租地，或按每英亩 18 镑 15 先令的价格买地，假如集资 5000 镑便可购买 120 英亩土地安置 60 人。余款 2750 镑则可用于建房和购买牲畜之用。这些带有住宅的土地给社员使用每年租金为 5 镑，20 年全部租金可达 6000 镑。如果按原来的方法使用这笔钱，则又可以安置 72 人，并可获得租金 7200 镑。照此循环往复，收入、购地、出租，原有资金到第 10 次出租土地时将增至 37324 镑。而数年之后，大批剩余劳动者便可以在合作社的土地上安居乐业了。①

全国宪章协会执委会指定了奥康诺、惠勒、麦格拉斯、克拉克和多伊尔组成土地合作社的董事会。② 土地合作社计划符合那些刚刚离开农村走进工厂的工人与上辈人还和农村保持密切联系的手工业劳动者的心理和希望。土地计划受到这些工人的热烈欢迎，大批股金源源不断地流入土地合作社。到这年 12 月份，全国已有 30 个地区为土地合作社筹集资金，据惠勒向 12 月 8 日全国宪章协会在曼彻斯特召开的土地会议的报告，共收入 3266 镑股金。詹姆斯·李奇、厄内斯特·琼斯、狄克森等人都积极支持奥康诺倡导的土地计划的

---

① 《北极星报》，1845 年 4 月 26 日、5 月 3 日。
② 《全国土地公司的报告》，第二次报告，附录，第 128 页。

实施。①

1846年3月宪章派土地合作社以2300余镑的资金购进靠近沃德福的赫罗斯格特的第一块地产，它被命名为奥康诺新村，面积100英亩左右。1846年8月17日举行了赫罗斯格特新村的开启仪式，奥康诺和琼斯在新村落成仪式上讲话。10月24日宪章派合作土地公司正式在弗兰西斯·惠特马什的法律事务所登记。②从1847年5月起移民搬进奥康诺新村，在那里建起一所学校和一座被称为"自由之地"的公共大厦。③1847年8月宪章派土地合作社在格罗斯特郡劳班德地方的第二块土地开始使用。1848年6月靠近格罗斯特的斯林格安德地产开始使用。1848年3月启用靠近牛津郡威特尼的地产，起名为宪章新村。来到宪章新村的移民大都来自工业区，移民大多是裁缝、鞋匠等手工工匠，也有一部分工厂工人，但生活最困难的工人如手机织工、编织机工在移民中很少，因为他们过于贫穷，无力购买土地公司的股份。④

宪章派土地公司事业盛极一时，从1846年至1848年报名参加土地合作社的有近7.5万人，到1848年初累计股金达96000镑。1846年12月宪章派土地公司易名为全国合作土地公司。12月26日创立了附属于土地公司的全国土地和劳动银行。土地公司在英国贫苦工人和劳动者中呼声很高。但它的经营规模又非常有限，无法满足所

---

① 韦斯特：《宪章运动史》，第209—210页；哈德菲尔德：《宪章派土地公司》，纽顿-阿波特出版社1970年版，第25页。
② 《关于全国土地公司的议会特别委员会的报告》，载《议会文件，委员会报告》第19卷，1847—1848年。
③ 哈德菲尔德：《宪章派土地公司》，第113—114页。
④ 里德、格拉斯哥：《菲格斯·奥康诺：爱尔兰人和宪章派》，第114页。

有拥护土地计划的人的要求。于是用抽签方法来领取房屋和土地。到1848年只有250名劳动者在土地公司的地产上定居下来,而且这些地产上的农业生产进行得也不太顺利,没有哪块土地上的农户获得充裕的收入,甚至他们交不起地租。①

土地计划完全是一种用以抵御资本主义发展的乌托邦幻想。虽然它在40年代中期宪章运动的困难时期维持了宪章派的力量,但它却给缺乏政治经验和理论指导的工人群众指出了一条歧途。

宪章派对土地计划的批评

奥康诺提出的土地计划遭到哈尼和奥布莱恩的反对。哈尼对于土地问题和奥康诺有完全不同的见解。哈尼认为"土地是人民的农场","土地属于整个民族而不是属于某些个人或某些阶级。"② 通过合作自助的方式尽管可以把一定数量的工人安置在土地上,但这无法治愈社会根本的痼疾。哈尼还借助英国近代土地改革者托马斯·斯宾士的土地公有学说来反对小土地私有制的主张。

奥康诺提倡的小土地所有制的另一个坚决反对者是奥布莱恩。早在1837年奥布莱恩就提出,"土地的绝对统治权仅仅属于国家","只有国家才有权把土地出租给个人并收取地租","王国的每个公民只是部分拥有土地权"。③ 1844年夏奥布莱恩从伦敦迁到马恩岛居住,发行《全国改革者和曼克斯国内和国际事务每周评论》,积极宣传土

---

① 里德、格拉斯哥:《菲格斯·奥康诺:爱尔兰人和宪章派》,第115页。
② 《北极星报》,1845年8月30日。
③ 《布朗特里的全国改革者报》,1837年2月25日。

地国有化等主张。① 当奥康诺提出土地计划后，奥布莱恩批评道，这种出于自私目的的计划将使工人阶级队伍分裂，并最终将丧失一旦人民联合起来就可以取得政治权利的一切机会。奥布莱恩指出，即使全国土地公司的活动获得成功，它也只能使得一小批工人群众致富。但这却使他们付出极大的代价，将他们同那些不走运的众多的同情者和合作者分离。土地公司的创立实际上只是承认了每个高尚的宪章派应当否认的现存的有产阶级的法律制度。②

奥康诺的土地计划还遭到宪章运动和工人运动各派人士的反对。成千上万工会运动参加者不愿和土地公司合流，基督教社会主义者金斯莱批评土地计划是一个完全反动的计划。洛维特表示不赞成奥康诺倡导的小土地所有制，甘米季反对奥康诺的计划而支持奥布莱恩的看法，他认为土地计划具有非法的性质，没有保障，因此将遇到不可克服的困难。厄内斯特·琼斯后来也认识到自己态度的错误，他说："没有什么比这种小土地所有制更为反动了，它将增强地主主义的势力。"③ 林顿亦坚决反对奥康诺的土地计划，他主张"用土地税取代一切其他税收，唤起整个帝国来反对地主主义，后者是人民获得土地的唯一正确的道路"。④

---

① 奥布莱恩在土地问题上的观点同19世纪初激进思想家霍尔（约1740—1820年）相似。霍尔认为，使土地成为私有是一切罪恶的根本原因，社会改革必须首先消除这一弊端。他主张土地应当收归国有，然后再分给小农进行集体耕作。农业应是人民的主要职业，工业生产应当严加限制，只要能满足人民的俭朴生活需要就够了。奥布莱恩和霍尔的观点很相似。他认为穷人私人占有土地和广泛地驱赶贫民，根源在于普遍存在着社会弊病。
② 《全国改革者》，1847年1月9日、4月17日。
③ 萨维尔（主编）：《厄内斯特·琼斯：宪章派》，劳伦斯-威沙特出版社1952年版，第138页。
④ 霍利斯（主编）：《早期维多利亚时代英国议会外部的压力》，第148页。

英国资产阶级最初并没有干预宪章派土地公司的活动。他们认为保持农民稳定有利于维护资本主义社会秩序。《里兹使者》发表的文章说，宪章派拥有小块土地可以使他们"通过保持社会稳定和良好的社会秩序增加收益，他们时时考虑到这一点将极有利于政府和国家的制度"。①

土地公司成立后最初18个月只有13000人参加，股金为20000镑。到了1847年，由于出现了经济危机到来的征兆，在爱尔兰和苏格兰发生了饥馑，使得土地公司的事业发生了戏剧性的变化，参加的人数剧增。1847年收到的股金为76000镑。②参加人数根据土地公司的书记收到的名单计算，将近44000人。全国土地公司在北部地区有86个分会，在密德兰有48个分会，在南部有89个分会，在伦敦有24个分会。③支持土地公司的劳动群众来自各行各业，最初呼应土地计划的主要是棉纺织业工人和手工工匠、技工，但后来在南部城镇和农业区也涌现出大量支持者，支持土地计划的呼声在北部工业区和南部农业区一般说来较为强烈，特别是在那些有衰落的旧工业的小城镇如哈利法克斯土地计划获得热烈的支持。④就支持者的职业成分而论，土地计划在手工工匠中的支持者比工厂工人多。戴维·琼斯为我们提供了一份1847年5月登记加入土地公司人员的职业分析表。这一阶段2289名参加者来自270余个不同行业。参加土地公司人数较多的行业依次为：织工、粗工、鞋匠、科尔多瓦皮革工、裁缝、长袜

---

① 阿米塔奇：《宪章派土地移民区，1846—1848年》，载《农业史》杂志第32卷，1958年，第88页。
② 戴维·琼斯：《宪章运动和宪章派》，第132页。
③ 布里格斯（主编）：《宪章运动研究》，第321页。
④ 爱泼斯坦、多萝西·汤普森（合编）：《宪章运动的经验》，第316页。

织工、梳羊毛工、纺纱工、矿工、铁匠、花边工、石匠等。尤其前9种行业的工人参加土地公司较多。1851年对土地公司四处地产上人口调查结果表明，土地公司的参加者中手工工人比工厂工人要多。[①] 这些在资本主义迅速发展过程中衰落的半无产阶级和小生产者，还有本人有过农业劳动的经历或是父辈曾在土地上耕耘过的新一代产业工人，他们在习惯和感情上仍留恋于前工业化社会的田园式安逸的生活和小生产方式，他们处于资本主义竞争倾轧和剥削威胁下，不是面对未来，用斗争去争取社会解放，而是用含情脉脉的目光盼顾过时的落后的小生产方式，希望恢复到过去，他们在社会观上具有消极倒退的倾向。

对于英国是否具备了革命形势的讨论

19世纪40年代中期是宪章运动的低潮时期，英国工人阶级的领袖们从使人兴奋的革命狂热气氛中摆脱出来，他们开始有可能认真思考和总结近十年宪章运动两次高潮失败的经验和教训，讨论宪章派之间策略之争的前提是英国是否具备了革命形势这一至关重要的问题，因为这是他们制定活动策略的根据。

在宪章运动第一次和第二次高潮中，工人宪章派的左翼、极端的小资产阶级激进派和工团主义者曾经狂热地宣传革命，主张一旦统治阶级的议会否决《全国请愿书》时将诉诸"暴力"，即用大罢工直至采用武力方式来对付统治阶级。当时的左翼宪章派常常援引北美独立战争和法国资产阶级革命时期人民曾打败反动统治阶级及其军队的

---

① 布里格斯（主编）：《宪章运动研究》，第330—331页。

例子，说明在革命形势下，统治阶级的军队和国家机构会出现内部分崩离析的情况。他们希望在英国也出现这种情况。宪章派似乎认为英国当时也具备了与法国大革命和北美独立战争类似的革命形势。恩格斯在《英国工人阶级状况》中对英国的阶级关系和工人阶级的任务等重大问题做出了正确的回答。但是，对于英国是否具备革命形势这一问题却缺乏冷静的估计。他得出了和早期左翼宪章派类似的结论。他在书中说："构成社会的一切因素在这里获得了这样明确的发展。革命是不可避免的，要从既成的形势中找到和平的出路太晚了。"[①] 40 年代中期马克思也基本持同样的见解。

1846 年 3 月 30 日，哈尼在给恩格斯的一封信中，对于英国是否具备革命形势的问题提出了自己经过深思熟虑后的看法。哈尼说："我对你所推测的英国会迅速发生一次革命是很怀疑的。我想，在法国老恶棍路易·菲力普死后发生一场革命变革是确定无疑的。但是我承认，直到英国被外部因素和内部因素同时推动而导致革命真的发生为止，我在英国并没有看到这种变革的可能性。你所预言的我们可以在今年通过《人民宪章》并在 3 年内取消私人财产无疑是不会实现的；后者无疑是一定会实现的，而且我希望它会来到，但是我认为无论是你还是我都看不到它了。"哈尼接着阐述了自己对于社会变革的根本途径的看法。他说："我并不设想在这个国家发生的伟大的变革不依靠暴力就可以实现；但是和我们所看到的在法国、德国、意大利和西班牙的那种有组织的战斗是不会在这个国家发生的。在这个国家里要组织起来发动一场革命将是徒然和愚蠢的想法。"哈尼基于对形势的分析，进一步谈了宪章运动的策略问题。"至于奥康诺近来

---

① 恩格斯：《英国工人阶级状况》，第 351 页。

一直谈论的'暴力',我没有什么考虑。英国人民将不会选择库珀那种和平不抵抗的屈辱的意见,但是他们也不会按照相反的原则去行动。""在现时试图进行一种'暴力'的请愿一定不会有什么好结果,而只会造成某种害处。"①

哈尼在这里的论述极其清晰和透彻,他没有把对资产阶级国家的本质认识和工人运动的策略混为一谈。这表明左翼宪章派领袖在1846年时已抛弃了雅各宾主义盲目鼓吹革命而不考虑时机的弱点。

宪章运动时代的英国究竟是否具备革命形势呢?可以根据列宁在《第二国际的破产》中提出的具备革命形势的几个必要条件来加以考察。在宪章运动三次高潮发生的年代,英国的国内形势确实濒临革命边缘。从1837年开始的持续6年的自然灾害使经济发生危机,同时大工业迅速发展对手工工人的排挤使得工人处境无比艰难,历史上有"饥饿的40年代"之称。这个时期发生了各种自发的民众骚动,工人和贫苦农民以及小资产阶级中的一部分革命情绪极为高涨。

但是当时英国的政治格局却不利于工人阶级进行一场革命。由于历史的原因,英国还没有形成一种真正的专制制度,贵族政治时代国家中央集权统治尚未发展成熟,19世纪虚伪的两党制和议会制则起到了调节资产阶级统治的作用。1832年议会改革为新兴工业资产阶级步入政权打开了大门,但资产阶级尚未真正掌握政权,辉格党和托利党在几年一次的大选中相互推诿罪责,起到了转移被压迫工人群众愤怒的作用。各种资产阶级和小资产阶级的改革运动百舸争流,分散了工人群众的注意力。这种民主改革的环境里无法爆发一场真正的革命。这个时期英国工业革命临近尾声,经济面临着起飞。英国资产阶

---

① F. C. 布莱克、R. M. 布莱克(合编):《哈尼文件集》,第239—242页。

级的实力迅速增长，政府则把技术和经济成果用以巩固资产阶级的统治，如利用刚刚建成的铁路网调动军队控制局势。例如1839年克撒尔荒原大会和1842年8月英格兰北部工人大罢工时，政府曾在夜间用铁路调动军队。政府还在宪章运动高潮时期派军队控制电报公司以加强通讯联络。① 政府还派出大量间谍渗透到宪章派组织中，参加宪章派集会，刺探宪章派暴动的秘密计划，故意煽动不成熟的暴动，诱捕宪章派暴动组织者。② 政府内各部还命令邮政局拆阅宪章派领导人来往的信件，从中了解宪章派的"暴力"计划。③ 这些措施使宪章派的暴动总是为政府防备并遭到军警打击而失败。

资产阶级政府在采取镇压措施的同时，还采取了欺骗性甚大的自由主义政策。英国政府当时允许工人政治组织存在，允许宪章派自由出版报纸和小册子，自由集会。在实行自由主义政策这一问题上，辉格党显然比托利党更成熟一些，政治经验更丰富。在辉格党人拉塞尔任内务部长和主持内阁时期，他拒绝了托利党要求政府镇压群众运动的压力，拉塞尔在1839年曾说："自由集会是合法正当的，如果人民普遍存在牢骚的话，他们有权集会并使人们了解他们的意见，以便政府纠正弊政，但如果他们确实没有牢骚，也就不会再发动了。"④ 拉塞尔还指示对同情宪章运动的士兵不予处分。1839年时英格兰北部军区司令纳皮尔对自由主义政策心领神会，他在曼彻斯特、纽卡斯尔

---

① 马瑟：《宪章运动时期的铁路、电报和公共秩序》，载《历史》杂志第38卷132期，1958年2月，第43、49页。
② 斯科恩：《宪章派的挑战》，第69页。
③ 马瑟：《宪章运动时代的公共秩序》，第220页。
④ 马科伯：《英国激进主义，1832—1852年》，第181—182页；比尔：《英国社会主义史》，下卷，第62页。

和里兹精心布置了军队，他请宪章派去参观军队的操炮演习，显示军队的力量，劝诫宪章派放弃暴动计划。① 这种自由主义政策无疑也起着延缓革命形势形成的作用。事实证明，在整个宪章运动时期英国缺少成熟的革命形势。哈尼在给恩格斯信中的看法是正确的。恩格斯晚年也修正了他在40年代所做的结论，他承认当时由于青年人的热情而做出的英国将在最近发生社会革命的预言"没有言中"。②

宪章派领袖对于形势的看法反映了他们在斗争中开始成熟起来，这样有可能克服运动初期的盲动错误。③

厄内斯特·琼斯

40年代中期宪章派领袖已发生很大的分化，一批运动初期涌现的老领袖如洛维特、柯林斯、洛厄里、泰勒、奥布莱恩等均离开了宪章运动的领导岗位。正如当时奥布莱恩所说，当时没有一个老的著名人物能成为宪章运动理想的领袖，而在那些新人中宪章派也无法找到一个既有声望又为众人接受的人物。④ 宪章运动比任何时候更需要富于朝气的新领袖。厄内斯特·琼斯便是在这种情况下崭露头角的。

琼斯1819年1月出生于柏林，是一个贵族后代。他的父亲在拿破仑时代参加过滑铁卢和伊比利亚战役，官至上校，退役后在霍尔斯坦因买了一小块地产定居下来。维多利亚女王的叔叔伯兰公爵是琼斯

---

① 巴特：《查理·纳皮尔爵士》，伦敦-纽约1894年版，第64、85—90页。
② 恩格斯：《英国工人阶级状况》，第23页。
③ 参见沈汉：《宪章运动"暴力"政策初探》，《史学月刊》1983年第1期，第68—73页。
④ 《全国改革者》，1846年10月24日。

的教父。琼斯这个富于诗人气质的贵族子弟在1830年出版过一小册诗作,1838年随父移居伦敦,但在1845年以前他的生活尚未逸出城市贵族青年的生活轨道。①1845年由于经济困难,琼斯不得不卖掉在伦敦的房产以抵债,1846年3月终于破产。1845年冬琼斯偶然看到一份《北极星报》,觉得宪章运动提倡的政治原则和他追求的社会政治理想完全一致,他去寻找全国宪章执委会并加入了宪章运动。琼斯在日记中写道,他到了伦敦城宪章派大厦,接着找到了《北极星报》印刷发行所,并见到伦敦宪章派领袖麦格拉斯等人。作为一个热情的宪章运动的拥护者,琼斯和宪章运动的领袖们很快就熟悉了并取得了他们的信任。

琼斯参加宪章运动后便在《北极星报》上发表了一系列热情洋溢的诗篇。他在一首题为《我们的号令》的诗中写道:"并不是为了造王宫,好让君王来住进,也不是为教堂造地狱,收容幻灭的灵魂。""并不是为别人做工,而是为你们自己。"在另一首《宪章派之歌》中他宣布说:"我们要粉碎你们的束缚,把土地和果实夺取。"在1846年8月的一首诗中琼斯鞭策宪章派说:"同胞们!你们干吗消沉!""你们是生而自由的人民,你们是英雄的民族!""这是转变的时分!让自由的洪流奔放无阻。"②

琼斯参加宪章运动后,迅速成为宪章运动杰出的活动家。1846年5月琼斯参加了"复兴波兰民主委员会"召开的一次大会并在大会上讲演。这年夏天琼斯当选为复兴波兰民主委员会的主席。1846年7月琼斯和民主兄弟协会发生了联系。他还在宪章派纪念攻克巴士底

---

① 萨维尔(主编):《厄内斯特·琼斯:宪章派》,第13—15页。
② 中译文转引自袁可嘉:《英国宪章派诗选》,上海文艺出版社1960年版,第83—89页。

狱纪念日的仪式上讲话。8月20日他参加了布莱克斯通和曼彻斯特的群众大会并在会上讲话。次日，他参加了在里兹举行的宪章派国民大会。①

宪章派和1846年克拉科夫起义

19世纪40年代后期随着自由资本主义跨越国界向外扩张，英国和他国之间的国际联系加强了，英国工人阶级和欧洲各国民族民主运动的联系也加强了，宪章派更是关注着各国人民的革命斗争。国际主义活动成为宪章运动的一个主题。

在1815年维也纳会议上，波兰被普鲁士、奥地利和俄国肢解了，波兰的大片国土落入外国统治者之手，只有克拉科夫自由邦还享有自己独立的主权，但仍处于普、奥、俄的"保护"之下。欧洲列强的奴虐终于激起波兰克拉科夫人民的反抗。1846年2月爆发了克拉科夫起义。波兰农民也在靠近罗马尼亚的南部加利西亚地区发动了反对地主的起义。2月22日在克拉科夫由国民政府的领导人签署了《克拉科夫宣言》。宣言揭露了波兰被欧洲列强肢解的事实。宣言说："我们的繁荣不再出现，我们的语言被禁止使用，我们父辈的宗教信仰也被禁止"，"再发展下去波兰就不存在了"。号召波兰人民像一个人那样团结起来斗争。②克拉科夫起义的消息震动了整个欧洲。英国议会尤其被加利西亚农民起义的消息震惊了。他们对克拉科夫起义后成立的临时政府表示冷淡。辉格党人布鲁姆在上院表示："毫不赞成最近

---

① 萨维尔（主编）：《厄内斯特·琼斯：宪章派》，第22页。
② 《波兰评论》第13卷第1期，1968年，第18—19页。

发生的波兰人企图动摇奥地利统治的狂暴和不可宽赦的举动。"

左翼宪章派和在伦敦的革命流亡者得知克拉科夫起义的消息后，立即开展支援活动。《北极星报》在1846年3月展开为克拉科夫起义者募捐的活动。民主兄弟协会召开了一次声援波兰人民起义的大会。在这次会议上成立了由奥康诺、惠勒、多伊尔、克拉克、密什勒等组成的支援克拉科夫起义的国际委员会。宪章协会执委会和南伦敦宪章派的代表当时都参加了民主兄弟协会的活动。1846年3月末在伦敦皇家和铁锚酒家举行了声援波兰人民的群众大会。全国宪章协会执委麦格拉斯担任会议主席。会议通过了一项支持波兰人民斗争的决议，并向英国女王递交一份支持波兰起义的请愿书。这次会议成立了一个新的工人国际组织"重建波兰民主委员会"，哈尼、琼斯、沙佩尔、奥波斯基、鲍威尔、莫尔、克拉克都参加了这个委员会。该委员会宣布："这个委员会的目的是尽他们的力量援助波兰爱国者建立其独立国家，实现波兰民族所有各阶级平等的社会和政治权利。"① 重建波兰民主委员会还决定每个月召开会议，发行一份杂志以刊载会议消息，每个季度报告委员会的工作。

民主兄弟协会发表了一份《告不列颠人民的信》，它号召英国人民"向波兰人民表明你们同情他们不能仅仅靠发表演说和请愿，而且还要捐助金钱以促进这一正义的事业"，"我们特别要向工人阶级呼吁……不论这笔捐款是多还是少"。全国宪章协会执委会也向宪章派发出了同样的号召："我们深知，统治你们的苛政已使你们沦落到贫穷的境地，但无论我们再贫穷也能给他们一些帮助。"②

---

① 《北极星报》，1846年6月6日。
② 《北极星报》，1846年3月21日。

1847年底重建波兰民主委员会召开的一次会议通过决议，要求对镇压波兰民族起义的行为进行武装干预，并向帕麦斯顿政府递交一份决议的抄件。①

哈尼在1848年初已经在用马克思主义的观点来评估波兰民族运动的意义。他认为克拉科夫起义后于2月22日发布的宣言"开辟了摧毁阶级强夺的道路"，"它确认了人的社会政治权利"，"提高人民的社会和政治地位现在已成为革命者斗争的崇高目标"。②他认为民族解放斗争的最终目的是要实现人民的政治和社会解放。换言之，在支持波兰克拉科夫起义的活动中，宪章运动的国际主义活动已经上升到一个新阶段。

围绕自由贸易展开的斗争

如果说宪章派争取以普选权为中心的政治民主化的斗争还没有逾出彻底的资产阶级民主主义的范围，因而还属于资产阶级激进派可以接受的内容的话，那么对于资产阶级自由贸易主义的斗争则反映了宪章派独立的无产阶级性质。

1846年谷物法在英国被废除标志着工业资本主义和自由主义学说的巨大胜利，欧洲自由资产阶级当然不愿放过机会对他们的这一胜利庆祝一番。1847年9月16日至18日在布鲁塞尔召开了一次经济学家会议，欧洲各国共有300多位学者参加了会议。他们绝大多数是资产阶级学者，因为会议的论题是"自由贸易的益处"。英国参加布

---

① 《北极星报》，1847年12月4日。
② 《北极星报》，1848年2月26日。

鲁塞尔会议的代表主要是新近创立的"和平联盟"的成员,主要由工厂主、科布登派议员和夸克教徒组成。他们宣传通过自由贸易可以实现所有阶级的繁荣和持久的世界和平。"和平联盟"的宣传在一部分宪章派中颇有影响,当时这批宪章派正热衷于与资产阶级激进派实行联合,奥康诺便是这批宪章派之一。哈尼对奥康诺等热衷于资产阶级鼓吹的和平主义,称之为"一席平淡无味的关于道德的梦呓"。[①]

马克思和恩格斯等一批共产主义者同盟盟员也出席了布鲁塞尔会议。他们决定利用大会讲坛揭露自由贸易派经济学家,马克思本人已准备好在会上的发言。会议的第3天,会议主持者把"自由贸易意味着工人阶级的繁荣"列为议题,这时共产主义者同盟盟员维尔特在会上以300万英国工人的名义做了发言,他批驳了资产阶级自由贸易派关于自由贸易"可以长期改善工人命运"的观点,认为那只是一种幻想,"自由贸易只能暂时改善工人的命运",表述了同马克思相同的观点。[②] 哈尼认为维尔特的发言反映了宪章派的心声。民主兄弟协会随即宣布维尔特是他们的发言人。稍迟些时候哈尼在一个会上称赞维尔特说:"当一个德国人在一个有许多国家代表参加的大会上挺身而出捍卫被极端虐待的英国人民时,'人人皆兄弟'就不再是一句简单的口号了。"

主持会议的资产阶级人士被维尔特发表的观点震动,因此阻止马克思在会上发言。最后,布鲁塞尔在没有民主派参加的情况下通过了"自由贸易对工人极为有利"的决议。

伦敦的民主兄弟协会决定给予布鲁塞尔资产阶级的自由贸易大

[①] 斯科恩:《宪章派的挑战》,第153页。
[②] 康捷尔(主编):《马克思、恩格斯和第一批无产阶级革命家》,第333—336页。
参见斯科恩:《宪章派的挑战》,第154页。

会以迎头痛击，他们准备召开一次国际无产阶级大会。马克思、恩格斯和布鲁塞尔的共产主义者响应了这一提议，10月末马克思和恩格斯抵达伦敦。

1847年11月29日，民主兄弟协会和重建波兰民主委员会联合在伦敦召开了纪念1846年波兰克拉科夫起义的集会。[①] 会议上一致通过了由斯塔尔伍德提出的并得到琼斯附议的支持波兰人民斗争的动议，随后，沙佩尔提议在民主兄弟协会和布鲁塞尔民主协会之间建立通信和友好的关系。他解释说，这一动议得到布鲁塞尔民主协会委员会副主席马克思的支持。在全场的热烈欢迎下，马克思用德语发表了长篇演说，他强调被压迫民族的解放斗争的直接联系，以及英国工人阶级的斗争对于国际无产阶级的重大意义。他说，英国的宪章派是真正的民主主义者，一旦他们实现了《人民宪章》的6项要求，整个世界的自由之路就会打开。恩格斯在讲话中提出，"由于现代工业，由于运用机器，英国一切被压迫阶级已经会合成一个具有共同利益的庞大阶级，即无产阶级"；"既然各国工人的状况是相同的，既然他们的利益是相同的，他们又有同样的敌人，那么他们就应当共同战斗，就应当以各民族的工人兄弟联盟来对抗各民族的资产阶级的兄弟联盟"。[②] 马克思和恩格斯的讲话受到全场热烈的欢迎。在大会上哈尼感谢布鲁塞尔的同志们对民主兄弟协会的支持。会议最后在高昂的"马赛曲"歌声中结束。[③]

1847年11月30日共产主义者同盟第二次代表大会开幕，同盟的英国盟员也参加了大会。由于马克思和恩格斯的影响，哈尼的思想

---

① 韦斯特：《宪章运动史》，第234页。
② 《马克思恩格斯选集》第1卷，第289—290页。
③ 韦斯特：《宪章运动史》，第234—235页。

有了很大的进步。12月哈尼发表了一篇有力的演说抨击英国资产阶级国家制度。他指出，教会是有组织的进行诈骗，下院是合法的诈骗，上院则是世袭的诈骗，"我们的整个社会制度无非是为那些厚颜无耻的寄生虫和骗子手的利益服务的一大堆谎言和诈骗罢了"。① 哈尼对于工人阶级的任务做了清晰的说明。他指出："工人的社会和政治解放现在应当成为革命斗争的伟大目标。过去的一切革命都没有给自己提出解放劳动的目标"，"只有当工人掌握了政权时，他们才能做到这一点"。"在所有的革命中工人只是流血却一无所得……他们只是更换了自己的主人。而现在人民应当结束他们的死敌——资产阶级的统治。"②

1847年的大选　奥康诺当选为议员

19世纪40年代初期在英国执政的是托利党皮尔政府，它在资产阶级的压力下从1841年起开始实行自由贸易政策。1846年初由议会通过了废除谷物法的法案，但皮尔政府的这种政策导致了托利党的分裂，1846年6月25日当议会下院就爱尔兰人身保护法案进行表决时，辉格党、自由贸易派、保护主义者激进派和取消英爱合并派联合起来，以73票的多数击败皮尔政府。③ 皮尔派不得不让位。1846年7月辉格党人约翰·拉塞尔组阁。

在英国资产阶级统治集团动荡和分化之时，宪章派积极展开了竞选活动，并取得了可喜的成绩。1846年7月奥康诺在劳动群众的

---

① 《北极星报》，1847年12月26日。
② 《北极星报》，1848年1月8日。
③ 马里欧特：《滑铁卢以后的英国》，伦敦1925年版，第175页。

参加支持下，在诺丁汉议员补选的初选中，举手表决时战胜了辉格党议员候选人霍布豪斯。

布鲁塞尔共产主义通讯委员会得知这一消息后向奥康诺发出贺信，由马克思、恩格斯和菲·日果签署了这封贺信。信中写道："欣悉您在诺丁汉的选举中取得了光辉的成就，我们谨向您，并通过您向英国的宪章派庆贺这次辉煌的胜利。正当自由贸易原则在立法上取得了胜利的时候，自由贸易派大臣在举手表决时却由于宪章派大多数的反对而遭到了失败。""这件事说明了英国工人阶级十分清楚，在自由贸易原则取得胜利后他们应该采取什么立场。""今后战场将由于土地贵族退出斗争而廓清，而斗争也只能在资产阶级和工人阶级这两个阶级之间进行了。""工人阶级的战斗口号是：'根据《人民宪章》对宪法实行民主修改'，如果这一点实现了，工人阶级就会成为英国的统治阶级。"[①]

奥康诺在诺丁汉取得胜利不是偶然的。诺丁汉一直是宪章运动活跃的中心之一，这里有大批手工编织机工人。全城 1/5 至 1/4 的人口靠编织业为生。1839 年这里有 1.7 万人在《全国请愿书》上签名。1847 年第二次全国请愿时，有 40000 人在请愿书上签名。[②] 1847 年 8 月英国举行大选。宪章派以《人民宪章》为政治纲领，在各地都推选出自己的代表参加竞选。哈尼在梯弗顿参加竞选，他在群众集会上同帕麦斯顿进行了较量，双方展开了长达数小时的辩论，哈尼在举手表决中获得通过。[③] 琼斯在哈利法克斯、基德在格林威治、麦格拉斯在德比、克拉克在设菲尔德参加了竞选，奥康诺仍在诺丁汉参加竞选。

---

① 《北极星报》，1846 年 7 月 25 日。
② 爱泼斯坦、多萝西·汤普森（合编）：《宪章运动的经验》，第 229 页。
③ 斯科恩：《宪章派的挑战》，第 149—152 页。

但除奥康诺以外，其他的宪章派候选人都落选了。奥康诺在诺丁汉竞选中和托利党以及资产阶级激进派沃尔特等结成了同盟，取得了他们的支持。最后奥康诺得到1340票，而辉格党大臣约翰·霍布豪斯只得到974票。[①] 这样，奥康诺便成为唯一当选为下院议员的宪章派。这是宪章派在争取工人阶级政治权利的斗争中的一个有意义的成果。奥康诺进入议会下院后，积极地为爱尔兰人民的利益和工人的利益进行了活动。

---

① 里德、格拉斯哥：《菲格斯·奥康诺：爱尔兰人和宪章派》，第124页。

第八章 1848年欧洲革命和宪章运动第三次高潮

革命风雨的前奏

1847年秋季英国发生了又一次经济危机。由于英国在殖民地铁路建设中购买外资公司的股票不能兑现，使英国很多资金不能动用，从而使英国暂时成了债务国，引起黄金外流。此外，国际市场上棉价上涨亦消耗了英国的银行储备，英国出现了财政危机。英国工厂普遍开工不足。曼彻斯特175家工厂仅有84家开工。[①]1848年3月伦敦20万手工工匠只有1/3受雇，1/3处于半失业状态，剩下的1/3则是完全失业，这种现象持续了好几个月。1847至1848年以马铃薯枯萎病为主的灾害席卷整个欧洲，在英格兰和爱尔兰尤其严重。在爱尔兰，1847年夏季靠济贫金和赈施为生的人估计有300万。到1848年3月上旬，由于灾害造成的饿死、病死和向美洲的移民，爱尔兰人口由800万下降到600万。[②]由于灾害造成的歉收，1847年小麦价格比1819年以来任何一年都高，每夸脱小麦价格从1845年的50先令10

---

① 韦尔摩斯：《19世纪的一些工人运动》，第84页。
② 柯蒂斯：《爱尔兰史》，下卷，江苏人民出版社1974年版，第695—696页。

便士上升到 69 先令 9 便士。① 面包价格猛涨，几乎达到 1812 年以来的最高点，仅仅低于 1839 年。兰开郡棉纺织厂工人的周工资在 1848 年降到最低点，每周只有 19 先令 11 便士。② 英国有 425 万人即总人口的 1/7 靠救济为生。③ 危机和自然灾害威胁给劳动人民生活造成极大的威胁，他们再也忍受不下去了，纷纷起来反抗，1847 年 5 月在德文、萨默塞特和康沃尔发生了粮食暴动。④ 1847 至 1848 年的那个冬天，在伦敦流行着致命的流行性感冒、肺炎、斑症伤寒、猩红热、麻疹、天花。每个月死亡的人数少则 200 人，多则 500 余人，超过了正常情况下每季度的死亡人数。⑤ 国内的阶级矛盾加剧了。英国又一次濒临革命的边缘。早在法国二月革命发生前，革命风雨的前奏就已经在英国酝酿，宪章运动重新高涨。

1847 年 12 月底伦敦和许多郡都举行了盛大的群众集会，都柏林爱尔兰民族主义者联盟派开始积极活动，"青年爱尔兰"的部分成员对宪章派采取了友好的态度。1848 年 1 月爱尔兰人联合会和爱尔兰宪章派召开了大会，来自英格兰的宪章派李奇出席了大会。都柏林的爱尔兰人普选权协会也复兴了⑥，2 月初琼斯在工业区对工人群众发表讲话，他认为即将到来的巴黎改革宴会将是一次大革命的前奏。在2 月初，民主兄弟协会在《致法国无产阶级书》中写道："标志着变革到来的种种迹象对你们这个等级来说有着巨大的意义和重要性"，

---

① 韦斯特：《宪章运动史》，第 238 页。
② 斯蒂芬森：《1750—1850 年英国的群众骚动》，第 266 页。
③ 罗特斯坦：《宪章主义到劳工主义》，第 219 页。
④ 《北极星报》，1847 年 5 月 22 日。
⑤ 古德维：《伦敦的宪章运动，1838—1848 年》，第 69 页。
⑥ 里德、格拉斯哥：《菲格斯·奥康诺：爱尔兰人和宪章派》，第 128 页。

"现在已无须预言家的神力就可以把你们加速从法国已经在其下呻吟17年的渐进的使人退化和灾难的枷锁下解放出来。"①

宪章派和法国二月革命

1848年法国资产阶级民主革命在人们焦急的等待中终于发生了。在法国二月革命爆发这一天,民主兄弟协会正在伦敦举行会议,他们当时还没有得到巴黎革命的消息。哈尼在会上做了讲演,他说:"劳动者的解放是政治斗争唯一有价值的目标","在一切革命中,工人一直是最主要的参加者和牺牲者,但酬金却被他们的主人领取了"。②就是在这个会议进行过程中,法国革命爆发和路易·菲力普弃职落荒而逃,法兰西共和国成立的消息传到会场。顿时,法国人、德国人、波兰人、马扎尔人都从他们的座位上跳起来,疯狂地热情拥抱,欢呼,打手势,断断续续的讲演被激动的鼓掌声打断,夹杂着用法语、德语呼喊"万岁!共和国万岁!"的欢呼声,随后宪章派来到索霍地区的汀街通常聚会的场所举行了集会。③

3月2日民主协会在威斯敏斯特召开了一次万人群众大会,通过了一封给法国临时政府的贺信。民主兄弟协会和全国宪章协会推派哈尼、琼斯和全国宪章协会执委会主席麦格拉斯为代表去巴黎祝贺,这封贺信写道:"我们衷心地向你们表示祝贺,并感谢你们对于人类所做的光荣的功劳表示谢意。"④4日,当三位代表来到巴黎的时候,巴

---

① 《北极星报》,1848年2月5日。
② 罗特斯坦:《宪章主义到劳工主义》,第324页。
③ 托马斯·弗罗斯特:《40年的回忆》,伦敦1880年版,第127—128页。
④ 摩里斯(主编):《从科贝特到宪章运动》,第253—254页。

黎街道上仍遍布着街垒，在公共建筑物前武装的工人正用土炮保卫着街垒。第二天，英国工人的3位代表由德国民主主义者沙佩尔、莫尔、鲍威尔陪同来到设在市政厅的临时政府，他们受到赖德律·洛兰、马拉斯特、加尔涅·帕热斯的接见。琼斯用法语向临时政府领导人表示，英国工人阶级决意拒绝加入任何反对法国的战争。哈尼向洛兰递交了祝贺信。加尔涅·帕热斯代表临时政府致答词，全场响起了一片"共和国万岁！"的欢呼声。英国工人阶级支持法国革命的消息迅速传遍了巴黎。① 哈尼和琼斯在巴黎逗留期间参加了共产主义者同盟的活动。② 在巴黎，哈尼读到《共产党在德国的要求》，这一马克思主义文件对他的思想产生了很大的影响。

法国的二月革命使英国大资产阶级极端恐惧。《泰晤士报》说："2月24日是历史上最可怕的日子。"英国所有资产阶级报刊都一致对巴黎"暴民的统治"持斥责态度并惊恐万分。③ 英国政府企图使用外交手段来反对新生的法兰西共和国。针对英国资产阶级的阴谋，宪章派和民主主义者组织了支持法国资产阶级民主革命的活动。2月28日和29日在伦敦接连召开了两次群众大会。28日的大会是由全国宪章协会执委会和民主兄弟协会共同组织的，哈尼在会上宣读了一份布鲁塞尔民主协会主要领导人马克思等签署的信件，邀请英国宪章派和民主兄弟协会参加预定于1848年9月在布鲁塞尔举行的世界民主派大会，琼斯在讲演中说："共和国不只是生长在法国的特殊的作

---

① 摩里斯（主编）：《从科贝特到宪章运动》，第253—254页；斯科恩：《宪章派的挑战》，第158—159页。
② 《国际社会史评论》第1卷第2期，1952年，第245—248页。
③ 萨维尔：《1848年革命年代的宪章运动》，载《现代季刊》新辑第11卷第1期，第24页。

物,它在其他地方也生长起来,甚至在英国这块冰冷的土地上生长起来。"①

3月伦敦的发动

1848年3月伦敦工会代表会议召开。首都各业工人代表100多人出席了会议。当时有2/3的织工失业,1/2的鞋匠和铝管工失业。伦敦失业总人数达到6万人。工会代表会议认为应当由工人选举成立一个"劳工保护委员会",其成员应当是下院议员,其主席应当是内阁成员。会议还提出了普选权、以累进财产税取代其他一切税收,实行国民信用为基础的流通制度,通过国家保护来反对不正当的外国竞争者用法定的补助方式保证每个行业能取得公平的工资等要求。在讨论后加进了《人民宪章》的其余条文,在会上得到通过。

3月6日中等阶级改革派查尔斯·科克伦在伦敦特拉法加广场召开了一次要求取消所得税的群众集会。政府宣布这次大会为非法集会,组织会议的中等阶级改革派胆怯了,但群众仍然前去参加这次会议,大约有10000至15000人出席了这次大会。会议通过了所得税的决议,并向巴黎人民祝贺,为《人民宪章》欢呼。散会以后,在场的几个资产者指责集会人士都是不愿工作的懒汉,否则他们是可以找到工作的,这种信口胡言使群众无比愤怒,与前来驱赶群众的警察展开了搏斗。当局从其他地方调来相当多的警察,到夜间,冲突进一步扩大,一大批群众在"到王宫去"的呐喊声中向白金汉宫进发,并袭击了去追击他们的临时警察。在以后两天中,群众一再与警察发生冲

---

① 《北极星报》,1848年3月4日。

突，3 天的冲突中警察共逮捕 127 名示威者。①

同一时期在工业区发生的阶级斗争发展到暴动的程度，3 月 6 日在格拉斯哥发生了粮食暴动，饥饿的工人聚集起来，闯进了食品店和枪支店。群众在街道上阔步前进，一路高呼："没有面包，就要革命！"当局调来地方驻军来援助警察，在大街上宣读了"暴动法"。但仍无法阻止从四面八方涌来的饥饿的群众。事后，政府逮捕了 64 名群众，群众领袖被判处 15 年徒刑。在爱丁堡，愤怒的群众冲上街头打碎了街灯，一些示威群众高呼"共和国万岁！"3 月 7 日在格拉斯哥东郊的布里其顿，警察向示威群众开枪，打中 5 人，其中有的当场死去。② 在曼彻斯特群众聚集在济贫院门前，要求解放院内的贫民，与派去的大队警察发生了 4 个小时的冲突。入夜以后，群众袭击了警察局，用拆下来的木料当武器向警察进攻。此外，在法国二月革命消息的鼓舞下，纽卡斯尔、桑德兰、巴思、诺丁汉等许多城镇的宪章派都非常活跃。

3 月 13 日在伦敦的肯宁顿公地召开了有两万人参加的群众集会。雷诺兹是集会主持人，克拉克、狄克森、麦格拉斯、琼斯代表宪章派出席了大会，琼斯在会上表达了宪章派的决心："打倒自由党政府，必须解散目前的议会，在没有实现《人民宪章》以前决不妥协。"他号召人民"不要畏惧可耻的法官，不要害怕警察"。政府调动了 3800 多名警察来对付革命群众，集会后有 400 至 800 名群众冲击了坎伯韦尔地区的商店，有 9 名群众被当场逮捕，有 25 人在 4 月受审，就在这一天，全国宪章协会执委会做出了 4 月 3 日在伦敦召开代表大会，

---

① 古德维：《伦敦的宪章运动，1838—1848 年》，第 71、111—114 页；甘米季：《宪章运动史》，第 294—295 页；马瑟：《宪章运动时代的公共秩序》，第 100—102 页。
② 霍威尔：《宪章运动》，第 288 页。

将在 4 月 10 日递交《全国请愿书》的决定。执委会希望把递交请愿书的行动变成一次全国性的示威。[①] 3 月 13 日事件表明群众已无法忍受政治和经济压迫，他们期待着一场变革的到来。

3 月 15 日欧文发表了题为《防止在大不列颠和爱尔兰发生重大政治变动所需要的实际措施》的文章。他把残破不全的政治民主要求和对资产阶级国家的幻想掺和到一起，提出了 10 点要求，其中包括：思想、言论、著作和出版自由；选民共同承担赋税；秘密投票，议员支薪；政府同等地保护一切人，实施普遍的国民教育，向所有要求就业者提供就业机会，实行财产累进税，建立全国银行，发行公债；实行自由贸易，组织和训练人民实行国民自卫等。欧文提出这一纲领的动机由他自己直言不讳地说出来，这就是"实行这些变革可以取得一些必要的成果，以防止在整个欧洲来自外部的迫使政府进行重大变革的压力"。[②] 毋宁说这是欧文为防范在英国发生革命向政府的献策。这位曾经对工人阶级制订未来理想社会蓝图的空想社会主义者现在走到了自己的反面。

在新的斗争拉开战幕之前，哈尼强调了宪章运动的革命目标，他说："这个目标就是所有阶级都愉快幸福和自立而生，特别是那些为国家创造财富的劳动者阶级。"[③] 在另一篇文章中他说："不是改革就是革命，这已成为今天的法则。"[④]

3 月中旬以后，整个欧洲的革命形势已非常明朗，英国资产阶级无比恐惧。格陵维尔在 3 月 25 日的日记中写道："没有什么比回顾过

[①] 古德维：《伦敦的宪章运动，1838—1848 年》，第 114—116 页。
[②] 《北极星报》，1848 年 3 月 15 日。
[③] 《北极星报》，1848 年 3 月 18 日。
[④] 《北极星报》，1848 年 3 月 25 日。

去五天发生的事情更令人吃惊的了。"柏林街头的枪战、普鲁士王公逃走、梅特涅垮台、米兰独立、巴伐利亚国王退位,"在过去时代其中任何一件都极为重要并和人们利益相关,现在发生时却没有人理睬"。①

到3月下旬,随着全国请愿和召开宪章派国民大会的时间临近,英国各地的群众集会更加频繁了。3月17日在曼彻斯特自由贸易大厦爱尔兰人联盟和宪章派召开了一次有9000人参加的大会,李奇和奥康诺在会上讲话,呼吁英国人和爱尔兰人联合起来进行斗争。② 21日在曼彻斯特召开了规模更大的集会,15万名爱尔兰民族运动参加者和宪章派参加了大会。③ 由于爱尔兰民族运动领袖史密斯、奥布莱恩、马尔和米切尔被捕,欧洲各国革命的消息不断传来,人们纷纷加入爱尔兰联合会。3月27日在伦敦又举行了一次群众集会。在诺丁汉有1万多群众举行集会,宪章派领袖麦克道尔在会上讲话,到会者会后举行了列队游行。

为了迎接宪章派国民大会召开,普利茅斯、默瑟尔、布雷德福、北安普顿、南安普顿、曼斯菲尔德、埃克塞特等地分别举行了一系列群众集会。④

4月宪章派国民大会

4月4日宪章派国民大会在伦敦约翰街科学艺术协会会堂举行,参加大会的代表最初为47名,后增加到49名,他们大都来自工业

---

① 《格陵维尔回忆录》第6卷,第158—159页。
② 里德、格拉斯哥:《菲格斯·奥康诺:爱尔兰人和宪章派》,第129页。
③ 斯科恩:《宪章派的挑战》,第161页。
④ 甘米季:《宪章运动史》,第301页。

区。宪章派重要的领袖如奥康诺、奥布莱恩、哈尼、琼斯、李奇、艾什顿都出席了大会。从这次国民大会代表构成来看，大多数是40年代宪章运动中涌现出来的新人。

从第二天下午开始，国民大会集中讨论全国形势以及工人阶级的状况和情绪，博尔顿的代表史蒂文森指出："当地群众正处在十分可怕的悲惨境地。"基德说："奥德姆普遍存在着不满情绪。""他们觉得，长期遭受饥寒交迫不如一死为快。"曼彻斯特代表多诺万报告："曼彻斯特已有1万人失业，商店的营业已减少一半以上，最近对欠交济贫税的人发出的传票已达6000份。"埃德蒙·琼斯说，利物浦1万名河岸搬运工人已失业20个星期之久。艾什顿叙述了北安普顿制鞋工人的贫困状况，他说，工人们决心冒一切危险来实现宪章。伯里的代表塔特索尔说，兰开郡人民已经到了忍无可忍的地步。斯托克堡的代表韦斯特说，当地群众所得的工资不到以前的半数，难以糊口，他们说，目前的请愿将是最后一次向议会请愿。所有工业区的代表几乎一致反映，下层劳动群众的贫困状况已达到惊人的程度，他们愿意为实现《人民宪章》而不顾一切地去斗争。[①] 代表带来了大批请愿书的签名，格拉斯哥有13万人签名，兰开郡有65000人签名。

在讨论采取什么样的步骤来进行斗争时，国民大会的代表和以往一样发生了分歧。洛厄里不赞成使用暴力，认为不凭暴力也可以实现宪章。伯明翰代表富塞尔说，中等阶级已声明赞成《人民宪章》，希望不要提出有关暴力和道义政策的问题。一些代表对形势估计得过于乐观，格拉斯哥代表亚当斯说，中等阶级已经开始对宪章派采取亲善友好的态度，宪章派能将所有的士兵掌握在自己手中。奥康诺相信

---

① 韦尔摩斯：《19世纪的一些工人运动》，第95—96页。

群众已有充分的准备，请愿可能征得540万人的签名，认为爱尔兰人民能够控制资产阶级在那里的所有武装力量。但是，更多的代表表示，一旦请愿被议会否决，他们主张采取暴力作为最后的措施。值得注意的是，左翼宪章派的领袖这个时期对策略问题的见解已较以前成熟。在国民大会召开一周之前，3月28日在伦敦圣约翰文学院的群众集会上，琼斯对于是否采取暴力政策发表了较成熟的见解。他说："我提倡暴力的组织，却不主张进行一次暴力的发动。""我主张组织起来。没有组织，人民只是暴徒；但有了组织，人民就成为一支军队。"① 哈尼在国民大会发言中确信工人具有革命的决心和毅力，但他注意到敌我力量对比。他说："在这种大规模的斗争中，每个小时我们敌人的力量都在增强，而我们的弱点则越来越明显。""工人的组织状况是无法战胜武装到牙齿的统治阶级的。"② 哈尼坚决支持琼斯加强宪章运动群众基础的提议。琼斯提出，一旦《全国请愿书》被否决，地方将召开宪章派群众大会，推选代表组成一届新的"国民议会"，这个国民议会将在任期内常设，以协调全国的行动。③ 这种意见有利于组织工人阶级开展斗争。但代表们认为宪章派群众并没有授予国民大会代表这种权力，使很有价值的建议遭到了否决。

4月6日国民大会经过反复讨论通过一项决议。决议指出，假如全国请愿遭到下院否决，国民大会准备向女王呈递国民陈情书，要求解散目前的议会，只选举支持《人民宪章》的大臣参加内阁。要召集由群众大会选出的代表组成的国民会议，以便向女王呈递请愿书。为了通过全国陈情请愿书和选举国民会议的代表，大会号召全国各地在

---

① 萨维尔（主编）：《厄内斯特·琼斯：宪章派》，第97—99页。
② 斯科恩：《宪章派的挑战》，第164页。
③ 斯科恩：《宪章派的挑战》，第163页。

4月21日星期五同时举行群众集会,4月24日在伦敦召开国民会议。①这个决议起了团结国民大会不同意见的代表的作用,避免了因策略原因造成的分裂。这表明宪章派在1848年时比早先成熟了。

资产阶级的恐慌和政府的反革命措施

随着4月10日临近,资产阶级和贵族越发惶恐不安。《泰晤士报》咒骂宪章派是"一伙手持凶器的恶棍",他们"希望在不列颠岛上造成一个地狱"。4月9日,维多利亚女王躲到了怀特岛,伦敦的剧院纷纷宣布4月10日夜间将停止演出。兰开斯特公爵领地大臣坎贝尔勋爵在9日晚给兄弟的信中写道:"这恐怕是共和国建立以前我最后一次给你写信了!我对革命并不特别害怕,不过,那恐怕是要'流血的'。"威灵顿回忆说:"我们当时好像临到战争前夜一样,成立了一个正式的作战委员会。马考莱告诉我说,他仿佛觉得已到了死亡末日。"4月5日马姆斯伯里勋爵在他的日记中写道:"对宪章派的恐惧与日俱增,每个人都以为攻击是凶猛的。"在4月9日他写道:"今天惊恐的气氛笼罩着整个城市。"②帕麦斯顿勋爵担心4月10日女王将会落到无人保护的地步,要求警察应当搭救遭到攻击的外交部的职员们。③

英国资产阶级政府在惊慌之余开动了国家机器,采取专政措施来对付宪章派,格雷爵士在7日下院会议上提出一项保障王室和政府安全的法案,规定凡是公开地、故意地发表危害治安的言论将构成重

---

① 韦斯特:《宪章运动史》,第243—244页。
② 韦斯特:《宪章运动史》,第245—246页。
③ 古德维:《伦敦的宪章运动,1838—1848年》,第72页。

罪，将受到流放的处罚。它在下院和上院获得通过，又称重罪法。此外，政府还颁布一项内容与之相似的外侨法，以对付在英国积极从事民主活动的外国政治流亡者。①

政府做出了军事部署，把4000多名警察布置在泰晤士河、肯宁顿公地和威斯敏斯特，从外地调集了3200人的军队，使伦敦的军队增至7000人。10日清晨又调来两门大炮和450名步兵，维多利亚女王在8日巡视了从宫廷到奥斯本地区一线。公共大厦都设了防栅，在邮政总局有1000多雇员举行了效忠政府的宣誓，并发给50枚手榴弹供防守用。大英博物馆装备了50支毛瑟枪和100把短剑。在荷美西故宫和海关门前放置了刺拒马，在邮政局、东印度公司大厦、伦敦市政厅和伦敦塔前都设置了沙袋堆成的防御工事。在金融活动中心英格兰银行筑起了沙袋构成的胸墙，并有为毛瑟枪和小炮留出的枪眼。新议会大厦一线被军队保护着。

由于伦敦的军队数量不足，政府从伦敦的资产阶级和外国显贵中征集一大批临时警察。临时警察总数大约为8.5万人。临时警察中只有少数来自工人，加入临时警察最多的是中等阶级分子，英国的中等阶级被法国二月革命震惊，抛掉资产阶级民主的假面目，和统治阶级站在一起来反对工人阶级。② 当时居住在伦敦的法国的路易·波拿巴也报名参加了临时警察。当伦敦的店主们得知拉塞尔勋爵允许宪章派携带他们的请愿书前往议会请愿时，他们向政府"漠不关心和无可奈何"的态度提出了抗议。③ 以前曾对宪章派表示同情的《非国教徒报》腔调也骤然改变，它报道了伦敦中等阶级组织的对宪章运动的反

---

① 甘米季：《宪章运动史》，第311页。
② 古德维：《伦敦的宪章运动，1838—1848年》，第73—74页。
③ 费伊：《哈钦森及其时代》，1957年版，第396页。

示威。政府把全部武装力量的指挥权交给了威灵顿公爵。

资产阶级如临大敌，但是，宪章派请愿的组织者们始终认为4月10日的示威应当和平地进行。宪章派国民大会的代表在7日给内务部长的信中已公开告诉他："国民大会一直没有主张并最后拒绝了召开一次武装的国民会议或者举行一次武装的游行示威的意见"，"我们将完全反对在下星期一制造骚动破坏公众安宁"。宪章运动坚决揭露了资产阶级政府耸人听闻的宣传。在4月10日散发的一份宪章派的传单上写道："'和平和秩序'是我们的座右铭。"[①] 4月7日国民大会的宣言也强调这次行动具有合法的性质。

4月10日肯宁顿公地集会　向议会递交请愿书的游行

4月10日上午9时宪章派国民大会开会。大会收到了警察局长的来信，声称计划中的游行在任何条件下都不准实行。这时奥康诺动摇了，认为应当放弃游行的计划，以免给政府提供袭击的口实。这时传出消息说，当局已做出决定，宪章派任何一个团体都不准过到泰晤士河北岸，否则就会发生流血事件。当局的威胁激起宪章派代表的愤怒。上午10时，国民大会代表在工人护送下从国民大会的会场科学艺术协会会堂出发，前往肯宁顿公地广场，装载着《全国请愿书》和签名册和宪章派国民大会及全国宪章协会执委会的两辆马车走在队伍之前。11时，游行队伍到达了肯宁顿公地。沿途不断有市民群众、工人加入游行队伍，队伍中有乐队，旗帜上写着："宪章，不做任何

---

① 传单照片。见古德维：《伦敦的宪章运动，1838—1848年》，第75页。

让步！""宪章和土地"、"自由、平等、博爱"。参加游行的爱尔兰人高举着有"爱尔兰是爱尔兰人的爱尔兰"等字样的旗帜。

游行队伍到了肯宁顿公地便扩大成强大的示威运动，无数群众与游行队伍一同前进。当宪章派聚集在肯宁顿公地时，由于人数之多已无法精确地加以估计。各种报纸估计的人数相差甚大。《伦敦电讯报》估计参加者为8万至10万人。《泰晤士报》编辑部文章估计人数为1万至2万；但该报发表的报告为2万至5万。《晨报》估计人数为8万至15万人。《晚上的太阳报》和《非国教徒报》报道为10万人。宪章派机关报《北极星报》则报道有25万人。奥康诺本人认为40万至60万人。① 警察局长梅恩给内务部长的报告说不超过14000至15000万人，托马斯·弗罗斯特则认为有15万人参加。② 晚期的研究者认为参加请愿和集会的有11万人左右。③

集会讲演尚未开始时，警察局长梅恩把奥康诺和另一名负责人马格拉特找去，对他们说，政府坚决不允许游行队伍过桥前往议会大厦。奥康诺当即答应放弃到议会示威的计划，请愿书用马车送到议会下院去。④ 奥康诺回到广场后，打断了会议，劝宪章派放弃去下院示威的计划，散伙回家，由执委会护送请愿书去议会。奥康诺在对群众讲话中强调，采取和平的手段是取得请愿胜利的保证。他说："如果群众没有因为过激和愚蠢的行动而自我毁弃的话，任何人也无法阻挠我们获得胜利。"⑤ 琼斯在奥康诺之后发言，他重复了奥康诺的劝告。

---

① 古德维：《伦敦的宪章运动，1838—1848年》，第137页。
② 托马斯·弗罗斯特：《40年的回忆》，第139页。
③ 古德维：《伦敦的宪章运动，1838—1848年》，第76页。
④ 甘米季：《宪章运动史》，第317页。
⑤ 斯科恩：《宪章派的挑战》，第166页。

克拉克提出坚持议会请愿，反对政府各项高压政策的意见。哈尼也支持奥康诺的意见。

下午1时3刻，大会在和平的情况下解散了。在黑僧桥路，群众与警察发生了冲突。当放弃示威游行的消息传到伦敦交易所时，资产者唱起了国歌，政府发行的统一公债立即升值。

大会解散后，3辆马车装载请愿书和签名册驶向议会下院，奥康诺向议会呈递了请愿书，他说签名人数有570余万人。

1848年宪章派《全国请愿书》的内容与1842年请愿书相近，但对民主原则阐述得更清晰。请愿书的《导论》部分指出："劳动是一切财富的源泉，人民是一切政权的根基，工人对劳动产品享有权利。没有议会代表权而交纳赋税就是暴政。国家的天然资源和经济资料只有借助工人和劳动阶级的代表所制订的法律，才能获得最完善的发展和最完善的实现。宪章派根据这些原则，要求《人民宪章》成为国家的法律。"①

议会的一个委员会审查了这份请愿书，4月13日幸灾乐祸地报告说，签名人数仅有197万余人，没有奥康诺所说的570万人，并说其中一些签名很明显是捏造的。具有敌对情绪的下院议员以此为借口延搁审查和讨论《全国请愿书》一事。直到1849年7月3日议会才正式讨论请愿书，这时宪章运动已在全国衰落下去。议会对请愿书的表决是在毫无群众革命压力的情况下进行的。投票赞成请愿书的议员只有17人，反对的却有222人，请愿书被最后否决了。1848年4月宪章派全国请愿失败了。

1848年宪章派全国请愿失败的最主要原因是宪章派领袖脱离群

---

① 比尔：《英国社会主义史》，下卷，第148页。

众。他们过高地估计了自己的力量,过低地估计了宪章派群众的力量,以为靠少数几个宪章派领袖送去请愿书就会打动议员们,没有议会外群众的革命压力,统治阶级的让步是不可能的。奥康诺劝说示威和集会的工人解散,已预示着请愿的失败。第二,1848年宪章派的斗争在伦敦缺乏群众广泛的支持,伦敦的小资产阶级和中等资产阶级已被法国二月革命和其他欧洲国家发生的资产阶级民主革命吓倒,他们纷纷倒向反动势力一边,武装起来对付宪章派,而一些觉悟不高的工人也登记加入临时警察的队伍,成为资本主义社会秩序的保卫者。而资产阶级报刊的恶意宣传在此间起了相当的蛊惑人心的作用。此外,当时英国资本主义经济处于上升时期,资产阶级国家机器包括军队、警察还相当强大,资产阶级与土地贵族对待工人运动的态度基本一致,这也是宪章派请愿不能取胜的原因之一。

国民大会和国民会议

肯宁顿公地请愿后,宪章派国民大会继续进行,大会决定召开一次宪章派国民会议。并决定派李奇、基德和麦格拉斯去邀请爱尔兰代表前来参加即将召开的国民会议。4月15日国民大会提出一项给维多利亚女王的备忘录。备忘录揭露说,政府采取使一些阶级反对另一些阶级的卑劣手段来达到其统治的目的,要求政府解散现存的议会,任命一届同情《人民宪章》的内阁。[①]这份备忘录不过是肯宁顿公地请愿微弱的回声。

琼斯在这个时期已看出了宪章运动的和平请愿方式不可能达到

---

① 韦斯特:《宪章运动史》,第252页。

工人阶级的目标。他在4月中旬的一次讲话中说:"我再也不向政府呼吁,我要强调,我们不能通过游行来达到我们的目的。让每个人拿起枪来准备战斗,那时我就能向你们保证,宪章很快会被宣布为国家法律。"①

根据国民大会的决议,宪章派在全国各地恢复了集会,许多城市集会的规模相当大。4月17日在阿伯丁举行了有1万人参加的露天群众大会,通过了建立国民自卫军的建议。在格拉斯哥举行的大会也通过了这项决议。据琼斯迟一些时候的信中报告,在阿伯丁已经组成了有6000人组成的国民自卫军。4月16日在曼彻斯特举行了有10万人参加的群众集会。在纽卡斯尔、利物浦、布里斯托尔、伍斯特、里兹、伯里、赫尔等地都举行了盛大的群众集会,通过了支持宪章派国民大会和征集请愿书补充签名的决议。都柏林的爱尔兰民族运动也举行了群众集会,坚决支持宪章派召开新的国民会议,并邀请宪章派领导人参加他们的集会。4月24日李奇和基德参加了他们的集会并在会上讲话。同一天,伦敦宪章派和群众在国民会堂举行了群众集会,通过了拥护《人民宪章》和取消英爱合并的决议。4月28日在哈利法克斯举行的群众集会有大约8万人参加,西雷丁区的布雷德福、哈德斯菲尔德的宪章派队伍都到了,大会使地方当局震惊,他们调集了雇佣军、正规军、临时警察来对付宪章派。

总之,4月10日请愿以后宪章运动并没有很快衰落,广大工人群众仍团结在一起,准备再一次进行斗争,问题在于如何正确地领导宪章派的斗争,采取一条正确的路线。宪章派老领袖奥康诺此时已脱离群众运动,他认为召开新的宪章派国民会议是完全不必要的和非法

---

① 《北极星报》,1848年5月20日。

的,他还写信给国民大会劝阻筹备国民会议,并拒绝参加国民会议。

1848年5月1日,宪章派国民会议在伦敦约翰街学院举行。最初有29名代表参加[1],后来代表增至40余人。代表们报告了各自所在地区宪章运动发展的情况。国民会议选出了一个临时常设执行委员会,由麦克雷、琼斯、基德、李奇和麦克道尔5人组成。会议通过了征集宣传经费,关于工人阶级的贫困状况,关于忠诚于《人民宪章》,关于废除1801年英爱合并的宣言。对于宪章派斗争的策略问题国民会议进行了讨论,虽然通过了号召群众武装起来的决议,但没有做出明确的指示。琼斯在闭会时的讲话说,他看到宪章运动已在衰落,"革命的导火索已被踩断",如果宪章派再要发动斗争的话,就必须借助新的力量、新的毅力和决心重新做起。[2]

伦敦宪章运动的继续发展

资产阶级史学家的著作通常认为肯宁顿公地请愿失败后宪章运动就立即崩溃了,他们把4月10日视为宪章运动结束的标志。但事实并非如此。

宪章派在4月10日以后继续发展自己的组织,并在某些地区组织新的斗争。肯宁顿公地请愿以后4个月中,伦敦宪章派基层组织的数量并没有减少,相反,有较大增长,相当于1848年1至4月数量的1倍半至2倍。[3] 从4月至6月,在东伦敦的霍克顿、肖迪奇、斯宾特菲尔德、巴思内尔草地等地,成立了13个新的宪章派地方组织,

---

[1] 沃德:《宪章主义》,第210页。
[2] 古德维:《伦敦的宪章运动,1838—1848年》,第15页附表。
[3] 古德维:《伦敦的宪章运动,1838—1848年》,第15页附表。

在鲍纳主教广场、新斯科舍花园和巴思内尔草地经常举行定期会议。在圣潘克拉斯草地每周都举行会议,在这里创立了7个宪章派组织。在潘廷顿地区也经常有宪章派户外集会举行。伦敦的宪章派按照10人为一个"班"组织起来,每10个班组成一个"区",每个地区的宪章派地区组织则分成若干个"区",以适应秘密联络和密谋活动的需要。这个时期伦敦有大批爱尔兰人联盟的成员,爱尔兰人组织同宪章派组织建立了密切的联系。在5月宪章派国民会议召开时,爱尔兰人联盟的代表参加了这个会议,以示支持。托马斯·弗罗斯特在回忆录中说:"在圣乔治海峡两边的革命密谋活动家之间有着书信来往。"① 有人经常来往于伦敦和都柏林之间从事两个组织之间的联络工作。

5月26日爱尔兰民族主义活动家米切尔因在报纸上发表文章而被当局以重罪法判处14年流放的重刑。米切尔的被捕和判刑激起伦敦宪章派无比的愤怒。26日伦敦宪章派在克勒克韦尔草地召开声援米切尔的大会。28日伦敦又举行了爱尔兰人的示威集会,有1万至12000人参加游行。

5月29日晚,有几千名群众在克勒肯韦尔草地集会,伦敦宪章派领袖富塞尔、约瑟夫·威廉斯、丹尼尔·麦格拉斯在会上做了激烈而流利的讲演。在威廉斯带领下,集会群众来到芬斯伯里广场与另一支宪章派队伍会合。9时以后会合的示威群众向特拉法加广场进发,沿途有大量群众加入游行队伍,大约有5万至6万人参加。晚上10时半游行队伍来到特拉法加广场,后来经过舰队街再到芬斯伯里广场。有3000至4000人在卡特莱特咖啡馆外举行了集会,宪章派领袖

---

① 托马斯·弗罗斯特:《40年的回忆》,第148页。

做了讲演，警察企图把聚集在街道上的宪章派群众驱散，宪章派用石块向警察掷去。

宪章派对米切尔的判刑进行的抗议活动在 6 月 4 日达到最高峰。这天清晨 5 时便有宪章派在维多利亚公园进行手持武器的操练。上午 10 时，宪章派准备在新几内亚公园举行一次集会，但被警察当局禁止了。宪章派对此满腔怒火。下午 3 时至 5 时，在鲍纳主教广场接连举行了主要由爱尔兰革命者召开的大会，有 6000 至 7000 人参加。[①]会议结束时，到会群众向监视群众集会的警察藏身的教堂发动了攻击，有的群众带着刀。群众打碎了教堂的窗框，把石块掷进去[②]，打伤了 1 名巡官和 7 名警察。[③]

在以后一周中，政府逮捕了一批宪章派领袖，其中有威廉斯、夏普、弗农、富塞尔。6 月 6 日，琼斯也因图谋叛乱和组织非法集会的罪名在曼彻斯特被捕，后被转押于伦敦监狱，在那里一直监禁到 1850 年 7 月 7 日。与此同时，政府还逮捕了爱尔兰人同盟的弗兰西斯·卢克，判处两年监禁。[④]

宪章派左翼和巴黎无产阶级的六月起义

左翼宪章派在 1848 年的宪章运动中密切地关注着大陆法国正在进行的资产阶级民主革命。哈尼密切注视着法国临时政府的活动，不止一次就法兰西共和国应当为工人做些什么这个问题提出自己的看

---

① 《北极星报》，1848 年 6 月 4 日。
② 古德维：《伦敦的宪章运动，1838—1848 年》，第 120 页。
③ 马瑟：《宪章运动时代的公共秩序》，第 101 页。
④ 古德维：《伦敦的宪章运动，1838—1848 年》，第 84 页。

法，他认为首先应当把土地、铁路、银行、运河、森林、矿山和渔场收归国有。① 5月底，哈尼指出，无产阶级俱乐部的领导人都像野兽一样被拘禁起来，最优秀的俱乐部都被封闭了，宪法筹备委员会是由清一色的君主派分子组成的，"这就是5月4日（法国制宪议会开幕的日子）的苦果"。哈尼看到制宪议会议员大多数属于剥削阶级。他得出结论说，普选权的实行、候选人财产资格限制的取消和支付议员的薪金本身并不等于解决了劳动和面包问题。在保存资产阶级统治的情况下，普选权仍不能保证按照无产阶级的利益进行社会改造。②

六月起义前夕，哈尼在《北极星报》上发表一篇长文，引用罗伯斯庇尔的话作为副标题："共和国灭亡了，暴君们胜利了！"他号召巴黎无产阶级举行新的起义。他大声疾呼："难道到现在圣母院的钟楼还不该鸣钟报警，唤起圣安东区的人们去从事拯救共和国的事业吗？"③

六月起义消息传来后，在英国工人阶级中引起热烈的反响。哈尼在《北极星报》上报道了巴黎起义者"无与伦比的英勇行为"。7月8日的《北极星报》刊出了民主兄弟协会的宣言，宣言说："我们有义务向你们呼吁和保卫我们的兄弟们！巴黎无产阶级是背叛、杀害和诽谤行为的牺牲品。巴黎资产阶级达到了他们渴望的挑动战争的目的。"宣言表示："圣安东区被撕毁的红旗是不可战胜的，这面旗帜所象征的信念并不仅仅在巴黎，而且也在劳动群众所居住的各个地方存在和树立起来。不管是一次失败还是50次失败，都不能阻止这个信

---

① 《北极星报》，1848年3月25日。
② 《北极星报》，1848年5月27日。
③ 《北极星报》，1848年6月17日。

念获得胜利！"①

　　在伦敦宪章派召开6月4日和5日集会以后，政府采取了疯狂的镇压措施。政府在6日发布逮捕6名宪章派领导人的命令，开始了持续整个夏季的大逮捕。为了抗议政府的政策，全国宪章协会执委会号召6月12日在伦敦波纳广场举行一次大示威。政府的回答是在伦敦禁止所有集会，同时把大批军队调集到伦敦。其人数不下于4月10日调集的军队人数，仅伦敦商业区就有4500人，皇家骑兵装备了6门大炮，还用增付薪金的办法调动了4300多名警察。根据密探向内务部的报告，全国宪章协会的领导人之一麦克道尔等组成了24人总委员会，计划在6月12日中午发动起义。在伦敦南部，宪章派詹姆斯·巴塞特也正在计划一次起义。他要求一些宪章派携带武器去参加集会，把波纳广场的示威转变成为武装起义。据说在6月13日组成了有亨肖、霍尼博德、珀西、皮特参加的4人秘密委员会，他们制订了推翻政府的秘密计划。

　　当时政府的密探已打入宪章派内部，他们察觉到宪章派的起义计划。于是政府严密控制伦敦的治安，并在伦敦逮捕了约500名宪章派。加之宪章派内部对起义的意见不统一，宪章派在伦敦发动起义的计划最终没有实行。全国宪章协会在6月14日解散了24人总委员会。②

布雷德福等地宪章派的斗争和爱尔兰起义

　　与此同时，英格兰北部工业区工人阶级的革命情绪相当高涨，

---

① 《北极星报》，1848年7月8日。
② 古德维：《伦敦的宪章运动，1838—1848年》，第88—89页。

布雷德福是宪章派武装活动的中心地区之一。在布雷德福不断举行宪章派会议以支持伦敦的宪章派国民大会。布雷德福的宪章派夜间还在荒原上进行操练和演习，他们拥有自备的武器。警察曾从一位宪章派家中搜出8支枪。① 5月28日布雷德福的宪章派曾用棍棒、石块和警察展开搏斗，击溃了大队警察和临时警察。政府调集两连步兵、西约克郡自耕农骑兵和约克郡骠骑兵才把宪章派镇压下去。② 在斗争中有18名宪章派被捕。③ 此外，宪章派6月在莱斯特广泛地进行了武装操练，在纽卡斯尔的猎场举行了盛大群众集会。

7月27日在爱尔兰民族运动的领导人奥布莱恩、米格尔和狄龙等人积极领导下爱尔兰爆发了起义。8月5日奥布莱恩率领一支拥有武器的农民在蒂珀雷里郡的巴林加里同一支警察守备队交火作战，起义者有所伤亡。后来对起义者进行了审判，奥布莱恩、米格尔、达菲等人被判处死刑。后来做了减刑，被囚禁到塔斯马尼亚岛等地。④

8月15日伦敦宪章派起义计划的失败

爱尔兰起义的消息震动了全国。从7月下旬起伦敦宪章派组织接连在密尔顿街戏院、约翰街学院、克雷普门等地集会，声援爱尔兰起义者。早在7月10日伦敦的宪章派已秘密召开了准备武装起义的会议。7月20日在朴次茅斯街的一个会议上成立了"最后措施委员会"

---

① 托尔弗森：《英国维多利亚中期工人阶级激进主义》，第105页。
② 斯科恩：《宪章派的挑战》，第171页。
③ 沃德：《宪章主义》，第214页。
④ 古德维：《伦敦的宪章运动，1838—1848年》，第89页；柯蒂斯：《爱尔兰史》，下卷，第696页。

或称"密谋委员会",以拟定一个武装起义计划。参加这个委员会的佩恩在 7 月 23 日宣布,"我们的目标是摧毁女王为首的政权,如果可能的话,将建立一个共和国"。8 月 7 日以后,"最后措施委员会"的成员发生意见分歧,结果成立了新的由 5 人组成的委员会。8 月 11 日早晨,"最后措施委员会"成员罗斯的家遭到警察搜查,一些文件落入警察手中。政府的迫害促使该委员会考虑发动起义。12 日,委员会派到曼彻斯特的使者莱西写信向委员会报告曼彻斯特工人的情绪非常高涨。15 日,莱西回到伦敦,他躲开了警察,参加了委员会的会议,他告诉委员们,伯明翰和曼彻斯特等地的宪章派已准备在当晚起义。"最后措施委员会"研究了莱西的消息,大多数人赞成在 8 月 16 日晚举行起义。[1]

但是,政府的密探戴维斯和鲍威尔参加了每一次宪章派会议。他们将每次会议的情况都报告了当局。[2] 所以宪章派革命者的一切密谋起义计划都必然遭到失败。从 16 日早晨起,准备起义的宪章派骨干接连遭到逮捕。上午 6 时在橘树街酒馆有 11 名起义的领导人被捕。当警察在橘树街酒馆逮捕宪章派时,有 150 名群众试图拯救被捕的宪章派,但未成功。[3] 上午 9 时左右携带武器的 13 名宪章派在韦伯街天使酒馆被捕,在宪章派被捕的场所发现大量实弹手枪、长枪、匕首和大刀。之后,逮捕持续了 4 天。伦敦宪章派武装起义的计划完全失败了。[4]

---

[1] 古德维:《伦敦的宪章运动,1838—1848 年》,第 89—93 页。
[2] 古德维:《伦敦的宪章运动,1838—1848 年》,第 264—265 页脚注,第 440—461 页;甘米季:《宪章运动史》,第 367—368 页。
[3] 托马斯·弗罗斯特:《40 年的回忆》,第 163—165 页。
[4] 古德维:《伦敦的宪章运动,1838—1848 年》,第 93—94 页。

宪章派的被捕和审讯　起义的总结

伦敦宪章派起义计划的失败，标志着1848年4月肯宁顿公地请愿后宪章派革命活动的最终结束。1848年夏季宪章运动的发展已逾出合法斗争的轨道，具有非法斗争即革命的性质。从5月开始，各地酝酿起义的宪章派领导人和骨干遭到政府的逮捕和迫害。在布雷德福，在宪章派与军警发生冲突以后有18名宪章派领袖和活跃分子被捕。① 在纽卡斯尔，琼斯、富塞尔、夏普、威廉斯和弗农等人都被逮捕。麦克道尔在阿什顿被捕，约翰·肯等人则在伦敦被捕。伯明翰的约翰·怀特和斯托克堡的约翰·韦斯特也被捕了。② 之后，被捕的上述宪章派活动家均被判刑。在伦敦、约克郡、兰开郡和柴郡等地被监禁的宪章派领袖共有90人左右。

1848年底，鉴于资产阶级政府的疯狂迫害，全国宪章协会采取了较为稳妥的活动计划。同时选举克拉克、狄克逊、罗斯、麦格拉斯、斯托尔伍德和哈尼组成新的执委会。因为上届执委会已有两人被捕。③

对被捕宪章派的审讯充分暴露了政府雇用间谍的狡诈伎俩和破坏作用，他们公开向法庭提供证据，以便给宪章派定罪。④

宪章派土地公司的破产

宪章运动第三次请愿失败以后，社会各界和议会对宪章派土地

---

① 甘米季：《宪章运动史》，第333页。
② 斯科恩：《宪章派的挑战》，第176页。
③ 甘米季：《宪章运动史》，第342页；斯科恩：《宪章派的挑战》，第176页。
④ 斯科恩：《宪章派的挑战》，第175页；甘米季：《宪章运动史》，第339页。

公司的经营活动加强了注意。土地公司在法律上未经正式登记，所以没有取得法律保护的地位。土地公司内部管理不善，它公布的收支表不完备。公司内外社会各界人士对其产生怀疑，攻击嘲笑也接踵而来，奥康诺极其狼狈。这时奥康诺的精神病症状已十分严重。在5月，土地公司内部发生矛盾和争吵，土地公司中一部分人召开会议，通过了一项批评奥康诺做法专断的决议，这就使得宪章派土地公司的矛盾公开化。5月12日奥康诺在议会下院提出一项使全国土地公司取得合法地位的法案。5月24日经霍尔爵士提议，下院决定成立一个特别委员会来调查宪章派土地公司的业务。这个委员会展开调查后发现土地公司的各种账簿非常混乱和不完备。委员会在6月至7月先后提出了5份关于全国土地公司的报告[①]，并最后于7月30日通过一项决议。决议指出土地公司的议事录和账簿都不完善，收支表也有所遗失，公司没有严格地记账，但奥康诺看来并没有从中谋取私利，相反，公司欠了奥康诺3000余镑的款项。"委员会考虑到公司的经营似乎是诚实的，故认为应授权有关方面结束这一公司以免他们因疏忽而遭到惩罚。"[②] 这实际上宣告了土地公司的命运。之后，土地公司又维持了5年，但已日渐衰落并趋于崩溃。

琼斯思想的进步

1848年前后，作为政治流亡者居住在伦敦的共产主义者同盟盟员列斯纳，在和琼斯的接触中对后者的思想产生了很大的影响。更重

---

① 《关于土地公司的议会特别委员会的报告》，载《议会文件，委员会报告》第19卷，1847—1848年。
② 《议会文件，委员会报告》第19卷，1847—1848年。

要的是在 1847 年底，琼斯开始和马克思、恩格斯建立了密切的联系，受到了《共产党宣言》和马克思主义革命学说的影响，他开始从一个革命民主主义者向无产阶级民主派转变。由琼斯起草的 1847 年 12 月初民主兄弟协会致布鲁塞尔民主协会会员书中有这样的话："我们认识到真正的人民是每天流血流汗并被现存社会制度置于奴隶地位的无产阶级。我们认为无产阶级正是我们在号召建立普遍的兄弟友谊时应当首先注意的人。"①

这个文件表明民主兄弟协会倡导的国际主义已经具有无产阶级国际主义的性质。琼斯已从民主派左翼转变为无产阶级革命者。1848 年第三次宪章派请愿时，琼斯对于资产阶级国家的认识也更加深刻了，他认为只有坚持斗争才能迫使议会通过《人民宪章》。②

1848 年 6 月琼斯在曼彻斯特被捕后被囚禁于伦敦监狱，直到 1850 年 7 月才释放。两年狱中生活磨炼了琼斯。当他出狱时变得较为成熟起来，他开始从左翼小资产阶级民主派转变为共产主义者。他在 1850 年底一次集会上说："当我被捕入狱时我是个宪章派，但当我出狱时我已成为一个共产主义者。""我曾因为讲演时说过要让绿色的旗帜飘扬在唐宁街上空而被捕③，在那以后我已经改变了我的颜色，我现在变成红色的了。"④

---

① 《北极星报》，1847 年 12 月 11 日。
② 《北极星报》，1848 年 5 月 20 日。
③ 绿色当时是代表激进主义的颜色，宪章派集会时打着的旗帜通常为绿色。甘米季在《宪章运动史》中不止一次提到这一细节。
④ 《北极星报》，1850 年 10 月 26 日。

宪章派与资产阶级改革派妥协的倾向

1848年是宪章运动最后一次高潮发生的年代，同时也是宪章运动发展的转折时期。宪章运动的转折包含两种同时存在的倾向。一种是革命的倾向，即左翼宪章派越来越多地受到马克思主义的影响，他们开始由小资产阶级左翼民主派转变为无产阶级革命派别。另一种倾向则是倒退的倾向，宪章运动的右翼开始和资产阶级改革派妥协并与他们联合起来。

在肯宁顿公地请愿失败的第二天即4月11日的宪章派国民大会上，经李奇动议，大会以多数赞成通过一项决议，反对把中等阶级作为一个整体加以攻击。[①]

早在3月22日，伦敦宪章运动的温和派创立了"人民宪章同盟"。参加这个组织的有几百人，库珀、沃森、赫瑟林顿、霍利约克、林顿、布莱克都是这个组织的成员。该组织提出"用和平和合法的手段实现《人民宪章》"，认为这种路线"对于国家安宁和进步很有必要"。[②] 人民宪章同盟的一些成员没有参加4月10日肯宁顿公地的请愿，从这个组织中派生出"取消报纸印花税委员会"[③]和"取消知识税协会"[④]。资产阶级激进派普雷斯与议员布莱特、科布登、休谟等都参加了这个组织。[⑤] 他们仿佛在重复早期伦敦工人协会和资产阶级激进派合作的那一幕旧戏。十多年的活动经历并没有使这批宪章派取

---

① 甘米季：《宪章运动史》，第344页。
② 罗亚尔：《宪章运动》，第45页。
③ 该委员会在1849年3月成立。
④ 该委员会在1851年2月成立。
⑤ 韦斯特：《宪章运动史》，第259页。

得什么进步，他们的思想水准还是停留在原地。洛维特在 1848 年 2 月革命后不久便提出一项和资产阶级激进派联合以支持《人民宪章》的计划，他的计划得到文森特、洛厄里、尼索姆等人的支持，4 月 8 日成立了"人民联盟"。由洛维特起草的人民联盟的宗旨包括下述内容：减少国民支出，取消所有的关税和国内货物税。这些措施完全属于资产阶级改革的内容。人民联盟最后于 1849 年 9 月解散。①

休谟派和"小宪章"

在宪章派动摇分化的形势面前，资产阶级激进派采取了拉拢部分宪章派实行资产阶级改良的策略，其中休谟等人尤其活跃。1848 年 4 月布莱特和休谟发起"小宪章"运动。② 被称为"小宪章"的纲领修改了《人民宪章》的 6 条要求，用户主选举权取代了普选权，用 3 年召开一次议会取代了每年召开一次议会，他们希望在删改了的《人民宪章》的基础上和政府达成一种改革的妥协。5 月 23 日休谟在议会下院正式提出一项动议，建议把选举权扩大到户主。他在 6 月 20 日议会下院讨论这一提案时发言说："如果议会不能相等地代表所有的阶级，一些阶级就要受到伤害"，"不能代表所有阶级的议会将成为一部转不动的机器"，"修改全国代议制的意见是正当的，有选举权的选民应当扩大到所有户主"。③ 休谟派扩大选举权的方案不在于使工人阶级获得起码的政治权利，而是为了使议会制这个资产阶级

---

① 洛维特：《威廉·洛维特战斗的一生》，第 279—280、292 页。
② 布里格斯（主编）：《宪章运动研究》，第 64、410 页。
③ 霍利斯（主编）：《19 世纪英国的阶级和阶级冲突，1825—1850 年》，第 352—353 页。

的工具更好地代表工业资产阶级的利益。"小宪章"实质是一个资产阶级的改革纲领。但即使这样的温和改革纲领也还是被议会否决了。1849年1月29日,休谟派成立了"全国议会和财政改革协会"。该组织以沃姆斯利爵士和休谟为领导人,它得到各城市和郊区的店主、富裕的自耕农、农场主、啤酒酿造者等的支持。汇集了各种资产阶级激进派。[①] 全国议会和财政改革协会继续在议会中提出了包括普选权、秘密投票、3年改选一次议会、平等的选区和取消议员财产资格限制在内的5项要求。[②] 但在议会表决中只取得84票的支持而败北。

休谟派在议会活动失败以后,转而试图从工人阶级那里取得支持,开始和宪章派一些右翼领导人联合行动。1849年5月13日在伦敦酒馆的集会开始了这种行动,原全国宪章协会执委克拉克参加了这次集会,响应了休谟派的号召。当休谟派在伦敦举行第一次全体成员到场的集会时,克拉克和奥康诺到会并表示支持其活动。奥康诺号召《北极星报》的读者"全心全意地"加入休谟派"新的议会改革协会",避免"流血革命"而打垮"卑鄙的封建制度"。当时对休谟派表示支持的还有霍利约克、雷诺兹以及麦格拉斯。

奥布莱恩和全国改革同盟

从19世纪40年代后期起,奥布莱恩放弃了用暴力手段改造资产阶级社会的主张。在1849年宪章派代表大会上,他反对一些代表的暴动计划,并退出大会以示抗议。迟至1848年11月,他再度展开

---

① 托马斯·弗罗斯特:《40年的回忆》,第203页。
② 马科伯(主编):《激进主义》,第149—150页。

活动，在《雷诺兹政治导报》上陆续发表21篇论文，构成了《人类奴隶制的起源、发展及发展的各个阶段》一书。他在文中写道，古罗马用无产阶级这个词来表示那些没有投票权的较低的或最低的阶级，我们用这个词是指那些没有成为真正的奴隶但依靠其他人来谋取每天的面包的人。他认为"今天的'工人阶级'就是文明国家中的奴隶人口"。在美国、法国，工人阶级仍然是"一个被分割隔离的阶层"。通货膨胀对于工人来说意味着降低工资，加剧对他和他的家庭的剥削。奥布莱恩提出在每个城镇建立国家市场或仓库，以接收各种可供交换的商品，由一些无私的官员从实物或劳动本位制加以估价。奥布莱恩希望用这一措施把"劳动交换"计划推广到全国。从这个计划可以看出欧文的思想对奥布莱恩的影响。

在解放无产阶级的道路方面，奥布莱恩承认需要剧烈的社会变革，但他希望通过和平的"社会改革的方式"进行。他认为最近在艺术和科学方面发生的惊人革命必将在人类社会的经济和政治机构方面引起相应的革命。这第二次社会革命将把无产阶级从工资奴隶制奴役下解放出来，而无须牺牲任何人的生命财产。[①]

1849年底全国改革同盟酝酿成立，奥布莱恩为全国改革同盟起草了一份《建议书》。这份文件以国有化为中心内容提出了七项改革措施。第一，用伊丽莎白女王时代的中央管理的济贫制度取代现行的济贫制度；第二，政府应当拨出款项购买土地安置贫民；第三，减轻赋税和私人债务；第四，将矿山、渔业、土地及公共事业收归国有；第五，建立公共信贷制度鼓励发展合作社和小企业；第六，建立以实

[①] 奥布莱恩：《人类奴隶制的起源、发展及发展的各个阶段》，伦敦1885年版，第27—30页；普卢默：《布朗特里·奥布莱恩的政治传记》，第195—196、209—210页；柯尔：《宪章派传略》，伦敦1941年版，第262页。

物为基础的币制代替以贵金属为基础的币制；第七，在每个城镇建立劳动交换所。1850年1月，《建议书》正式在《雷诺兹政治导报》发表时又加上了要求保证人民在下院享有公正的代表权的内容。①

奥布莱恩的《建议书》提出的是一个内容庞杂的纲领，它既吸收了欧文主义的合作社和劳动交换计划，也纳入了中等资产阶级改革派的币制改革要求。事实上，到1849年时，奥布莱恩对于宪章运动的革命性目标已丧失信心，他认为任何对于社会权利的讨论已不可能。②他对于工人阶级应当采取哪一种学说和理论已茫然无措。这反映在他的论文《便士的力量》中说的一段话里："无论到什么地方，我都不会去反对任何一种不反对人民权利的主义。无论是欧文主义、傅立叶主义，还是共产主义。"③他的思想完全混乱了。

1850年1月全国改革同盟正式成立。参加这个组织的有宪章运动中温和的改革派、欧文主义者以及其他小资产阶级政治改革派。这个组织的主要活动家除奥布莱恩外还有欧文主义者劳埃德·琼斯、改革派政论家雷诺兹，他们在思想上彼此差异很大，所以到19世纪50年代中期奥布莱恩最终离开了这个组织。

哈尼同奥康诺的斗争

1848年春季当"小宪章"运动开展，奥康诺对这一运动表示支持时，哈尼发表了与奥康诺截然不同的看法。哈尼指出，休谟和科布登等一伙人的真实意图是要借助宪章派力量向政府施加压力，以求减

---

① 《北极星报》，1850年3月30日。
② 戴维·琼斯：《宪章运动和宪章派》，第169页。
③ 普卢默：《布朗特里·奥布莱恩的政治传记》，第194页。

轻工商业资产阶级肩上的赋税负担。工人阶级如果再帮助资产阶级，他们就会发现自己像1832年那样再次受骗上当了。[①] 哈尼在总结了巴黎六月起义的经验后指出，人民仅仅争取民主权利而忽视社会权利是错误的。正如普选权可以作为革命的工具也可以轻易成为反革命的工具那样，"社会只有立即重新组织起来，他们才可能确保自己的胜利"。而只有工人阶级提供关键的推动力，宪章运动才可能复兴，否则政治领域的领导权只会落到自由资产阶级曼彻斯特学派手中。[②]

哈尼对于宪章运动纲领这种新见解的产生并不是偶然的。1848年初他在巴黎时就谈到了马克思和恩格斯写的《共产党在德国的要求》一文，受这篇文章的影响，哈尼回到英国后便提出了国有化问题。他认为法兰西共和国应当首先把土地、银行、运河、森林、矿山、铁路等收归国有。[③] 正是在社会纲领上，哈尼、琼斯和奥康诺为代表的小资产阶级民主派之间存在着根本的分歧。奥康诺虽然也注意到当时社会中资本的集中化倾向，但他认为竞争和私人财产是社会的经济基础，他希望助长一大批"富裕的小资产者"。[④] 这个思想构成了奥康诺土地计划的理论基础，土地公司的失败也没有削弱他的这个信念。而哈尼认为应当通过国有化对经济进行改造，两者的方案是根本不同的。对于资产阶级激进派奥康诺在1848年以后采取了合作态度。1849年夏季和秋季，奥康诺参加了休谟派的会议和议会及财政改革协会在诺里奇召开的大会。他在后一个会议上说，他以前曾反对中等阶级的运动如自由贸易运动，并劝告宪章派不要参加自由贸易请愿，但

[①] 斯科恩：《宪章派的挑战》，第109页。
[②] 斯科恩：《宪章派的挑战》，第177—178页。
[③] 《北极星报》，1848年3月25日。
[④] 《北极星报》，1841年9月11日。

现在他对于宪章派到处都在与中等阶级友好相处感到非常高兴。①

哈尼和奥康诺的妥协立场展开了斗争，他指出中等阶级和工人阶级的利益是不可调和的。他针对那种以为资产阶级改革派的胜利会给工人阶级带来某些利益的看法对中等阶级激进派做了历史的分析。"这些人先前的经历和他们皈依的政治经济学信条可以充分答复上述一些问题。他们曾是10小时工作制法案的坚决反对者，他们也曾一直捍卫最恶劣不过的新济贫法。"②"提倡阶级合作对于无产阶级大众来说，恐怕是希望工业救世主降临吧！"③

在对待欧洲大陆各国人民的革命斗争的态度上，奥康诺对左翼宪章派的国际主义活动很反感，他警告宪章派要远远地躲开"外国问题"。即远离欧洲大陆的社会主义运动。哈尼立即对奥康诺的错误主张组织了回击。他印出了两封地方宪章派组织谴责奥康诺的信件，其中一封信是诺丁汉老宪章派写的，他们曾经是奥康诺的坚决支持者，但在这个问题上他们表示不能同意奥康诺的意见。他们在信中写道："世界就是我们的祖国"，所有各国的工人阶级应当在反对国际上反动统治阶级的斗争中在一起作战。④

重组民主兄弟协会

巴黎六月起义的失败毕竟给整个欧洲的工人运动和民主运动包括民主兄弟协会以很大的打击。在欧洲大陆的革命失败以后，伦敦重

---

① 里德、格拉斯哥：《菲格斯·奥康诺：爱尔兰人和宪章派》，第135—136页。
② 《民主评论》，1850年，第351页。
③ 《北极星报》，1849年11月10日。
④ 斯科恩：《宪章派的挑战》，第185页。

新又汇聚了各种色彩的政治流亡者，他们之中发生的变节、争吵层出不穷，民主兄弟协会成员中思想也很混乱，民主兄弟协会一度沉默下去，需要在新的基础上重新组织起来。[①]哈尼力图恢复民主兄弟协会的活动，把它改造成具有无产阶级性质和无产阶级国际主义思想的团体。

1849年10月民主兄弟协会进行了改组，哈尼积极参加了民主兄弟协会改组和新章程制订的工作。民主兄弟协会的新章程包括下列内容：各民族兄弟友好，一切国家的无产阶级兄弟般的联盟，取消1便士印花税制及所有对自由出版物的财政压制措施，通过立法确立《人民宪章》的原则，以实现这个国家工人阶级的解放，传播关于政治和社会问题的正确知识，最终使无产阶级从资本主义和封建主义压迫下解放出来。[②]新章程表现出两个新特点，一是在倡导国际主义时强调了这是无产阶级的国际主义，二是在提出无产阶级政治和社会解放问题时明确指出其目标是既反对封建主义又反对资本主义的。这一事实说明1848年以后英国宪章派的左翼已大大提高了政治觉悟，对于工人运动的任务已有清晰的本质的认识。在这一纲领基础上重建的民主兄弟协会已和原先的民主兄弟协会有本质不同。这时创立的《民主评论》则成为民主兄弟协会的机关刊物。

民主兄弟协会重新组织后不仅努力宣传无产阶级的国际联合，而且建立了一项"兄弟基金"，由协会会员自愿捐赠，这笔专款用来救济英国和欧洲国家受迫害的革命者和政治流亡者。从1849年11月到1850年1月，民主兄弟协会第一次收缴了"兄弟基金"。[③]

[①] 罗特斯坦：《宪章主义到劳工主义》，第146页。
[②] 《北极星报》，1849年11月3日。
[③] 罗特斯坦：《宪章主义到劳工主义》，第150页。

宪章派伦敦代表会议

1849年秋季，宪章运动面临着两个迫在眉睫的问题，一是宪章运动的领导机构如何发挥作用，二是宪章派与资产阶级改革派的关系。为解决上述问题，1849年12月在伦敦召开了一次宪章派代表会议，出席伦敦代表会议的有28名代表，他们绝大多数是伦敦的宪章派，只有一名外省的代表到会。在这次会议上，奥康诺和克拉克主张和资产阶级改革派实行联合。克拉克甚至宣传说，宪章运动已经结束，工人阶级的唯一希望寄托在和中等阶级的合作。哈尼反驳说，宪章派在资产阶级议会改革运动组织者面前奴颜婢膝对宪章运动本身毫无益处，相反得益者是资产阶级改革派。哈尼以阶级观点剖析了资产阶级改革派，他说："这些可怜的绅士们言辞何等激烈，他们太傲慢了以致不会劳动，他们可怜之极，没有劳动者他们就生活不下去。"哈尼揭露了资产阶级改革派不劳而获的剥削本质，然而却遭到奥康诺和克拉克的攻击，于是哈尼辞去临时执委会委员职务以示抗议。[①] 宪章运动内部的矛盾公开化了。

---

① 斯科恩:《宪章派的挑战》，第195页。

第五编 宪章运动的最后阶段

第九章　宪章运动的最后阶段

1848年以后的历史环境和宪章运动发展的趋势

1848—1849年欧洲范围的资产阶级革命的失败和它的余波的消逝，标志着欧洲各国革命运动高潮的结束。从此以后，欧洲资本主义经历了一段和平发展的上升时期。英国这个最早完成工业革命的资本主义国家凭借其经济优势成为"世界工厂"。革命的失败、经济繁荣及随之而来的工人生活水平的提高和失业人数的减少使得宪章运动的参加者急剧减少，宪章运动的群众性迅速衰退。宪章运动进入后期。

1849年各地宪章派没有再举行请愿，群众野外集会也很少举行。1849年5月6日在斯克尔考特荒原举行过一次大会，1850年7月兰开郡和约克郡的宪章派在贝辛斯通举行过一次大会，8月在德比郡的霍布罗克荒原，9月在诺丁汉的森林开过几千人的大会。除此以外就很少有什么大规模的集会。① 全国宪章协会1850年在册的会员人数下降到500人，只有50个全国宪章协会的地方组织还在积极活动着。1850年10月，宪章派西雷丁代表会议的秘书克里斯托福·沙克尔顿

---

① 韦尔摩斯：《19世纪的一些工人运动》，第171页。

报告说:"登记并缴会费的会员非常之少","参加我们举行的重大集会的人们在会外再也找不到什么支持者"。在伦敦,派出代表参加首都宪章派委员会的8个地方组织没有几个组织人数超过30名。哈尼说:"我们无法谈论在英格兰南部和西南部的宪章运动的状况,我们以为,在那里已很少或根本不存在宪章派的组织。"① 全国宪章协会甚至支付不起专职的讲演人每周两镑的薪金。但在一些工业区,宪章派仍然拥有相当的力量。

在宪章运动群众性日渐丧失的过程中,左翼宪章派同欧洲大陆的流亡革命者,尤其是马克思和恩格斯发生了极为密切的联系,受到马克思主义较深的影响,因而左翼宪章派在思想上取得很大进步。

哈尼在1848年下半年和1849年春已经开展了和宪章运动中小资产阶级派别的代表奥康诺和克拉克等人的斗争,当时琼斯还被关在监狱中。在政治上和小资产阶级民主派分手以后,哈尼和马克思、恩格斯的联系更为密切了。马克思和恩格斯也把左翼宪章派领袖看作自己最亲密的战友。1849年3月19日,在纪念柏林街垒战一周年的宴会上,马克思和恩格斯一起曾为英国的宪章派及其最革命的领袖厄内斯特·琼斯和朱利安·哈尼干杯。② 马克思和恩格斯积极帮助和促进哈尼和奥康诺的斗争,在他们主办的《新莱茵报》上,刊登了哈尼给奥康诺的一封信,哈尼在信中捍卫了独立的工人运动的原则。

1849年3月,哈尼在给恩格斯的信中谈到了自己准备筹办一份报纸以重新恢复革命宪章派活动的计划。他写道:"我的计划是马上办一份新的报纸……我需要你的帮助。我希望这个报纸不仅仅是宪

---

① 斯科恩:《宪章派的挑战》,第199—200页。
② 《马克思恩格斯全集》第6卷,第695—696页。

章派的报纸，我希望它是欧洲民主派的机关报。我希望你能每周寄来一篇通讯。"①

就是在这年春季，哈尼在开始具体准备《民主评论》月刊的出版。哈尼在向恩格斯征求稿件的信中写道："我还得请求你给我们写论文或者通讯，题目由你自选。"哈尼还请恩格斯帮助向其他通讯员约稿。② 哈尼出版《民主评论》的工作得到了马克思、恩格斯很大的帮助，《民主评论》终于在1849年6月创刊了。《民主评论》第一期刊登了哈尼为它写的题为《致无产者》的发刊"题词"。哈尼向工人阶级揭露了现存的吃人的社会制度，并发出革命的号召："我要求你们帮助摧毁这个由贵族和高利贷者带来的罪恶制度，就是这个制度掠夺你们的劳动果实，使你们精疲力竭，摧毁你们的精力，很早地剥夺了你们子女的政治和社会权利。使你们的姊妹和女儿们可悲地堕落，同时杀戮你们年迈的父母和失去丈夫的寡妇。"

哈尼在最后署名时，自称为"你们忠诚的朋友，忠诚的辩护人，无产阶级兄弟"。尤其值得注意的是，哈尼给"无产阶级"一词所作的一个脚注说："这个词来源于'proletarii'，原指古代罗马的贫苦劳动者，现在用它来特指那些依靠工资维生的劳动者，因为他们完全受地主、资本家和社会上其他有害阶级的控制。"③ 哈尼在这里对"无产阶级"一词所下的定义，无论在概念上还是在表达自己含意的措辞上都和马克思、恩格斯在《共产党宣言》中某些提法相接近。

《民主评论》还对当时鼓噪一时的资产阶级派别"小宪章"运动

---

① F. C. 布莱克、R. M. 布莱克（合编）：《哈尼文件集》，第249—250页。
② F. C. 布莱克、R. M. 布莱克（合编）：《哈尼文件集》，第253页。
③ 哈尼（主编）：《不列颠和外国政治、历史和文学的民主评论，1849—1850年》"题词"，纽约伯恩斯和诺贝尔出版社1968年版。

的主张进行了批判。文章说："3年选举一次和秘密投票对于下院的性质并不会带来什么明显的改变。如果选民是正直的话，他们应当和那些没有选举权的阶级联合起来去彻底地改革下院并激进地实施《人民宪章》。"

作者最后强调了无产阶级的权利和利益将是民主运动必不可少的内容。它说："一个伟大的全国范围的运动如果没有一个唯一的目标，即它的要求必须包括无产者的权利、利益和取得他们的赞成，那么它是不可能成功的。"①

《民主评论》的创办和编辑，得到马克思和恩格斯的支持，他们把这个杂志作为宣传科学社会主义思想的一个阵地。例如，1850年3月，恩格斯专门为《民主评论》写了一篇文章《10小时工作制问题》。《民主评论》还以"革命的两年"为题刊载了马克思总结1848年革命经验和教训的重要著作《法兰西阶级斗争》一书的片断。②

哈尼不仅是这份刊物的编辑，而且他又是这个刊物的主要撰稿人，每一期都有他亲自撰写的文章。在1849年出版的最初几期《民主评论》中，哈尼表现出很高的思想水平和阶级觉悟。哈尼联系当时宪章派正在和休谟派"小宪章"运动进行的斗争，冷静地总结了宪章运动第二阶段同斯特季派联合和斗争的历史，提出了一个重要的见解：即使休谟和沃姆斯利提出的几项改革要求被议会通过而成为法律，科布登、布赖特、罗巴克等人和贵族中的自由派掌握了国家的一部分权力，这样的政府也不会改善无产阶级的社会地位。甚至当《人民宪章》成为国家的法律时，如果社会改革的原则还没有很好地成为

---

① 《民主评论》，1849年6月，第19、20页。
② 《民主评论》第1卷，第371—377、426—432、458—461页；第2卷，第20—24页。

人民所理解和重视，只有少数的真诚的改革者跻身于议会下院中，那么无产阶级也是不可能改变自己的社会地位的。哈尼向工人阶级发出了要进行彻底的民主的社会改革的号召。①

《民主评论》把一批坚定的工人宪章派组织起来，在较高的思想基础上展开活动。在1850年从北部的阿伯丁到南部的普利茅斯，英国的工人阶级成立了民主兄弟协会下属的20多个协会。②

1850年6月，哈尼创办了另一份杂志《红色共和主义者》。这份杂志继续贯彻了《民主评论》所表述的思想。

《红色共和主义者》杂志有一位撰稿人署名为霍华德·摩尔顿。她在此之前曾在《民主评论》上发表文章。在《红色共和主义者》杂志的创刊号上，霍华德·摩尔顿发表了题为《1850年的宪章运动》的文章，作者在文章中强调指出："1850年时的宪章运动和1848年时的宪章运动完全不同了。英国无产阶级的领袖已经证明，他们是真正的民主主义者，可以毫不虚假地说，他们在过去几年中如此迅速地走上最前列，他们已从单纯的政治改革的观点发展到社会革命的观点。""从今以后，宪章主义和红色共和主义可以被看作同义词，红旗下面的宪章主义，就是要捍卫劳动的要求。"③

在7月13日出版的另一期《红色共和主义者》上，霍华德·摩尔顿又写道："在红旗指引下的宪章主义为工人的要求辩护，它传播'劳动的福音'，它确认，穿粗棉布夹克和戴纸帽的工人比那些身着貂皮袍和戴贵族式帽子的人更高尚……是的，我们1850年宪章运动的事业的确是英国人民的事业，是生产者的事业，我们所从事的战斗

---

① 《哈尼致工人阶级的信》，《民主评论》第1卷，1849年9月，第126—127页。
② 斯科恩：《宪章派的挑战》，第201页。
③ 《红色共和主义者》，1850年6月22日。

是为奴隶者从事的战斗,而这场战斗必须在红旗指引下进行,因为这是新时代的象征,是'未来的旗帜'。目前给我们的任务是重新在红旗下集合我们的无产阶级兄弟,开展民主和社会宣传,即为'宪章和更多的东西'而请愿。"①

我们可以看出,在这些文章中,表述了要把宪章主义同民主社会共和国的旗帜相结合,把政治民主和社会解放的要求相结合等扩大政治民主运动要求的倾向。这正和哈尼本人当时的思想是相一致的。红色共和主义的口号毋庸置疑是受到1848年法国资产阶级民主革命中无产阶级某些口号的影响,但它的提出和"宪章和更多的东西"的要求却反映了此时的宪章运动正大踏步地越过纯粹政治民主的有局限的樊篱,融合进更多的社会要求和社会平等的内容,社会主义思想在宪章运动中增长了。

《红色共和主义者》杂志的另一项重要的贡献,是第一次发表了《共产党宣言》的英译本。英译本的译者是女记者海伦·麦克法伦。杂志编者在为《共产党宣言》写的序言中指出,这是"德国革命者最先进政党的卓越文件"。②《共产党宣言》能够在宪章派的刊物上发表,充分说明了马克思主义学说对于左翼宪章派领导人产生了巨大的影响。哈尼在自己的杂志上向英国工人阶级宣传了科学共产主义思想,并指出了文件的作者是马克思和恩格斯。尤其值得指出的是,这是哈尼在一种严峻的形势下采取的勇敢的举动。当时,资产阶级和贵族的反动势力裹挟着镇压1848年欧洲革命的腥风血雨正笼罩着整个欧洲,马克思和恩格斯等共产主义者遭到欧洲大陆各国反动统治者的迫害,

---

① 《红色共和主义者》,1850年7月13日。
② 《红色共和主义者》,1850年11月9日。

在大陆上已无处栖身,更谈不上有机会找一份刊物来阐述科学的革命理论,而只有宪章派报刊给了马克思、恩格斯这个机会。

《共产党宣言》在宪章派刊物上发表,对于宪章运动的发展和右翼宪章派的活动有着直接的重要意义。它在理论上给英国工人阶级民主派左翼以启发,给宪章派以新的思想武器。

1850年7月10日,琼斯终于被释放出狱了。这时,宪章运动正处于左翼和右翼分裂的重要时刻。琼斯的出狱,给左翼宪章派增加了力量。在琼斯获释的当天晚上,民主兄弟协会便为他举办了一次晚宴,慰劳这位杰出的宪章派活动家。次日晚,宪章派在伦敦的约翰街学院举行了一次隆重的晚会,热烈地欢迎琼斯和同时获释的另一位宪章派活动家富塞尔。哈尼是这个欢迎会的主席。惠勒、林顿、弗农、雷诺兹和奥布莱恩等都在欢迎会上发表了热情洋溢的讲话。到会群众向琼斯和富塞尔发出了震耳欲聋的欢呼。琼斯的身体很不好,但他仍在大会上做了简短的讲话。他表示赞成和所有"开明的阶层"联合,"但决不在牺牲原则的基础上实行这种联合",他明确地向那些放弃原则和资产阶级派别妥协的人提出了警告。在讲话结束时,琼斯说,他希望"看到,过去一直被错误地认为是号召暴动的旗帜——红旗,成为和平的旗帜,进步的旗帜,尤其是胜利的旗帜"。①

哈尼、厄内斯特·琼斯同奥康诺派的斗争

左翼宪章派1850年初在政治上已日益成熟,提出了接近于科学社会主义的政治和社会要求,这一事实标志着左翼宪章派开始从民主

---

① 萨维尔(主编):《厄内斯特·琼斯:宪章派》,第38页。

派左翼中分离出来，转变成为无产阶级革命派别。这种分离给宪章运动带来了积极的推动。到1850年初，哈尼、琼斯同企图与资产阶级改革派联合的以奥康诺为首的宪章派右翼的斗争加剧了。

奥康诺在此时已堕落为资产阶级改革派的附庸，他追随科布登参加了在埃尔兹伯里举行的公众集会，在大会上对科布登竭尽阿谀奉承之能事。奥康诺的得力支持者克拉克在伦敦召开的一次以保护本国工业为内容的集会上，一反常态，对于资产阶级自由贸易派表示支持。

奥康诺等人的右倾态度，引起广大宪章派的极大不满。就在前述伦敦集会上，全国宪章协会领导人之一基德要求和克拉克的错误论点进行辩论。1850年1月14日，全国宪章协会临时执委会在伦敦召开了一次群众大会。哈尼在集会上发表讲话，批评奥康诺等人和资产阶级改革派妥协的倾向。哈尼指出，革命的低潮是暂时的，一旦欧洲大陆人民对压在他们头上的暴君再次取得优势，他们一定要请暴君们尝尝人民在他们手中所吃的苦头。

这次大会以后，接着又在里兹、布雷德福、曼彻斯特、纽卡斯尔、格拉斯哥及英格兰北部的陶器产区召开了有广大工人参加的群众集会。在这些集会上，以哈尼和奥康诺为代表的两派人士继续展开论战。在伯明翰和伦敦宪章派会议的压力下，克拉克辞去了临时执行委员的职务。随后，奥康诺派的多伊尔、麦格拉斯和狄克逊也都辞去了委员的职务。左翼宪章派基德、哈尼和格拉斯比也退出了临时执委会。临时执委会中仅剩下雷诺兹一人。现在，宪章派必须立即选举一个新的领导机构。

这时，克拉克等人提议建立一个全国宪章联盟，以代替原来的全国宪章协会，他们呼吁宪章派群众予以支持。为了抵制右翼的活动,哈尼开始到全国各地去进行演说,争取选举成立一个常设的执委会。哈尼收到了全国 14 个地区的宪章派组织表示支持的信件。里兹的宪章派领袖乔治·怀特刚刚出狱不久,他代表里兹的宪章派对哈尼表示支持。在此以后的两个月里,哈尼在曼彻斯特、麦克斯菲尔德、斯托克堡、罗其代尔和伦敦的集会上分别做了讲演,得到当地群众的热烈支持。①

与此同时,左翼宪章派继续同右翼宪章派展开思想斗争。琼斯在《北极星报》上发表了一篇批评中等阶级运动的文章,而奥康诺则在《北极星报》上发表文章攻击反对他和中等阶级联合的政策的人是"可怜虫"。②

争论的另一个问题是对于合作制的态度。1850 年秋,全国宪章协会和全国改革联盟等几个民主派组织试图联合成为一个团体。代表中既有哈尼,也有合作运动的提倡者霍利约克,还有当时已蜕变为资产阶级改革派的奥布莱恩。各派的代表准备在曼彻斯特举行一次协商会议。在筹备这次会议的过程中,追随奥康诺的曼彻斯特的一批宪章派,过去曾坚决反对在宪章运动中加入社会解放的要求,鼓吹要为"单纯"的宪章而斗争,而到此时,他们却执意把创办合作商店作为会议的主要讨论内容,他们由政治民主派变成了狭隘的经济改革者。

1850 年 10 月 20 日,琼斯在曼彻斯特对那些受到改良主义倾向影响的工人群众发表了讲演,他斥责了某些宪章派不切实际的改良幻想。琼斯嘲笑说:"有些人对你们说,禁酒运动会使你们获得宪章;然而宪章却不会沉淀在一杯药水的底部。一些人对你们说,社会合作

---

① 斯科恩:《宪章派的挑战》,第 195 页;甘米季:《宪章运动史》,第 383—384 页。
② 甘米季:《宪章运动史》,第 386 页。

运动会带来宪章，然而合作运动不过是拾那些掌握着政权的人之牙慧。那么，怎样才能获得宪章呢？两年多以前，我由于说了三个词而入狱，这三个词是'组织，组织，再组织'。而两年多以后的今天，我要重新呼喊这个代价高昂的口号，我今天要重新说，'组织，组织，再组织'。"琼斯在讲话中还对工人们叙说了自己的认识转变过程。"当他们把我送进监狱时，我是一个宪章主义者，但当我离开监狱时，我曾说过，将有一面绿旗飘扬在唐宁街上空。在那以后我改变了颜色，现在变成红色的了。"[①]他希望广大工人宪章派对于斗争的目标和实现这一目标的路线有更加正确的认识。

琼斯洞察到宣传合作主义对宪章运动可能造成的危害，他在1850年12月21日的《北极星报》上发表了题为"宪章面临着危险"的文章。在这篇文章里，琼斯嘲笑了合作主义的空想："我们还得等多少年，才会有几个劳动人民变成商店老板和高贵绅士，而又能降低身份来帮助我们赢得宪章？我们必须养成多少工人贵族，才会觉悟到我们这样做只是在扩充敌人的队伍？"琼斯指出，工人阶级不是不要合作化，他们一旦掌握了政治权利，就会促使实现合作制的原则。"但是，你们如果认为可以通过商业合作来实现宪章，那么你们就成了笨拙的马车夫，把车子放在马的前面，本末倒置了。"[②]琼斯在批评合作主义时对于工人阶级政治解放和社会解放的关系已有清晰的理论认识。

为了反对奥康诺背着全国宪章协会执委会擅自准备召开一次全国宪章派协商会议的做法，在1850年11月底，全国宪章协会执委会宣布

---

① 《北极星报》，1850年10月26日。
② 《北极星报》，1850年12月21日。

全体辞职。随后，执委会进行了重新组织。①

新的一届执委会成立后立即决定召开一次宪章国民大会。全国宪章执委会在12月28日的《北极星报》上向全国宪章派发出一封信，信中说："我们期望把所有的社会改革者团结在一起，我们希望团结而不是削弱我们的联盟，而且，我们要向他们表明，我们和他们一样也是提倡社会改革的。但是，我们认为，只有通过把宪章派组织起来这个唯一的途径，才能实现社会改革并取得政权。"② 这封信表明，执委会把取得政权看作社会改革斗争中一个不可忽视的目标。

在随后举行的执委会会议上，决定宪章派抵制制造分裂的曼彻斯特协商会议。执委会只有一个人在对这项决定表决时投了反对票，这个人大概就是奥康诺。琼斯在这场斗争中起了突出的作用。

1850年12月初琼斯写了一封信劝告宪章派抵制这次大会。信中说："从到上月末为止的《北极星报》来看，发表了自己意见的全国大多数地区的宪章派组织都已经表示反对召开这次大会的提议，而基本是由工人贵族构成的少数决策人却丝毫不顾及这一事实，似乎还是坚持要召开大会。我号召每个真正的民主派横眉冷对这一会议，和它脱离关系。"③

1851年1月初，在曼彻斯特召开了一次宪章派大会。琼斯赶到了曼彻斯特参加了这次大会。恩格斯也出席了这次大会。琼斯在会上反对了这个地区众多的奥康诺支持者，激烈地批评奥康诺主张投降合作的妥协政策。④ 左翼宪章派给恩格斯留下了深刻的印象。恩格斯相

---

① 萨维尔（主编）：《厄内斯特·琼斯：宪章派》，第44页。
② 《北极星报》，1850年12月28日。
③ 《红色共和主义者》和《人民之友》，伦敦1966年版。
④ 萨维尔（主编）：《厄内斯特·琼斯：宪章派》，第44页。

信，这些左翼宪章派将是科学社会主义的拥护者。他在写给马克思的信中说，他甚至打算在左翼宪章派中建立一个小小的俱乐部或者一种常设会议，和他们一起讨论《共产党宣言》。①

曼彻斯特协商会议的失败

1851年1月26日，在反对之声中，奥康诺等人竭力筹措的曼彻斯特协商会议仍然召开了。这次协商会议开得冷冷清清，只有8名代表参加了这次会议。②伦敦的全国宪章联盟推选麦格拉斯、克拉克、赫斯特为代表；曼彻斯特的宪章派组织推派奥康诺和李奇做代表，此外，只有下沃利、布雷德福、沃林顿地区派来了代表。由于派出代表的地区和到会人数极少，协商会议不得不通过决议，解散了这次会议。

在通过这项标志着协商会议失败的决议之前，曼彻斯特协商会议的到会者讨论了宪章运动的形势。到会者在发言中和会议通过决议中表现出下列几个特点：第一，他们不顾广大宪章派群众的意见，认为自己小小的宗派活动代表了工人阶级的利益，他们特别标榜奥康诺，认为他在改革运动中做的贡献比全国宪章协会中的任何人都要多。第二，协商会议虽然看到中等阶级曾不止一次地欺骗过工人阶级，但仍不放弃和中等阶级合作的希望。奥康诺提出的一项修正案指出："对于一切愿意和他们真诚合作，共同争取制定完整的人民宪章的任何党派，人民不应当反对。"克拉克动议说："建议嗣后宪章派参

---

① 《马克思恩格斯通信集》第1卷，生活·读书·新知三联书店1957年版，第150页。
② 萨维尔（主编）：《厄内斯特·琼斯：宪章派》，第44页。

加其他政治团体的会议,即赞同扩大选举权或其他进步性改革的会议,其目的应当是为了给予协助和支持。"奥康诺还表示,不愿在中等阶级改革派的道路上设置最小的障碍。第三,协商会议坚持合作主义的社会改良的措施。

曼彻斯特协商会议的宗派活动引起了宪章派的不满。参加曼彻斯特协商会议的代表也有左翼宪章派的支持者,其中一位代表曼特尔坚持反对分裂宪章运动的错误做法,在协商会议的第5天提出并使到会者通过了一项支持全国宪章协会执委会的决议。[①] 会议以后,全国宪章协会执委会通过了一项决议,宣布哈尼并无过错。在曼彻斯特约翰街学院举行的群众集会也通过了一项决议,否认对于哈尼的恶意诽谤,认为哈尼始终是一个忠诚正直的民主主义者。到会群众热情地支持霍利约克的一项修正案,表示对于哈尼的信任。琼斯最有力地支持了这项决议。[②]

宪章派国民大会和1851年纲领

1851年初,左翼宪章派的领袖哈尼和琼斯积极准备召开一次重要的宪章派国民大会,他们为这一次国民大会起草准备一份新的纲领的草案。应该说,这时的左翼宪章派领袖已受到较多的马克思主义影响,在他们起草的文件中,可以看出受到了马克思和恩格斯一些著作内容的影响。

1851年3月31日至4月10日,在伦敦圣马丁巷召开了这一年的

---

① 斯科恩:《宪章派的挑战》,第208页。
② 甘米季:《宪章运动史》,第399—403页。

宪章派国民大会。参加这届国民大会的代表中有哈尼、琼斯、惠勒、奥康诺、沃森、曼特尔等人。奥康诺本人虽然参加了大会，但他在会上并没有产生很大的影响，许多代表对奥康诺倡导的和中等阶级改革派妥协的主张失去热情。

尽管代表们的认识有差异，但他们一致通过了全国宪章协会执委会提出的1851年纲领。这个纲领主要是由琼斯起草的。

1851年宪章派国民大会通过纲领由导论和具体要求两部分组成。纲领的导论指出，宪章派国民大会首要的任务是加强宪章运动的组织，应当使宪章派组织区别于任何其他一种成分混杂的政治组织，保持自己的政治独立性。导论指出目前实施的选举资格条件使得中等阶级可以比工人阶级获得更多的选票，这愈益使工人阶级处于无权的地位。因此，应当争取实现《人民宪章》全部要求。

鉴于50年代宪章运动的群众基础日渐削弱这一事实，纲领强调了争取农业工人支持的重要性。文件提出，应当把农业区各郡分成区，起草给农业工人的呼吁书，以取得他们的支持。

导论强调了工人阶级取得全国的和地方的政权的重要性。导论还指出，在实践步骤上应当首先取得各城镇和教区的权力。[1] 导论指出政治变革若不伴随着一场社会变革，它是无法奏效的，宪章运动倘若不宣传社会要求，它只能全盘失败。宪章派只有向农业工人、机匠、工人和商人表明自己是务实的改革派，才可能得到他们的支持。导论表明，宪章派领袖已认识到，了解和关心各个被压迫阶级的情况，帮助他们实现自己的要求，是宪章运动的义务，也是取得这些劳动者阶级支持的先决条件。因此，宪章派应以被压迫者的保护人的姿

---

[1] 萨维尔（主编）：《厄内斯特·琼斯：宪章派》，第258页。

态出现，应当了解被压迫者的要求，并懂得如何去救助他们。宪章应当给他们带来直接的、积极的、永久的利益，并立即使他们过一种较为富裕的生活。

琼斯在制订这一纲领时冷静地采取了现实主义的态度，正像他在稍后一些时候说的："我认为，在他们（工人们）面前拿出一顶'自由帽'是没有什么吸引力的，除非你除此以外再拿出一个大面包。"[①]

1851年纲领的具体要求共有12章。它分别论及了在土地、教会、教育、劳动立法、济贫法、赋税、国债、流通、军队和出版等领域进行社会改造的具体设想。

在关于土地的一章中，提出土地是全人类不可夺取的所有财产，应当把贫瘠的荒地、公有地、教会和王室的土地归还给人民，取消狩猎法，迅速实现国有化，应当授权政府通过赎买的方法购买土地。在这些土地上用各种方式安置人民，人民则向国家交纳地租，国家不仅可以将土地出租给个人，也可以出租给共耕团体，它禁止把收归国有的土地重新转让出去。这些规定非常重要，它杜绝了再度恢复小土地私有制的可能性。我们可以从中感觉到纲领的拟定者已经认识到大土地所有制比小土地所有制更符合社会经济发展的要求。这种认识显然是基于对奥康诺提倡的小土地所有制倒退措施的批判而得出的。应当肯定，英国工人阶级当时提出土地国有化的要求具有一定的进步意义，土地国有化是一种彻底的资产阶级民主主义的社会纲领。在宪章派领导人所熟悉的《共产党宣言》中，马克思和恩格斯就提出了包括国有化在内的对于私有制进行限制性干涉的一系列民主主义措施。

到1852年，琼斯进一步补充了这一条，他强调了集体利用土地

---

① 《北极星报》，1852年8月10日。

的意义，指出："政府应当出租 1000 英亩的土地，但不是租给一个人，而是租给 100 个人，这样在个体制度下会白白浪费了小量资金，在集体制度下将变得充分有利于开发这块土地上的自然资源"，"通向我们未来的口号是土地国有化和将土地委托给集体劳动者去经营"。①

在第二章，即关于教会的一章，提出了宗教自由、宗教不应受到世俗权力的控制的原则。

在第三章即关于教育的一章中，提出了每个人有精神活动的权利，应当实行全民的、普遍的、免费的和强迫的教育。应当设立工业学校，年轻人在那里将接受各种职业的知识，并逐渐以此取代学徒制。②

第四章劳动法是纲领中非常重要的一章。它开宗明义强调了劳动者是国民财富的创造者。它提出要通过改变现行的劳动者隶属于资本的工资奴隶制的不合理状况，改变劳动者目前所处的被压迫地位。纲领强调，合作的原则是使人民幸福的最基本的原则，应当用分散财产的做法来中和财产集中化的趋势。③ 这一章关于建立国有信贷基金的条文很值得注意，它意味着国家以国有化的手段集聚资金以支持工人阶级。那么，能采取这种全力帮助工人阶级措施的国家是什么性质的国家呢？当然只能是工人阶级自己的国家。我们可以清楚地看出这正是在社会主义基础上改造社会和国民经济的措施。1852 年初，琼斯在发表关于 1851 年纲领的通信时，强调了"劳动者必须成为资本的主人"这一实质问题。④ 所以在"劳动法"这一章中，我们既可以

---

① 《人民报》，1852 年 6 月 6 日。
② 萨维尔（主编）：《厄内斯特·琼斯：宪章派》，第 260 页。
③ 萨维尔（主编）：《厄内斯特·琼斯：宪章派》，第 260—261 页。
④ 厄内斯特·琼斯：《关于宪章运动纲领的通信，第三封信》，载《寄语人民》第 1 卷第 5 期，第 84—85 页。

看到关于社会主义的内容，也可以看到过高估计合作原则的欧文主义倾向。

总而言之，1851年纲领是一个具有某些社会主义思想，但思想还尚为模糊的纲领。

哈尼同马克思、恩格斯的分歧

19世纪50年代初期英国宪章运动的领袖是在一种复杂的社会环境中开展自己的活动的。1848年欧洲革命失败和第三次请愿失败的阴影仍然笼罩在工人群众的心头，在英国反动当局的迫害下，一大批宪章运动的骨干分子被迫离乡背井，流亡他国。40年代英国工业资本长足发展，迅速地改变着英国的经济结构，吞噬着作为旧的生产关系的遗迹。手工工人和工匠日益破产和分化，许多原先工人阶级政治民主运动的支持者转而参加到以经济斗争为旗帜的产业工人工会中去。所以到50年代，宪章运动比以往任何时候更缺乏支持者。虽然宪章运动的左翼领袖在政治上有了很大的进步且较为成熟，他们给宪章运动注入了新的精神和生气，但是由于接受了形形色色的民主主义思想和欧文主义思想的影响，英国的工人运动在当时对马克思主义还很不理解，欧文主义和合作主义在工人中还有很大的市场。[①] 宪章运动的群众性这时已大大削弱。恩格斯在1852年3月18日给马克思的信中说，宪章派组织已处于"完全崩溃和瓦解"的状态。[②] 而在这个时期英国的政治民主活动领域中又有这一个突出的现象，大批外

---

① 参见斯科恩：《宪章派的挑战》，第206页。
② 《马克思恩格斯通信集》第1卷，第376页。

国政治流亡者从欧洲各国来到了英国的伦敦和其他城市。他们中有资本主义未曾充分发展国家的资产阶级民主运动的领导人，也有从最早的共产主义者组织中脱离出来的野心家和派别活动家。这时的英国资产阶级社会虽然毫无进步倾向之言，但它毕竟还不像欧洲大陆的一些国家那样革命者时时被血腥镇压和白色恐怖所威胁。于是各种民主派分子就把英国当作自己一隅政治避难之地。他们在感情上和宪章运动活动家较为接近，他们的活动也吸引了英国工人运动各派活动家的注意。然而，他们的政治目的和斗争的目标却和以独立工人运动为特征的英国宪章运动左翼相差甚远。在如何处理和五光十色的政治流亡者和本国的欧文主义、合作主义的关系上，宪章运动的领导人中意见出现了很大的分歧。在一些领导人身上，在他们主张国际主义政策的同时，出现了政治动摇的倾向。他们不顾思想上的分歧和政治见解的不同，竭力把各种类型的民主派纠合在一起，甚至放弃自己的原则，以壮大自己的队伍。1850年夏季，哈尼认为在英国复兴独立的工人运动的希望寄托在与欧文主义、工会运动、合作主义和多种政治流亡者的联合上。

1850年春，马克思吸收哈尼参加了"革命社会主义者世界联盟"。当时参加这个组织的有马克思、恩格斯、哈尼和其他一些人。这个联盟的宗旨是"推翻一切特权阶级，使这些阶级受无产阶级专政的统治，为此采取的方法是坚持不懈的革命，直到人类社会制度的最后形式——共产主义得到实现为止"。[①] 当时马克思、恩格斯和共产主义者同盟中央委员会希望与英国、德国和匈牙利的真正的革命者组织建立联盟，用科学社会主义思想影响和教育他们。但从以后的事实

---

① 《马克思恩格斯全集》第7卷，第605页。

来看,哈尼并没有走上这条正确的道路。哈尼仍然积极地投身于国际主义活动,他希望自己在欧洲各国流亡者中成为一个公认的领袖,而对于1848年革命失败后新形势下工人阶级的任务却缺少考虑。

1850年6月,哈尼创立了"民主派流亡者委员会"。他希望通过这个组织募集资金来帮助处于极度贫困中的波兰、爱尔兰等国的革命流亡者,但他们这个打算未能实现。但是,这个组织对于当时英国政府和资产阶级向欧洲革命流亡者施加压力,企图迫使他们移居美洲的企图,却起了遏制作用。①

1850年8月,哈尼加速实践自己的上述想法。他组织了一个"民主派大会",在此以前几个月由欧文主义者、基督教社会主义者和合作主义者建立的社会改革联盟派出4名代表参加了这次大会,"全国改革联盟"的奥布莱恩也参加了大会。参加这次大会的还有资产阶级改革派代表索思顿·亨特和议会改革委员会成员罗伯特·布朗德。哈尼希望以此为基础建立一个工人阶级的联合组织,但没有成功。②

1850年9月,在伦敦发生了海瑙访问伦敦的事件。海瑙是奥地利将军,他曾在1848年到1849年的欧洲革命期间残忍地镇压匈牙利民族解放运动,因而臭名昭著。海瑙将到伦敦的消息传开后,哈尼即向伦敦的工人群众发出呼吁,抵制海瑙的访问。当海瑙来到伦敦,访问班克沙德地区巴克莱和珀金斯酒厂时,工人们停止了自己的工作,把大捆的干草撒到海瑙头上,把海瑙赶到大街上去,并把垃圾撒到他身上。海瑙在班克沙德狼狈地在群众哄然大笑声中跑过,他的衣服被

---

① 斯科恩:《宪章派的挑战》,第211—212页。
② 斯科恩:《宪章派的挑战》,第207页。

撕破，他的胡子也被愤怒的群众扯了下来，群众高呼："奥地利刽子手滚回去!"他最后吓得钻进了乔治会堂前的一个垃圾箱。

哈尼把小资产阶级民主派视为真正的革命家，对他们估计过高。早在1849年12月他曾极力称颂巴黎6月13日新雅各宾党人的软弱示威，哈尼还和各种小资产阶级民主派流亡者一起组织各种各样的宴会、晚会和代表大会、委员会等。哈尼还邀请路易·勃朗、科西迪也尔等小资产阶级民主派为《民主评论》杂志撰稿。①《民主评论》连载了法国小资产阶级社会主义者路易·勃朗论述社会改革和社会主义史的长篇文章。1850年底，哈尼创办了《人民之友》，试刊号由霍利约克和其他小资产阶级活动家发行。②

1851年元旦，哈尼在民主兄弟协会组织的一次宴会上发表了讲话，在伦敦的各种政治流亡者都派代表出席了宴会，哈尼希望他的"外国弟兄"团结在一个阵营中反对共同的敌人。1850年夏末，在赖德律·洛兰、马志尼等人领导下，成立了一个叫作"欧洲民主派中央委员会"的组织，其中不少是资产阶级和小资产阶级共和主义者。哈尼在1851年初便和这个组织来往密切。③哈尼政治上的动摇还突出表现在和共产主义者同盟中的分裂分子关系方面。共产主义者同盟一些盟员如维利希和沙佩尔由于受到小资产阶级思想的影响，根本不理解马克思和恩格斯的策略思想，固执地使用"左"的革命辞藻和盲动主义路线，最后成为共产主义者同盟中的分裂的宗派。1850年9月以后，共产主义者同盟中央委员会由伦敦迁移到科伦，维利希和沙佩尔组成了有自己的领导机构的同盟宗德崩德，影响极为恶劣。但哈尼

---

① F. C. 布莱克、R. M. 布莱克（合编）：《哈尼文件集》，第253—254页。
② F. C. 布莱克、R. M. 布莱克（合编）：《哈尼文件集》，第259页。
③ 斯科恩：《宪章派的挑战》，第213页。

和维利希、沙佩尔仍然保持着亲密的关系。

1851年2月24日,由路易·勃朗和维利希、沙佩尔集团联合举行了一次纪念法国二月革命大会。共产主义者同盟盟员施拉姆和皮佩尔根据马克思的安排出席这次大会去了解情况,但是他们挨了打并被赶出了会场。哈尼参加了这次大会,却对施拉姆和皮佩尔的被辱无动于衷,对共产主义者同盟的分裂分子和上述卑劣行径采取了容忍态度。以后,哈尼更是公开地同维利希和沙佩尔站在一起。而在以后琼斯邀请哈尼合办《寄语人民》杂志时,却遭到了哈尼的断然拒绝。①哈尼完全转到小资产阶级民主派方面去了。2月24日事件以后,马克思、恩格斯同哈尼决裂了,琼斯同哈尼的关系也开始疏远并最后破裂。

厄内斯特·琼斯创办《寄语人民》

1851年5月3日,厄内斯特·琼斯创办了周刊《寄语人民》。厄内斯特·琼斯在《致大不列颠的民主派》的公开信中说:"目前请愿暂时停止了,而这正应该是一个播种知识种子的时期,对我们目前的请愿来说,发行小册子和讲课比仅仅召开大会可以取得更大的效果。"② 厄内斯特·琼斯认识到,在19世纪50年代初的形势下,首要的不是政治鼓动,而是在工人群众中传播革命理论的种子,为未来斗争积聚力量。历史的经验证明,真正的革命家不是那些不顾时间、地点和环境无休止地鼓吹革命的人,而是那些善于分析形势并以此为依

---

① 康捷尔(主编):《马克思、恩格斯和第一批无产阶级革命家》,第496页。
② 《红色共和主义者》和《寄语人民》,默林出版社1966年版,第213页。

据制订正确的政策和策略的人。厄内斯特·琼斯正是属于后一种人。在哈尼转到小资产阶级民主派立场上以后，琼斯创办的《人民之友》成为代表工人阶级利益的唯一刊物，这个时期也是他和马克思、恩格斯保持最密切联系的时期。像40年代的《北极星报》一样，《寄语人民》成为马克思、恩格斯以及其他共产主义者阐述自己的观点、和旧社会秩序做斗争的阵地。

全国宪章协会执委会的分裂和改选

在1851年前后，宪章运动已面临一种复杂而困难的局面，宪章派的分歧和分化加剧了。奥康诺的活动严重地影响了全国宪章协会的声誉。宪章派土地公司财政困难，濒临破产。1851年3月，奥康诺把土地公司的全部财产转让给律师特纳。由于土地公司财政的困难引起了宪章运动内外对奥康诺的注意，哈尼、李奇、克拉克、多诺万等人纷纷就土地公司向奥康诺本人提出质疑。1851年8月7日，议会关于解散土地公司的法案得到女王批准，宪章派土地公司的历史结束了。宪章派土地公司的失败从某种意义上说也是奥康诺政治生命的结束。在土地公司失败的打击下奥康诺精神错乱，丧失了处理事务的能力。[1]

1851年12月全国宪章协会执行委员会举行改选，琼斯、阿诺德、奥康诺、惠勒、林顿、霍利约克等9人当选。[2] 由于选出的执委会内部存在着矛盾，到1852年4月这届执委会已无法领导宪章运动。

---

[1] 甘米季：《宪章运动史》，第411—414页。
[2] 斯科恩：《宪章派的挑战》，第212页。

1852年5月17日,在曼彻斯特召开宪章派协商会议,选出甘米季、芬伦和琼斯三人组成的临时执行委员会。全国有30个地区宣布支持协商会议。琼斯成为这个时期宪章运动的主要领袖。

厄内斯特·琼斯和基督教社会主义者在哈利法克斯的辩论

19世纪中期,在英国的民主改革运动中出现了一个新的活跃的流派——基督教社会主义运动。这个运动的主要领导人是丹尼森·莫里斯、查理·金斯莱、拉德娄。基督教社会主义运动的积极参加者还有合作运动的资助者范尼塔德·尼尔、卫生改革活动家查理·曼斯菲尔德、组织合作商店并在工人中宣传合作主义的工人查理·萨利和劳埃德·琼斯。

基督教社会主义者面对着尖锐的社会阶级矛盾以及严重的社会不平等现象,希望变革社会。他们中有个别人如金斯莱具有非常明显的革命气质,在其诗文中强烈地反对地主和资本家的剥削。但就这派所主张的活动方式来说,却是不革命的。他们同旧的宗教教派一样,依赖于神学和道德教化的力量,试图把基督教社会化和把社会主义基督教化。这个运动的发起人之一莫里斯在1849年写给拉德娄的一封信中说:"我认为……共产主义无论在什么意义上都是一种'新道德世界'的原理,它在旧世界中也是一种最重要的原理,而每一个修道院组织就其全部的宗旨和目的来说,都是一种共产主义的组织。基督教共产主义的思想在以往的每个时代中向来都是一种最生动和最有活力的思想,这种思想在我们的时代里必然会充分地发展起来。"①

---

① 莫里斯:《莫里斯的一生》,第6—7页。

基督教社会主义者认为，社会主义从根本上来说从事的是属于教会的工作而不是国家的工作，社会主义是一种道义与和平的事业。在实践活动路线方面，基督教社会主义者号召工人实行阶级和平和放弃独立的政治斗争。他们认为，工人把自己的每一点资金聚集在一起，就能够把垄断资本家从生产领域赶走，而按照自己的利益进行生产和分配。他们把工人的合作运动看成是万能的。

作为基督教社会主义者的一个代表，劳埃德·琼斯是这种合作主义的鼓吹者，他是一个老资格的欧文主义者，原先职业是裁缝，他领导了伦敦的裁缝合作社等7家合作社，这些合作社由贵族提供资金和订货，生意很兴隆。其实，这种合作组织完全是依赖有产阶级的施舍而存在的，他们的福音对广大工人群众不能带来任何实际利益。但由于在19世纪40年代宪章派没有向工人群众提出一个完整的包括政治要求和社会内容的斗争纲领，而无论对欧文主义还是对基督教社会主义都还没有通过针锋相对的辩论斗争而战胜他们。所以，当50年代初英国宪章派重新提出社会改造纲领时，就不能不与在工人群众中流行的基督教社会主义思想较量。

1852年1月下旬厄内斯特·琼斯和基督教社会主义者劳埃德·琼斯在哈利法克斯进行了持续两天的辩论。辩论围绕着工人阶级以何种道路去实现自己的目的这一问题展开。厄内斯特·琼斯指出，人民不事先取得政权，劳动者合作社就无法顺利实现。目前这种形式的合作运动本身包含着解体的萌芽；它不是消灭以利润为目的的买卖，而是恢复这种买卖；它不是消灭竞争，而是恢复竞争。[①] 厄内斯特抓住了两个实质性的问题：经济改造与夺取政权的关系问题，以及

---

① 《寄语人民》第2卷，第793—806、822—829页。

是否从根本上触动资本主义生产关系的问题。他触及了基督教社会主义者路线的改良主义的实质。

基督教社会主义者劳埃德·琼斯在辩论中承认，他们倡导合作运动但不反对资本的利润，相反，承认资本的权利。他认为小部分股东占有利润以及采用其他资本主义的发财致富的方法都是正当的。劳埃德·琼斯以资本家从集资到发财致富的过程为例说明，穷人积蓄一点资金也能带来舒适和幸福。劳埃德·琼斯还攻击宪章派推翻资本主义统治的主张。他恐吓说，宪章派在政治上的胜利将会带来1848年在法国争取到普选权之后随之而来的屠杀、没收财产和消灭自由。这样，劳埃德·琼斯就站到公开维护资本主义制度的立场上。

厄内斯特·琼斯在发言中一再陈述了工人阶级完成社会解放的任务依赖于事先取得政权。同时他驳斥了基督教社会主义者攻击宪章派敌视合作运动的滥调。厄内斯特·琼斯说，他并不是那些认为合作运动错误的人中的一个，相反，他认为社会复兴只有在合作社制度的基础上才能实现。但是，他认为现在的合作制度即使清除了前进道路上的障碍后，也不会达到社会解放，而只会造成更大的贫困。至于建立在正确基础上的合作社，只有在事先取得政权的条件下才能起到治国良药的效果。厄内斯特·琼斯始终强调掌握政权的重要性。他从三个方面论述了掌握政权对建立劳动者合作制的意义。其一，他指出，合作者需要大量投资，将需要许多人捐献资金，捐献者的人数会大大超过合作企业所能容纳的劳动者人数，这就会产生矛盾。其二，合作企业将遭到资本家企业的竞争，资本主义企业可以用降低工人工资的办法来降低产品成本以利竞争，而合作社在竞争中只能靠牺牲利润来保护自己的社会利益，但这样下去，合作社就无法获得扩大再生产的资金而出现困难。其三，现存资本主义社会的一系列法律不允许工人合作者购买包括土地在内的必需的生产资料,因此不利于工人阶级的合作事业。假如政权掌握在工人手中,情况将会完全不同,"行政当局将会向工人提供资本。地方收入、教会什一税、税收……都会成为合作社的资本。工人在自己的政权的帮助下还能制定保护合作社的法律"。因此,厄内斯特·琼斯认为,全部问题在于政权操控在何人之手,"工人如果执政了,在一届议会期间所得的东西将会比在资本统治下斗争一千年所取得的东西要来得多"。此外,在管理合作企业的方法上,厄内斯特·琼斯号召工人阶级与追逐利润的资产者的做法划清界限,合作企业不要彼此隔绝,因为它们之间的利益是一致的,应当推动全国规模的合作运动;在分配时不要像资本家那样把全部利润塞进自己的腰包,而要转入扩大生产的基金中去。厄内斯特·琼斯在辩论结束时一再强调合作运动"不是给人民指出正确的道路,而是把人民引导到错误的道路上去,即拉到黑暗时代的行会中去。没有政权,你们将继续给主教的奴仆们补裤子;有了政权,你们就能同穷人一起去分主教的土地"。他号召工人首先取得政权,争取政治解放。

参加哈利法克斯大会的群众最后对厄内斯特·琼斯和劳埃德·琼斯的不同观点进行了表决,结果绝大多数人拥护厄内斯特·琼斯的观点。① 左翼宪章派在这场辩论中取得了一次辉煌的胜利。

厄内斯特·琼斯在这场辩论中表述的观点看来受到了科学社会主义理论的影响。稍迟一些,厄内斯特·琼斯在1852年2月写道:"在宪章派和工人阶级非宪章派人士中还有很多这样的人,他们希望在现存制度下靠建立合作社得救。我们却说,这是不可能的。在现存制度被推翻和人民取得政权以前,合作运动注定是要失败的。"② 恩格斯

---

① 《寄语人民》,1852年2月7日、14日,第2卷,第773—806、822—829页。
② 《人民报》,1852年6月19日。

在1852年3月18日给马克思的信中曾说:"琼斯所走的道路是完全正确的。我们可以大胆地说,没有我们的学说,他永远不会走上正确的道路。"①

《人民报》创刊

厄内斯特·琼斯在1850年创办的《寄语人民》篇幅较小,无法承担在全国进行宣传的任务,而《北极星报》则在1852年1月再度易主,无法为左翼宪章派使用。于是厄内斯特·琼斯在1852年初开始酝酿创办《人民报》。② 1月20日厄内斯特·琼斯写信给恩格斯说:"请你看看《寄语人民》第39期上我关于《人民报》的规划,请为它尽一切力量吧!我坚决地决定要出版这份报纸,如果这是可能的话。要孤军作战,《寄语人民》的力量是不够的。"③ 厄内斯特·琼斯创办《人民报》的设想得到了各地宪章派组织的支持。1852年2月全国宪章协会纽卡斯尔委员会表示:"将尽自己最大的努力支持琼斯办这份报纸。"兰尼卢的宪章派表示:"应当创办一份彻底的民主主义的报纸;它可以真实地反映纯粹的毫不混杂的宪章的原则。"此外,格林伍德、戴普福德、芬斯伯里、北希尔兹、考文垂、雅茅斯和威斯敏斯特等地的宪章派纷纷举行集会和发表讲话,支持《人民报》的创办工作。④ 利用各地宪章派筹集的资金,成立了《人民报》编辑部,购买了铅字和纸张招聘了印刷工人。1852年8月《人民报》创刊号出版

---

① 《马克思恩格斯通信集》第1卷,第376页。
② 《寄语人民》第2卷,第813—816页。
③ 康捷尔(主编):《马克思、恩格斯和第一批无产阶级革命家》,第528页。
④ 《寄语人民》第2卷,第380—383页。

了，它每份售价 3 便士。

《人民报》的创刊号重申了 1851 年纲领陈述的那些思想，即要增加工人阶级政治组织的力量以争取社会权利，为达到这个目的，《人民报》将致力于提高工人的觉悟，"宪章是一个引路人，它将把社会权利带到人民家中"。[①]《人民报》提倡宪章运动的统一和与中等阶级在政治上不妥协的斗争精神。

马克思极其关心《人民报》的工作，他动员一些共产主义者和革命者为《人民报》撰稿。马克思本人也在繁忙的工作中抽出时间为《人民报》写稿。1852 年 7 月到 8 月，马克思曾在好几个星期中在编辑工作上帮助琼斯。[②] 在《人民报》上先后刊登了马克思的文章有《论英国的选举》（1852 年 10 月）、《关于科伦审判案的通信》（1852 年 11 月 6 日）、《〈雾月十八日〉摘要》（1852 年 12 月）、《外国政治流亡者》（1853 年 4 月 16 日）、《帕麦斯顿勋爵》（1853 年 11、12 月）、《致工人议会的信》（1854 年 3 月 18 日）、《克里米亚战争》（1854 年 5 月 27 日）、《在〈人民报〉创刊 4 周年宴会上的讲话》（1856 年 4 月 19 日）、《霍亨索伦家族的神权》（1856 年 12 月 13 日）等。马克思发表在《人民报》上的文章中有几篇是直接论及宪章运动的。例如在 1852 年 10 月写的关于英国选举的文章中，他肯定了宪章派在大选中采取的立场，马克思对英国现存的各大政党做了评述，指出宪章派在大选中实际上是作为全国唯一真正的政治和改革者的政党而出现的。马克思甚至认为，一旦他们的纲领得以实现，就会引起整个社会制度的根本改造。[③] 由于宪章派的人数在《人民报》时期已急剧减

---

① 《人民报》，1852 年 5 月 8 日。
② 《马克思恩格斯通信集》第 1 卷，第 405 页。
③ 《马克思恩格斯全集》第 8 卷，第 381—411 页。

少，所以《人民报》不时处于财政困难之中，1852年报社几乎要破产。在这个时期，尽管马克思本人常常为贫困所困扰，他却为了《人民报》的经济事务东奔西走，并动员共产主义者同盟的盟员帮助琼斯做《人民报》的发行工作。[①]《人民报》编辑部高度评价马克思对民主运动的真诚态度。[②]

《人民报》在50年代指导宪章运动的活动中坚持了工人阶级的立场，表现出鲜明的无产阶级性质。因而深受宪章派的喜爱和好评。一位工人宪章派在来信中赞扬说："《人民报》是一份无畏地捍卫人民的社会权利和政治权利的报纸。我们希望并且相信……它能够在当今的报刊中占有卓越的地位。"[③]

1852年大选

1852年5月曼彻斯特协商会议召开和《人民报》筹备之时，英国大选即将展开。为此，《人民报》的创刊号便发表编者文章，号召宪章派积极投入这次大选。《人民报》的文章写道："到夏季，大选就要开始，最重要的问题是国民大会为这次大选应该做些什么？""应当以人民的名义提出一些候选人在经过选择的战场同享有霸权的资本主义者进行论战。"[④]

曼彻斯特协商会议以后，宪章派领导人在各地积极地参加竞选议员的活动。甘米季应邀作为埃克塞特选区的候选人，他先后到布里斯

---

① 《马克思和恩格斯通信集》第1卷，第443页。
② 《人民报》，1852年10月2日。
③ 《人民报》，1852年6月5日。
④ 《人民报》，1852年5月8日。

托尔、普利茅斯,以及英格兰西部许多城镇发表演讲。芬伦参加了考文垂的竞选,他还到曼彻斯特、斯特布里奇、哈利法克斯、纽卡斯尔做讲演,后因宪章派无法像资产阶级选民那样承担竞选费用,芬伦退出了竞选。

厄内斯特·琼斯参加了哈利法克斯的竞选,他与自由党候选人查尔斯·伍德爵士展开较量。当时,支持自由党的曼彻斯特的一批资产阶级提出了"不要分裂自由主义势力"的口号。《人民报》为此发表编辑部的文章揭露说:"它的含义是什么呢?它的意思是说,宪章派、民主派和工人不应该提出自己的候选人",免得中等阶级改革派和辉格党的得票会分散。"他们可能会说,他们的目的是要防止托利党人当选。这全是一派胡言!他们的目的是要把人民关在议会之外!""他们知道托利主义的时代已经一去不复返了——但是他们考虑再三,装出被托利党吓坏的样子,企图蒙骗人民,让他们不要参加竞选。"

厄内斯特·琼斯在文章最后旗帜鲜明地表明了工人宪章派的立场:"我们的答复是明确的,只要我们在议会中还没有我们自己的代表,我们就不关心哪个党派进入了议会,哪个党派被排斥在议会之外。对我们来说,辉格党就是托利党,托利党也就是辉格党,我们关心的不是今天他们谁得胜——我们决意在我们自己的基点上而不是在他们的基点上进行这场斗争。"[①] 厄内斯特·琼斯在这篇文章中关于工人阶级在大选中应当采取的政策以及对辉格党和托利党的剖析都是很正确的。

---

① 《人民报》,1852年6月26日。

宪章派和工会运动　普雷斯顿大罢工

19世纪50年代初期的宪章运动的规模急剧衰落,其中一个重要原因就是大批工会参加到以经济为主要目标的工会运动中去。这样,争取工会运动的支持就成为宪章运动复兴和发展的重要问题。

到了50年代初,哈尼从宪章运动曲折发展的过程中看到群众性的支持对宪章运动的发展的重要性,而这种群众基础的变化,又是和周期性的经济危机相呼应的。他意识到这样一个群众性政治运动的复兴非得等到下一次商业萧条到来时才有可能。[①] 哈尼不止一次表达了争取团结工人阶级各个派别的思想,他对工会运动极其重视并寄予希望。

1850年11月,哈尼在《红色共和主义者》上发表了一封《致工会和其他所有工人协会书记的信》,他希望扩大《红色共和主义者》在工人中的影响,要求他们向该报提供关于任何工人组织成立和发展、罢工、合作运动的最新消息。[②] 哈尼在《人民之友》杂志上写道:"人们一直在说,宪章运动好像有脑袋而没有躯干的人,这在某种程度上确实是事实。但是,其原因何在呢?——只有从下层吸取力量,运动才能复活。"[③] 当时基督教社会主义者、合作主义者和工联主义者都从工人群众中吸取力量,开展自己的运动。哈尼找到了宪章运动发展的关键问题。

哈尼关注着当时频繁发动的罢工运动。《红色共和主义者》杂志辟出专栏专门刊登罢工的消息。哈尼给予罢工工人以同情和支持,同时他向工会运动领导人强调:不取得政治权力,直接的工业罢工不会

---

① 《红色共和主义者》,1850年10月19日。
② 《红色共和主义者》,1851年5月,第1卷,第156页。
③ 《人民之友》,1851年5月3日。

收到什么效果。

1850年伦敦印刷工人举行罢工。哈尼在群众集会上为罢工工人仗义执言。他还通过工作使法国印刷工人和比利时布鲁塞尔的印刷工人对伦敦印刷工人的罢工斗争表示支持。为此，他得到伦敦印刷工人的感谢。这个时期，宪章派同伦敦拥有17000会员的首都工会委员会保持着密切的联系。这个组织派出参加1850年在伦敦召开的"民主大会"的代表中有两名是积极的宪章派。①

50年代初的工会组织也表现出愿意与宪章派合作的倾向。首都工会委员会的两位领袖达拉福斯和墨里在伦敦地区的宪章运动中始终起着积极的作用。当时，"新模范"工会之一混成机械工人工会的领袖威廉·牛顿在1850年也出现在宪章派组织的大会讲台上，威廉·牛顿还公开宣布，他支持宪章运动具有社会政治内容的纲领。在某些地区，宪章运动和工会运动一直保持着传统的联系。例如在兰开郡和约克郡，不少宪章派参加了合作运动的组织。②

厄内斯特·琼斯和哈尼一样关注着工会运动。但琼斯反对哈尼无原则地不加批评地支持工会单纯经济斗争的活动路线。他不信任收入较高的熟练工人及他们的工会。

1853年是英国经济极度困难的一年，报纸大量地报道了物价上涨的消息，工人也不断展开争取提高工资的斗争。6月份，在约克郡的西雷丁区，到处都在召开宪章派和工人的集会。6月26日，在哈利法克斯举行了有25万人参加的群众大会，琼斯和甘米季参加了这次大会。《人民报》称之为"宪章运动光荣的复苏"。③ 此外，在罗顿、

---

① 斯科恩：《宪章派的挑战》，第206—207页。
② 斯科恩：《宪章派的挑战》，第219页。
③ 《人民报》，1853年7月2日。

罗其代尔、奥德姆，宪章派和工人也举行了集会。全国宪章协会执委会在给宪章派的一封公开信中说："我们现在有资格向你们报告，我们运动的复兴已取得巨大的成绩。"①

1853年秋季爆发了普雷斯顿纺织工人大罢工。9月初当地几家纺织厂的工人为提高10%的工资举行了罢工，资本家非但不满足工人的要求，相反宣布同盟歇业，与罢工工人为敌。《人民报》用很大篇幅报道了罢工的情况，厄内斯特·琼斯强调要和普雷斯顿工人团结一致相互支持。宪章派积极发动本地和外地的工人群众支援罢工。工人们成立了8个委员会为罢工工人募捐。在宪章派和各业工人支持下，普雷斯顿大罢工坚持了7个月之久。

1854年工人议会

厄内斯特·琼斯关注着普雷斯顿罢工，1853年冬季他到英格兰东部、密德兰和英格兰北部工业区旅行，他参加了罢工工人的集会，目睹了工人群众在罢工斗争中表现出的巨大力量，他逐渐形成了把各业工人和工会组织起来召开一次"工人议会"的计划，11月12日他在《人民报》提出了关于召开工人议会的计划，他认为在普雷斯顿罢工中，全国各地对罢工自发的支援存在着不平衡的弱点，一些地区工人不能对罢工工人提供有效的帮助，罢工工人仅仅靠自身的力量难以持久。为了保证罢工的胜利，就需要组成一个全国范围的群众运动以支持一个地区的罢工工人。②

---

① 《人民报》，1853年7月2日。
② 《人民报》，1853年11月12日。

1854年3月6日工人议会终于在曼彻斯特人民学院开幕了，有近50名代表到会，他们主要代表了曼彻斯特周围地区的工会和宪章派组织，全国其他地区的工人也有代表参加大会，如埃克塞特、达勒姆、伯里、维根和普雷斯顿都派出了代表。[①] 会议选出了5人临时委员会，琼斯是委员会的名誉成员。在会议开幕那天，到会代表选举马克思、路易·勃朗等为工人议会的名誉代表，并邀请马克思来参加会议，表示了对国际工人运动著名领袖的尊敬。

马克思在伦敦给工人议会写了一封回信，感谢工人议会的邀请，表示他不能离开伦敦来参加这次大会。马克思在信中赞扬了英国工人阶级对于经济社会发展的重大贡献。他向工人议会的代表强调了英国这个典型的资本主义国家中阶级对立的事实，他说："在大不列颠，财政与劳动已完全分离。""在其他任何一个国家中组成现代社会的两个阶级之间的战争都没有这样巨大的规模，没有这样清晰可见的轮廓。"马克思指出，工人阶级的根本目标是"解放劳动"，这就是"在全国范围内把工人阶级组织起来"，使工人阶级有足够力量去完成战胜资产阶级的任务。马克思在信的结尾强调了使工人议会产生的思想，即工人阶级夺取政权、建立自己的议会的思想，表示了希望工人运动把根本目标放在夺取政权上，为工人议会指明了方向。[②]

然而很显然工人议会不可能达到马克思所希望的那种思想高度。这集中表现在由37人签署的《1854年工人议会纲领》中。这一纲领分15章，它的主要内容包括：由一个"群众运动"的组织收集资金，提高劳动者的收入，并用这笔资金支持各地举行的罢工，保障工人阶

[①] 《人民报》，1854年3月11日。
[②] 《北极星报》，1854年3月18日；并见《马克思恩格斯选集》第2卷，第76—77页。

级的利益；强调劳动者有权分享雇主所得的利益；由"群众运动"使用其基金购买土地，分成农场出租给长期和短期租户。① 从计划的内容来看，仍受到奥康诺当年的土地思想的影响，工人议会提出的通过规定劳动力价格以提高工人收入的设想也具有不切实际的空想色彩。

1854年工人议会的纲领就其思想倾向而论，实际上发展了1851年宪章派国民大会纲领的弱点方面，却没能继承1851年纲领中富于革命性的思想。

宪章派和克里米亚战争

19世纪50年代初起，欧洲大陆的战争危机日益加剧。英国工人宪章派对于英国统治阶级企图扩大英帝国版图，在国内建立一支庞大的常备军的做法始终持坚决反对的态度。对于克里米亚战争，宪章派也不同于科布登、布赖特等工业资产阶级激进派的和平主义态度。早在1849年初克里米亚地区形势开始紧张之时，一位宪章派报刊发行人伍勒推断，在未来南欧的战争中英国会同土耳其站在一起，而对方则有俄国和奥地利。宪章派关心的主要问题是沙俄扩张问题。林顿提出了"不是在黑海而是在巴尔干和俄国交战"的主张。② 厄内斯特·琼斯对沙皇政府对内实行反动统治对外疯狂扩张的政策始终持坚决反对的态度。1853年《人民报》载文谴责了拉塞尔和阿伯丁对俄国献媚的外交政策。同时还谴责了曼彻斯特资产阶级激进派及和平主义者发起的对俄友好"和平运动"。《人民报》还大量刊登了全国

---

① 萨维尔（主编）：《厄内斯特·琼斯：宪章派》，第264—272页。
② 《英国共和主义》，1853年11月19日。

各地在 1853 年底举行的反对沙皇俄国侵略政策的集会的消息。英国工人宪章派在克里米亚战争问题上的态度是和他们一贯同情被压迫民族、反对沙皇暴政的立场相一致的。

1853 年 11 月在波兰民主委员会发起的集会上，该委员会英国通讯书记林顿做了讲演，他呼吁英国对俄作战，以此作为争取欧洲解放的斗争序幕。他说，从密尔顿开始，英国人便有一种责任感，他们不会放弃自己对欧洲解放的责任。他说战争意味着波兰、意大利和匈牙利爆发起义，挫败沙皇和教皇及所有暴虐君主，解放所有的人民。战争意味着德意志摆脱它的多头君主制，马志尼可以再度进入罗马，法国可以光荣地雪耻。①

奥布莱恩不像厄内斯特·琼斯那样寄希望于这场战争，他认为这场战争破坏文明和社会进步，不利于英国议会制度的进一步改革，战争将增加国债并把它转嫁到工人身上，工人还将承担战争带来的其他后果。以奥布莱恩为首的"全国改革联盟"发表了小册子向工人讲述这个道理。小册子写道："如果说俄国野心勃勃富于侵略，向外扩张，难道英国不更是这样？""这是一场掠夺工人阶级，使他们贫困并遭残杀的战争。"② 他在奥德姆的讲演还斥责了资产阶级激进派认为这场战争将使英国免于俄国掠夺的论点。③ 宪章派在克里米亚战争问题上对欧洲的反动宪兵沙皇俄国和欧洲的反动君主表示出仇恨，他们希望以这次战争为杠杆来解放被压迫的各民族，这种愿望并非没有积极意义。但是，这场战争毕竟是自由资本主义时代的一场争霸战争。

---

① 史密斯：《激进的技工：威廉·詹姆士·林顿，1812—1897 年》，曼彻斯特大学出版社 1873 年版，第 117—118 页；《人民报》，1853 年 12 月 3 日。
② 普卢默：《布朗特里·奥布莱恩的政治传记》，第 230 页。
③ 约翰·弗斯特：《阶级斗争和工业革命》，第 241—242 页。

以俄国为首得到奥匈帝国支持的欧洲国家集团企图打开从黑海南下地中海的道路,向南欧、进而西亚扩张,因而遭到土耳其及支持它的英法等另一些资本主义国家的反对。尽管这场战争对土耳其来说具有某种侵略性质,但克里米亚战争从总体上来说是欧洲国家在南欧争霸的战争。英国作为克里米亚战争主角之一,其真正目的并不是要解放专制沙皇奴虐下的东欧和西亚人民,而只是出于扩张的贪婪野心。包括林顿在内的多数宪章派没有看到这一点。只有厄内斯特·琼斯揭露了这场战争是一场"欺骗性的战争",即统治阶级的国家发动的争夺权益的战争,他指出,在战争没有成为原则的战争时,被压迫民族譬如波兰是不可能得到解放的。①

1850年夏季,当英国官方兴高采烈地庆祝英国在克里米亚战争中获胜时,哈利法克斯的宪章派列队游行以示抗议。②

1858年代表大会和哈利法克斯宪章派组织的消失

1858年2月8日,经过半年多的准备,宪章派代表大会终于召开了。出席大会的有41名代表。工会组织的代表应邀参加了大会,这是1853年普雷斯顿大罢工以来的第一次。③但来自工业区的代表不多。代表大会在讨论和中等阶级联合的基础时,工人宪章派彼特·亨特利提出一项议案,反对仅仅在《人民宪章》的基础上和中等阶级联合。但是力求和中等阶级妥协的代表占到与会者多数,他们以37票对2票否决了亨特利的提案。大会在讨论宪章运动领导机构时以23

---

① 萨维尔(主编):《厄内斯特·琼斯:宪章派》,第56页。
② 《人民报》,1856年6月7日。
③ 《人民报》,1858年2月13日。

票对 2 票选举琼斯为唯一的全国宪章协会执委会委员。[①]

厄内斯特·琼斯在当选之后向大会提交一项议案，其内容包括争取男子普选权和宪章派拒绝接受任何"不公正地分配政治权利"。厄内斯特·琼斯的提议事实上非常温和，暗示了可以和中等阶级实现联合。在讨论琼斯这一提案时，大多数代表主张与中等阶级实现和解。代表大会一致通过了体现这一内容的修正案，即在资产阶级不向男子普选权要求让步的情况下也应按照人所共知的原则行事，无须考虑个别人的反对。[②] 大会决定采取和资产阶级改革派妥协的策略，琼斯对这一结果感到满意。

宪章派代表大会的决议遭到工人宪章派的反对，1858 年 5 月《全国联盟》（月刊）刊登了由首都 100 名宪章派活动分子签署的公开信，信中说："面对着一个和中等阶级结成联盟的振振有词的协定，我们发现我们的事业在堕落和被嘲弄。过去发生的一切已经清楚地表明，工人阶级依靠社会上任何一个其他的阶级是无法争得自己的自由的。"[③] 革命宪章派对厄内斯特·琼斯的批评充分说明了英国工人阶级经过 20 余年的宪章运动，具备了高度的政治觉悟和不屈不挠的斗争精神，他们从自己的政治斗争经验中认识到只有通过自己独立的政治斗争才能保护自己的长远利益。宪章派的批评使厄内斯特·琼斯声誉迅速下降。《人民报》在财政上和发行上的困难更大了。1858 年 6 月厄内斯特·琼斯被迫卖掉《人民报》的产权，9 月《人民报》停止发行。

---

① 乔治·班斯比：《1850—1860 年"黑乡"的宪章运动》，载《我们的历史》第 40 期，第 16 页。
② 萨维尔（主编）：《厄内斯特·琼斯：宪章派》，第 68 页。
③ 萨维尔（主编）：《厄内斯特·琼斯：宪章派》，第 70 页。

宪章运动到 50 年代末期群众基础已消失殆尽。琼斯在犯了严重的错误后仍在努力恢复宪章派组织。1859 年哈利法克斯这一宪章运动以往极有基础的地区如今也急剧衰退。当地宪章派领导人约翰·斯诺登在 10 月写信给厄内斯特·琼斯说:"在哈利法克斯和它周围较大的村庄里,宪章派的组织已不复存在,这就是在这里征集捐款非常棘手和困难的原因。在这里,许多曾经积极活动的宪章派人士已经迁往外地。"①

1858 年最后一次宪章派代表大会的召开,《人民报》的停刊和哈利法克斯宪章派组织的消失可以看作是标志宪章运动结束的事件。

老宪章派继续在活动

19 世纪 50 年代末以后宪章运动虽然最终消失了,但一批老宪章派继续为工人事业和民主运动工作。1858 年 11 月厄内斯特·琼斯创办了《木工报》,在全国改革运动中这份报纸大量报道了全国各地工人参加的争取男子普选权的会议的消息。1859 年 4 月厄内斯特·琼斯在诺丁汉参加竞选,但没能取胜。1860 年初《木工报》的出版遇到困难最终在 2 月停刊,随后,厄内斯特·琼斯创办两种新的宪章派报纸的试图也告失败。1860 年 4 月初厄内斯特·琼斯在给一个朋友的信中写道:"几份报纸都失败了……但是我矢志不渝,我决不为赚钱而去演讲。我坚持宪章并为复兴它而工作。"②

19 世纪 50 年代后期琼斯怀着国际主义的情感关心印度人民反

---

① 萨维尔(主编):《厄内斯特·琼斯:宪章派》,第 74 页。
② 厄内斯特·琼斯致欣德的信,1860 年 4 月 3 日,手稿。收于伦敦主教门学院,豪威尔文件。

对英国殖民统治的斗争,在《新世界》等刊物上发表了支持印度人民斗争的诗歌,在1859年改革运动中,厄内斯特·琼斯抨击了布赖特提出的以户主选举权为核心的改革纲领,坚持男子普选权的要求。① 1865年英国成立了改革联盟,它提出男子普选权的要求,1865年6月厄内斯特·琼斯当选为改革联盟的副主席。厄内斯特·琼斯晚年生活非常拮据,但他仍不知疲倦地为工人事业活动着。宪章派亚当斯记叙道:"厄内斯特·琼斯就是在他自己处于极端贫困的境地而几乎要饿死之时还是高举着宪章运动的旗帜。在他逝世的前几年,照常在伦敦的露天大会上发言。""昔日的热情和辩才仍保留在他身上,但是憔悴的面孔和破旧的衣裳说明这个人经受了沉重的考验。"②

哈尼在1862年迁居北美,他在那里继续关心工人运动,1869年加入了第一国际,并和马克思、恩格斯恢复了通信。马克思曾把《资本论》第一卷法文版寄给哈尼,哈尼曾打算把《资本论》译成英文,并在美国出版。直到晚年,哈尼和恩格斯仍保持着友好的联系。

宪章运动衰落的原因

宪章运动从1836年伦敦工人协会成立开始,经过22年的活动,从40年代中期以后开始走向衰落,但在1848年革命之后又坚持了10年,终于在1858年消失了。

宪章运动的衰落和失败从这个运动的组织方面、纲领方面,以及运动领导人的思想方面恐怕都可以找到很多的解释。但笔者认为,

---

① 萨维尔(主编):《厄内斯特·琼斯:宪章派》,第72页。
② 萨维尔(主编):《厄内斯特·琼斯:宪章派》,第66页。

宪章运动在 40 年代以后趋向衰落的根本原因应当从英国社会经济史中去寻找。工业革命后英国迅速进入自由资本主义发展的黄金时代，40 年代中期英国又度过了 6 年的经济萧条时期，对外贸易额迅速增长。不列颠和爱尔兰商品出口额在 1836 年至 1840 年间年平均为 50012994 镑，而 1843 年为 52279709 镑，1845 年为 60111082 镑。对外贸易的扩大为英国赢得大量利润。国家财政在 1842 年有赤字近 4000000 镑，1843 年转为盈余 1443304 镑，1845 年盈余 3817642 镑。企业倒闭数在 1842 年以后逐年减少。工业发展对劳动力有更多需求，就业情况逐步改善，领取贫民救济金的人口逐渐下降，1842 年至 1846 年占人口的 9.5%，1845 年至 1846 年下降为 7.9%。英国居民对主要食品的消费量有较大增长。1831 年到 1861 年间咖啡的消费量增长了 38.5%，糖消费量增长 83.48%，麦酒增长了 32%。[①]物质生活水平的改善缓和了工人群众的不满情绪，削弱了宪章运动的群众基础，这是宪章运动衰落的重要原因。

19 世纪 40 年代中期以后，合作运动和新模范工会在英国有较大发展，一批曾经参加宪章运动的工人群众加入这些以经济要求为目标的运动，分散了宪章运动的力量。

宪章运动的衰落还在于 1848 年欧洲资产阶级革命引起了英国中等阶级和小资产阶级政治上向右转，他们出于对无产阶级革命的恐惧，纷纷离开工人阶级民主派而去充当反动统治者的帮凶。1848 年肯宁顿公地请愿之际，应招参加政府临时警察队伍的不仅有银行职员、店员、邮政局职员、落后的教区居民，甚至还有伍尔维奇造船所

---

① 斯洛森：《宪章运动的衰落》，弗兰克-凯斯出版公司 1967 年版，第 115—137 页。

的工人。[①] 小资产阶级的倒戈，使宪章运动失去了同盟者和同情者。

此外，宪章运动后期大批移民流向海外，其中有相当一批是在国内受迫害的宪章派，1842年英国向海外移民为90743人，1850年为280832人，1851年为335966人。[②] 一些重要的宪章派活动家如布西、麦克道尔、比泽尔、贝尔斯托、坎贝尔、梅森和邓肯先后移居美洲和澳大利亚。因此，宪章运动丧失了一批骨干力量。

---

① 古德维：《伦敦的宪章运动，1838—1848年》，第73—74页；参见1969年英国工运史研究会宪章运动讨论会的会议报告，载《工运史研究会会刊》1970年第20期，第15页。
② 马科伯：《英国激进主义，1832—1852年》，第21章。

结语：工人阶级和资产阶级民主运动

宪章运动这样一个有数百万工人参加的规模宏大的群众运动始终没有发展成为严格意义上的革命。从今天看来，它是工业革命完成初期在资本主义关系确立的条件下英国工人阶级选择的一种斗争方式。它与日后直到20世纪西方发达资本主义条件下各国工人运动和社会主义运动的基本走向具有一致性。宪章运动时期和那以后西方工人阶级所处的历史环境和社会条件不同于19世纪和20世纪的东方国家，执掌政权的土地贵族和后来的资产阶级的统治策略也和东方国家不同，统治集团不是采取全然高压专制的统治方式。这是与当时英国的资产阶级面对的历史性任务直接相联系的。在英国，经过1640年的英国革命，尚未完成议会制度民主化的任务，资产阶级尚未直接掌握政权，他们把民主改革的道路作为他们争取统治地位的道路。所以，从整体上说，像英国那样的资本主义国家不采取千篇一律的镇压和专政的措施，他们采取的方式是在纵容民主的过程中控制民主。[①]在宪章运动发生的时期及以后的很长的历史时期中，资本主义内部矛盾固然深重，周期性的经济危机也不断发生，但始终没有达到摧毁资本主义制度的那种猛烈程度。马克思和恩格斯在19世纪中期一再热

---

① 拉尔夫·密里本德：《英国的资本主义民主制》，商务印书馆1988年版，第2—3页。

情地预言的和期待的无产阶级革命始终没有到来。① 因此，今天的研究者不能拿东方无产阶级革命的策略去衡量和要求西方工人阶级，不能因为宪章运动没有发展成为一场无产阶级革命而对它加以指责。相反，我们从大量的历史文献中看到，宪章派很冷静地对当时在英国能否成功地发动一场革命之类的问题展开过热烈的讨论，他们内部就活动策略问题进行过激烈地争论。从这个意义上说，宪章派的策略水平远远超过了里昂和西里西亚工人，他们比同期法国和德国工人要显得成熟。在宪章运动研究中我们看到，宪章派领袖中的左派对阶级关系和资本主义国家的本质已有成熟的认识，他们清晰地认识到，不取得政权便无法解放他们自己。这种在理论思想上和策略实践之间所显现的差异或者说矛盾，也正是宪章运动以后百多年间西方发达资本主义国家社会主义者有待解决的历史性课题。从这个意义上说，宪章运动是一个现代的政治运动。

对于身处东方国家的我们来说，认识和评价西方资产阶级民主运动迄今尚属未能彻底解决的理论问题。宪章运动的历史告诉我们，工人运动与资产阶级民主运动之间并没有天壤之别，它们最初是会合在一起的。工人阶级投身于资产阶级民主运动是当时历史的需要，因为工业革命后兴起的英国中等阶级对于彻底的资本主义民主制始终持畏惧和担心态度。正如卡尔·波拉尼所评述的："民主的概念和英国中等阶级毫不相干，只是当工人阶级已经接受了资本主义经济学的原则而工会把工业顺利经营作为他们主要关心之点之时，中等阶级才勉强把选举权给予境遇较好的工人。"② 因此，扫除封建贵族政治的残余

---

① 参见本书第 7 章有关段落。
② 卡尔·波拉尼：《大转变》，波士顿 1957 年版，第 172 页。

和实现资产阶级政治民主制的任务就历史地落到英国工人阶级肩上。我们还看到，宪章派投身这场政治斗争时，他们清楚地认识到民主只是手段而不是目的。他们一方面提出了资产阶级激进民主派尚不敢提出的最彻底的资产阶级民主的纲领；另一方面加进了反映工人阶级利益的社会要求。这表明，工人阶级从来就是争取彻底的资产阶级民主的积极斗士。而英国资本主义民主制的进展正是工人阶级和其他劳动群众不断斗争推动的结果，而并非统治阶级出于善心的恩赐。资本主义民主制在当时甚至以后都是一种历史上较为进步的制度。不应当把资产阶级民主看作生来反动的制度，因为工人阶级曾积极参加过这一运动；对西方民主制度的批评，不是去完全否定它，而应当批评它对民主的限制和民主性的不足。

参考文献

《马克思恩格斯全集》，人民出版社1956年版。
《马克思恩格斯选集》，人民出版社1972年版。
《列宁选集》，人民出版社1976年版。

档案和报刊

British Library, British Museum

Place Collection, Reform 1836-1847, 29 Vols, Set, 51, 52, 53, 54, 55, 56, 58, 66, 70.（《普雷斯剪报》）

British Library, Department of Manuscripts

Cooper, Thomas, Add. MSS. 56238.（《托马斯·库珀档案》）

Francis Place Collections Relating to Working Men's Association, Add. MSS. 27819, 27820, 27821, 27835, 34245A&B, 37773-37776.（《普雷斯手稿》）

British Library of Political and Economic Science, University of London (London School of Economics)

Allsop Collection.（《阿索普文件》）

London Bishopsgate Institute

Howell Collection. (《霍威尔文件》)

Public Record Office (London)

Home Office Paper (H. O.) 40, 41 (《内务部档案》)

Treasury Solicitor's Paper 11. (《财政部法务官文件》)

Chartist Circular, Sept. 1839-July 1842, Ed. By William Thompson, [Reprint] New York, 1968. (《宪章派通报》)

English Chartist Circular, Jan. 1841-Jan. 1843, Ed. By James Harris, [Reprint] New York, 1968. (《英格兰宪章派通报》)

Harrison, J. F. C., and Thompson, D., *Bibliography of the Chartist Movement, 1837-1976*, Sussex-New Jersey, 1978. (《宪章运动总书目(1837—1976)》)

Note to the People, May 1851-May 1852, Ed. by Ernest Jones, 2 Vols, Merlin Press, London, 1967. (《寄语人民》)

People's Paper, May 1852-Sept. 1858, Ed. by Ernest Jones. (《人民报》)

Poor Man's Guardian, 4 Vols, 1831-1835, Ed. by H. Hetherington, London, 1969. (《贫民卫报》)

Reports of State Trials, new series, Vol. III, 1831-1840, Ed. by John MacDonall, 1891; Vol. IV, 1839-1843, Ed. by J. E. P. Wallis, 1892. (《国家审判报告》)

Reynold's Political Instructor, 10 Nov. 1849-11 May 1850, Ed. by G. W. M. Reynold. (《雷诺兹政府指导者》)

The British Statesman, March 1842-January 1843, Ed. By J. B. O'Brien. (《不列颠政治家》)

The Charter, January 1839-March 1840, Eds. by William Carpenter and William Hill. (《宪章报》)

The Democratic Review of British and Foreign Politics, History Literature, Edited by G. J. Harney, 2 Vols, 1849-1850, New York, 1968. (《民主评论》)

The English Republic, 1854-1855, Monthly, Ed. by W. L. Linton. (《英国共和主义者》)

The Executive Journal of the National Charter Association, Oct.-Nov. 1841. Collected in Place Newspaper Collection, set 56, British Museum. (《全国宪章协会执行委员会公报》)

The Labourer: A Monthly Magazine of Politics, Literature, Poetry, etc., 1847-1848, Eds. by Feargus O'Connor and Ernest Jones. (《劳工》)

The Northern Star and Leeds General Advertiser (1837.11-1844.11), *The Northern Star and National Trades Journal* (1844.11-1852.3). (《北极星报》)

The Red Republican & The Friend of the People, Introduction by John Saville, 2 Vols, Merlin Press, London, 1966. (《红色共和主义者》)

The Trial of Feargus O'Connor Esq., and Fifty-Eight Other Chartists on a Charge of Seditions Conspiracy, Ed. by O'Connor, 1843. (《对菲格斯·奥康诺和其他58名宪章派的审判案》)

著作和论文

Ashton, O. R., *Chartism in Mid-Wales: The Montgomeryshire Collections*, Vol. 62, part 1, 1971.(《威尔士中部的宪章运动》)

Bamford, S., *Passages in the Life of a Radical*, Oxford University Press, Oxford, New York, [1884] 1984.(《一个激进派一生的经历》)

Baylon, J. O., and Gossman, N. J.(ed), *Biographical Dictionary of Modern British Radicals*, 2 Vols, Harvester and Humanities, 1979, 1984.(《近代英国激进派传记辞典》)

Beer, Max, *A History of British Socialism*, London, 1953.(《英国社会主义史》)

Belchem, J., "Chartism and Trades, 1848-1850," *English Historical Review*, July 1983.(《宪章主义和工会》)

Belchem, J., "Henry Hunt and the Evolution of the Platform," *English Historical Review*, Vol. XCIII. Oct. 1978.(《亨利·亨特和讲坛的演进》)

Belchem, J., "Republicanism, Popular Constitutionalism and the Radical Platform in Early Nineteenth-Century England," *Social History*, Vol. 6, 1981.((《英格兰19世纪初期的共和主义、民众宪政主义和激进运动》))

Bellamy, J. M., and Saville, J., (eds), *Dictionary of Labour Biography*, Vol. 1-5, London, Macmillan, 1975.(《劳工传记辞典》)

Black, F. G., and R. M. (eds), *Harney Paper*, Assen, 1969.(《哈尼文件集》)

Bray, J. F., *Labour's Wrongs and Labour's Remedy or the Age of Might and the Age of Right*, London, 1839.(《对劳动者的迫害及其救治

方案》)

Briggs, A.(ed), *Chartist Studies*, London, 1959. (《宪章运动研究》)

Briggs, A., "Charticts in Tasmania: A Note," *Bulletin of the Society for the Study of Labour History*, Vol. I, No. 3, Autumn 1961. (《宪章派在塔斯马尼亚》)

Briggs, A., "Middle-class Consciousness in English Politics, 1780-1846," *Past and Present*, 9, 1956. (《英国政治中的中产阶级意识》)

Briggs, A., "Thomas Attword and the Economic Background of the Birmingham Political Union," *Cambridge Historical Journal*, IX, No. 2(1948). (《托马斯·阿特伍德和伯明翰政治同盟的经济背景》)

Briggs, A., *Age of Improvement 1783-1867*, Longman, 1959. (《改进的时代》)

Briggs, A., and Saville, J.(eds), *Essays in Labour History*, I, London, 1960. (《劳工史论文集》)

Brock, P., "Polish Democrats and English Radicals 1832-1862," *Journal of Modern History*, XXV, 1953. (《政治民主派和英国激进派》)

Bruce, H, A.(ed), *Life of General Sir William Napier, K.C. B.*, 1864. (《威廉·纳皮尔将军的生平》)

Buttlr, *Sir William F., Sir Charles Napier*, London-New York, Macmillan, 1894. (《威廉·纳皮尔爵士》)

Bythell, D., *The Handloom Weavers: A Study in the English Cotton Industry During the Industrial Revolution*, Cambridge University Press, 1969. (《手机织工》)

Cadogan, Peter, "Harney and Engels," *International Review of Social History*, Vol. X, 1965, part 1. (《哈尼和恩格斯》)

Calhoun, Craig, *The Question of Class Struggle: Social Foundation of Popular Radicalism during the Industrial Revolution*, Oxford, 1982. (《阶级斗争问题》)

Cannon, John, *The Chartists in Bristol*, Bristol University, 1964. (《布里斯托尔的宪章派》)

Clark, G. S. R. Kitson, "Hunger and Politics in 1842," *Journal of Modern History*, Vol. XXV, 1953. (《饥饿和政治》)

Clements, R. V., "British Trade Unions and Popular Political Economy, 1850-1875," *Economy History Review*, 2nd ser., Vol. XIV, 1961-1962. (《英国工会和民众的政治经济学》)

Cole, G. D. H., "Attempt at General Union 1829-1834," *International Review of Social History*, 1939. (《建立各业统一工会的尝试》)

Cole, G. D. H., *A History of Socialist Thought, Vol. 1, 1789-1850*, London, Macmillan, 1953. (《社会主义思想史》)

Cole, G. D. H., *A Short History of the British Working Class Movement*, 3 Vols, London, 1925-1927. (《英国工人运动简史》)

Cole, G. D. H., and Filson, A. W.(eds), *British Working Class Movement, select documents, 1789-1875*, London, 1951. (《英国工人运动资料选辑》)

Cole, G. D. H., *Chartist Portraits*, London, 1941. (《宪章派肖像》)

Cole, G. D. H., *The Common People, 1746-1946*, London, [1938]1976. (《普通人民》)

Collet, C.D., *History of The Taxes and Knowledge: Their Origin and Repeal*, London, 1933. (《知识税的历史》)

Collins, J., and Lovett, W., *Chartism: A New Organization of the People*

[1840], Leicester University Press, 1969. (《宪章主义》)

Collins, Philip, *Thomas Cooper, the Chartist: Byron and the "Poets of the Poor"*, University of Nottingham, 1969. (《宪章派托马斯·库珀》)

Conner, E. C. K., "The English History of Chartism 1836-1839," *English History Review*, Vol. A, No. 16, 1889. (《英国宪章运动史》)

Cooper, Thomas, *The Life of Thomas Cooper*, Leicester, [1872] 1971. (《托马斯·库珀的一生》)

Dalby, G. R., *The Chartist Movement in Halifax and District*, 1956. (《哈利法克斯周围的宪章运动》)

David, William, *John Frost*, Cadiff, 1939. (《约翰·弗罗斯特》)

Davis, James, *The Chartist Movement in Monmouthshire*, Newport Chartist Centenary Committee, 1939. (《蒙默斯郡的宪章运动》)

Dickinson, H. T.(ed), *The Political Works of Thomas Spence*, Newcastle-upon-Tyne, 1982. (《托马斯·斯宾斯的政治著作》)

Dobson, C. R., *Masters and Journeymen: A Pre-history of Industrial Relations, 1710-1800*, London, 1980. (《雇主和工匠》)

Edwards, Ness, *John Frost and the Chartist Movement in Wales*, Western Valley's Labour Classes, Abertillery Men. (《约翰·弗罗斯特和威尔士的宪章运动》)

Epstein, J. A., and Dorothy Thompson(eds.), *The Chartist Experience: Studies in Working-Class Radicalism and Culture, 1830-1860*, London, 1982. (《宪章运动的经验》)

Epstein, J. A., Feargus O'Connor and the Northern Star, *International Review of Social History*, XXI, 1976. (《菲格斯·奥康诺和〈北极星报〉》)

Epstein, J. A., *The Lion of Freedom: Feargus O'Connor and The Chartist Movement, 1832-1842*, London-Canberra, 1982.(《自由之狮》)

Finlayson, G. B. A. M., "The Politics of Municipal Reform, 1835," *English History Review*, Oct. 1969.(《1835年市政改革的政治学》)

Foster, John, *Class Struggle and Industrial Revolution*, London, 1979.(《阶级斗争和工业革命》)

Frost, Thomas, *Forty Years' Recollection: Literary and Political*, London, 1880.(《四十年的回忆》)

Gaitskell, H. T.-N., *Chartism: An Introductory Essay*, London-New York-Toronto, 1929.(《宪章运动》)

Gammage, R. G., *History of the Chartist Movement 1837-1854*, Newcastle-on-Tyne, 1894.(《宪章运动史》)

Garnett, R. G., *Co-operation and the Owenite Socialist Communities in Britain 1824-1845*, Manchester University Press, 1972.(《英国的合作运动和欧文主义的社会主义团体》)

Gaskell, E., *Mary Barton*, Penguin Book, 1975.(《马丽·巴顿》)

Gaskell, E., *North and South*, Penguin Book, 1974.(《北方和南方》)

Gayer, Rostow and Schwartz, *The Growth and Fluctuation of British Economy 1790-1850*, Oxford, 1953.(《英国经济的成长和功能》)

Gillespie, F. E., *Labour and Politics in England, 1850-1867*, Frank Cass, 1966.(《英国的劳工和政治》)

Glassgow, E., "The Establishment of The Northern Star Newspaper," *History*, new series, Vol. 39, 1954.(《〈北极星报〉的创立》)

Godfrey, C., "The Chartist Prisoners, 1839-1841," *International Review of Social History*, Vol. 24, part. 2, 1979.(《宪章派囚犯》)

Godway, D., *London Chartism 1838-1848*, Cambridge U. P., 1982.(《伦敦的宪章运动》)

Golby, J. M., "Public Order and Private Unrest: A Study of the 1842 Riots in Shropshire," *University of Birmingham Historical Journal*, Vol. XI, No. 2, 1968.(《公共秩序和隐秘的骚动》)

Gomme, G. L., *London in the Reign of Victoria (1837-1897)*, London, 1898.(《维多利亚朝统治时期的伦敦(1837—1897年)》)

Hadfield, A. M., *The Chartist Land Company*, Newton Abbott, 1970.(《宪章派土地公司》)

Halévy, E., *History of England, 1830-1841*, Vol I-IV, London, 1924.(《英国史》)

Halévy, E., *Thomas Hodgskin*, Ed. by A. J. Taylor, London, 1956.(《托马斯·霍奇斯金》)

Halévy, Elie, *The Growth of Philosophic Radicalism*, London, [1928]1972.(《哲学激进主义的成长》)

Hammond, B., *William Lovett 1800-1877*, Westminster, 1922.(《威廉·洛维特》)

Hammond, J. L., and B., *The Age of the Chartists*, Longman and Green, 1930.(《宪章运动时代》)

Hammond, J. L., and B., *The Village Labour*, Ed. by G. E. Mingay, Longman, London and New York, [1917]1978.(《乡村劳工》)

Hanham, H. J.(ed.), *Nineteenth Century Constitution 1815-1914: Documents and Commentary*, Cambridge U. P., 1969.(《19世纪宪政主义文件和评注》)

Harrison, B., and Hollis, P., "Chartist Liberalism and Robert Lowery,"

English History Review, XXXII, July 1967. (《宪章派自由主义和罗伯特·洛厄里》)

Harrison, Brian, and Particia Hollis(eds.), *Robert Lowery: Radical and Chartist*, Longman, 1979. (《罗伯特·洛厄里》)

Hodgskin, Thomas, *Labour Defended Against the Claim of Capital, or the Unproductiveness of Capital Proved With Reference to the Present Combinations Amongst Journeymen*, [1825] 1925. (《为劳动辩护，驳斥资本的权利》)

Hollis, P.(ed.), *Class and Class Conflict in Nineteenth-Century England 1815-1850*, London, 1973. (《19 世纪英国的阶级和阶级冲突》)

Hollis, P.(ed.), *Pressure From Without in Early Victorian England*, London, 1974. (《早期维多利亚时代英国议会外部的压力》)

Holyoake, G. J., *Sixty Years of an Agitator's Life*, 2 Vols, London, 1900. (《请愿者六十年的生活》)

Hopkins, E., *A Social History of English Working Class, 1815-1945*, London, 1979. (《英国工人阶级简史》)

Horn, Pamela, *The Rural World, 1780-1850: Social Change in the English Countryside*, London, 1980. (《1780—1850 年的乡村世界》)

Hovell, Mark, *The Chartist Movement*, Manchester U. P., 1925. (《宪章运动》)

Howell, George, *A History of the Working Men's Association from 1836 to 1850*, Newcastle, 1970. (《1836—1850 年工人协会的历史》)

Jenkins, Mick, *The General Strike of 1842*, London, 1980. (《1842 年总罢工》)

John, Angela, V., "The Chartist Endurance: Industrial South Wales 1840-1868," *Morgannwg*, Vol. XV, 1971. (《宪章派的持久性》)

Jones, David, "Chartism in Welsh Communities," *Welsh History Review*, Vol. 6, No. 3, 1973. (《威尔士社团中的宪章派》)

Jones, David, *Chartism and Chartists*, Penguin Books, 1975. (《宪章运动和宪章派》)

Jones, David, J. V., *The Last Rising: The Newport Insurrection of 1839*, Oxford, 1985. (《最后的起义》)

Judge, K., "Early Chartist Organization and the Convention of 1839," *International Review of Social History*, Vol. 20, 1975. (《早期宪章派组织和 1839 年国民大会》)

Kemnitz, T. M., and Jacques, F., "J. P. Stephens and the Chartist Movement," *International Review of Social History*, Vol. XIX, 1974. (《斯蒂芬斯和宪章运动》)

King, J. E., *Richard Marsden and the Preston Chartists 1837-1848*, Lancaster University, Occasional Paper, No. 10, 1981. (《理查德·马斯顿和普雷斯顿的宪章派》)

Koga, Hides, "The Chartist Land Scheme," *Journal of the Faculty of Liberal Arts*, Yamaguchi University, Vol. 10, 1976. (《宪章派土地计划》)

Kovalev, Y. V.(ed), *An Anthology of Chartist Literature*, Moscow, 1956. (《宪章派文学选集》)

Lewis, W. D., "Three Religious Orators and the Chartist Movement," *The Quarterly Journal of Speech*, Feb. 1957. (《三个宗教演说家和宪章运动》)

Linton, W. I., *Miscellaneous Writings*. (《著作杂集》)

Lloyd, T. H., "Chartism in Warwick and Leamington," *Warwickshire History*, Vol. 4, part 1, 1978. (《沃里克和利明顿的宪章运动》)

Lovett, W., *Life and Struggle of William Lovett*, London, [1876] 1967.《威廉·洛维特战斗的一生》

Maccoby, S.(ed.), *Radicalism*, London, 1952.（《激进主义》）

Maccoby, S., *English Radicalism, 1832-1852*, London, 1935.（《英国激进主义》）

Machl, W. H., "Augustus Hardin Beaument, Anglo-American Radical," *International Review of Social History*, XIV. (2), 1969.（《奥古斯都·哈定·波蒙特》）

Machl, W. H., "Chartist Disturbance in Northeastern England in 1839," *International Review of Social History*, VIII, 1963.（《英格兰东北部的宪章派骚乱》）

Marcus. S., Engels, *Manchester and the Working Class*, New York, 1974.（《曼彻斯特和工人阶级》）

Marriott, J. A. R., *England Since Waterloo*, New York-London, 1925.（《滑铁卢以后的英国》）

Mather F. C.(ed), *Chartism and Society*, London, 1980.（《宪章运动和社会》）

Mather, F. C., "The General Strike of 1842: A Study of Leadership, Organization and the Threat of Revolution during the Plug Plot Disturbances," in J. H. Porter(ed), *Provincial Labour History, Exeter Paper in Economic History*, No. 6, 1972, University of Exeter.（《1842年总罢工》）

Mather, F. C., *Chartism*, London, [1965] 1971.（《宪章主义》）

Mather, F. C., *Public Order in the Age of the Chartists*, Manchester U. P., 1959.（《宪章运动时代的公共秩序》）

Mather. F. C., "The Railways, the Electric Telegraph and Public Order during the Chartist Period," *History*, XXXVIII, 1953.（《宪章运动时期的铁路、电报和公共秩序》）

McCord, N., *The Anti-Corn Law League*, London, 1958.（《反谷物法同盟》）

Morris, Max(ed.), *From Cobbett to the Chartism*, London, 1948.（《从科贝特到宪章运动》）

Morris, R. J., *Class and Class Consciousness in the Industrial Revolution, 1780-1850*, London, 1979.（《工业革命中的阶级和阶级意识》）

Morton, A. L., "The Discovery of Chartism," *Marxism Today*, Vol. IV, No. 3, March 1960.（《发现宪章运动》）

Morton, A. L., "The Interpretation of Chartism," *Marxism Today*, Vol. VI, No. 6, June 1961.（《宪章运动的解释》）

Morton, A. L., and G. Tate, *The British Labour Movement 1770-1920*, London, 1956.（《英国工人运动（1770—1920）》）

Napier, K. C. B., Sir W., *The Life and Opinions of General Sir Charles James Napier, G. C. B.*, 4 Vols, London, 1957.（《纳皮尔将军的生平和思想》）

Napier, Priscilla, *Revolution and Napier Brothers, 1820-1840*, London, 1973.（《革命和纳皮尔兄弟》）

O'Brien, J. B., *The Rise, Progress and Phrase of Human Slavery*, London, 1885.（《人类奴隶制的起源、发展和发展的各阶段》）

O'Higgins, R., "The Irish Influence in The Chartist Movement," *Past and Present*, No. 20, Nov. 1961.（《爱尔兰人对宪章运动的影响》）

Oliver, W. H., "Robert Owen and the English Working Class Movement,"

History, Nov. 1958.（《罗伯特·欧文和英国工人阶级运动》）

Oliver, W. H., "The Consolidated Trade Union of 1834," *Economic History Review*, 2nd, ser. XVII, 1964-1965.（《1834年的全国各业统一工会》）

Pankhurst, R. K. P., *William Thompson: British Pioneer Socialist, Feminist, and Co-operator*, London, 1954.（《威廉·汤普森：英国社会主义者先驱、女权主义者和合作主义者》）

Parssinen, T. M., "Association, Convention and Anti-Parliament in British Radical Politics, 1771-1848," *English History Review*, LXXXVII, July 1973.（《1771—1848年英国激进主义政治中的协会、国民大会和反议会》）

Parssinen, T. M., and I. J. Prothero, "The London Tailor's Strike of 1834 and the Collapse of the General Grand National Consolidated Trade Union," *International Review of Social History*, Vol. XXII, 1977, Part 1.（《1834年伦敦裁缝罢工和全国各业统一工会的崩溃》）

Peacock, A. J., *Bradford Chartism 1838-1840*, New York, 1969.（《布雷德福的宪章运动》）

Peel, Frank, *The Risings of the Luddites, Chartists and Plug-Drawers*, London, 1968.（《卢德派、宪章派和拔塞者起义》）

Pelling, Henry, "Religion and the Nineteenth Century British Working Class," *Past and Present*, April 1964.（《宗教和19世纪英国工人阶级》）

Plummer, A., "The Place of Bronterre O'Brien in the Working Class Movement, *Economic History Review*, Vol. II, No. 1, Jan. 1929.（《布朗特里·奥布莱恩在工人运动中的地位》）

Plummer, A., *Bronterre: A Political Biography of Bronterre O'Brien, 1804-1864*, Allen & Unwin, 1971.(《布朗特里·奥布莱恩的政治传记》)

Postgate, R. W.(ed), *Revolution from 1789 to 1906*, New York, [1920] 1962.(《革命文献，1789—1906 年》)

Prentice, A., *History of the Anti-Corn-Law League*, 2 Vols, Frank Cass, [1853] 1968.(《反谷物法同盟史》)

Prothero, I. J., "Chartism in London," *Past and Present*, No. 44, August 1969.(《伦敦的宪章运动》)

Prothero, I. J., "London Chartism and Trades," *Economic History Review*, Vol. XXIV, No. 2, May 1971.(《伦敦的宪章派和工会》)

Prothero, I. J., "William Benbow and the Concept of the General Strike," *Past and Present*, No. 63, May 1971.(《威廉·本鲍和"总罢工"概念》)

Prothero, I. J., and Rowe, D. J., "Debate: The London Working Men's Association and the People's Charter," *Past and Present*, No. 38, 1967.(《伦敦工人协会和"人民宪章"》)

Prothero, I. J., *Artisans and Politics in Early Nineteenth Century London: John Gast and His Times*, London, 1981.(《19 世纪初期伦敦的技工和政治》)

Randell, K. H., *Politics and the People 1835-1850*, London and Glasgow, 1972.(《政治和人民》)

Read, D., and Glasgow, E., *Feargus O'Connor: Irishman and Chartist*, London, 1961.(《菲格斯·奥康诺：爱尔兰人和宪章派》)

Read, Donald, "Feargus O'Connor," *History Today*, March 1961.(《菲格

斯·奥康诺》)

Redford, Arthur, *Labour Migration in England, 1800-1850*, Manchester U. P., 1926. (《英格兰的劳工移民》)

Reid, T. D. W. and N., "The 1842 'Plug Plot' in Stockport," *International Review of Social History*, Vol. XXIV, No. 1, 1979. (《1842年斯托克堡的"拔塞"运动》)

Richard, Henry, *Memoirs of Joseph Sturge*, London, 1864. (《约瑟夫·斯特季的回忆录》)

Rosenblatt, F. F., *The Chartist Movement in Its Social and Economic Aspects*, London, 1967. (《宪章运动的社会经济方面》)

Rothstein, J., *From Chartism to Labourism*, London, 1929. (《从宪章主义到劳工主义》)

Rowe, D. J.(ed), *London Radicalism 1830-1843: A Selection from the Papers of Francis Place*, London Record Society, 1970. (《伦敦激进主义》)

Rowe, D. J., "Chartism and the Spitalfields Silk-weavers," *Economic History Review*, 2nds, Vol. XX, Dec. 1967. (《宪章运动和斯皮特菲尔德的丝织工人》)

Rowe, D. J., "Some Aspects of Chartism on Tyneside," *International Review of Social History*, Vol. XVI, No. 1, 1971. (《泰因河畔宪章运动的某些方面》)

Rowe, D. J., "The Failure of London Chartism," *Historical Journal*, XI, 3, 1968. (《伦敦宪章运动的失败》)

Rowe, D. J., "The London Working Men's Association and the People's Charter," *Past and Present*, No. 36, April 1967. (《伦敦工人协会和

人民宪章》）

Royle, E., and Walvin, J., *English Radicals and Reformers, 1760-1848*, Sussex, 1982.（《英国的激进派和改革者》）

Rüter, A. J. C., "Benbow's Grand National Holiday," *International Review of Social History*, I, 1936.（《本鲍的全国休假日》）

Saville, John, "Chartism in the Year of Revolution (1848)," *Modern Quarterly*, new Series, Vol.&No. 1, 1952-1953.（《革命年代的宪章运动》）

Saville, John, *Ernest Jones: Chartist*, Lawrence and Wishart, 1952.（《厄内斯特·琼斯：宪章派》）

Schoyne, A. R., *The Chartist Challenge*, Heinmann, 1958.（《宪章派的挑战》）

Searby, Peter, "Chartist and Freemen in Coventry, 1838-1860," *Social History*, No. 6, Autumn 1977.（《考文垂的宪章派和自由民》）

Slosson, P. W., *The Decline of the Chartist Movement*, Frank Cass, [1916] 1967.（《宪章运动的衰落》）

Smelser, N. J., *Social Change in the Industrial Revolution: An Application of Theory to the Lancashire Cotton Industry 1770-1840*, London. 1959.（《工业革命时期的社会变革》）

Smith, F. B., *Radical Artisan: William James Linton 1812-97*, Manchester U. P., 1973.（《激进的技工：威廉·詹姆斯·林顿》）

Soffer, R. N., "Attitudes and Allegiances in the Unskilled North, 1830-50," *International Review of Social History*, Vol. X, 1965.（《北方非熟练工人的忠诚态度》）

Stephens, L., and Lee, S.(eds.), *Dictionary of National Biography*, 22 Vols,

London, 1885-1912, 1917.（《全国传记词典》）

Stephenson. J., *Popular Disturbance in England, 1750-1850*, Longman, 1979.（《1750—1850 年英国的群众骚动》）

Stewart, Neil, *The Fight for the Charter*, London, 1937.（《为宪章而斗争》）

Tames, R. L.(ed.), *Documents of the Industrial Revolution 1750-1850*, London, 1971.（《工业革命文件，1750—1850 年》）

Tawney, R, H.(ed.), *The Radical Tradition*, London, 1964.（《激进传统》）

Taylor, A. J.(ed.), *The Standard of Living in British in the Industrial Revolution*, London, 1980.（《工业革命时期英国的生活水平》）

Tholfson, T., "The Chartist Crisis in Birmingham," *International Review of Social History*, iii(3), 1958.（《伯明翰宪章派的危机》）

Tholfson, T., *Working Class Radicalism in Mid-Victorian England*, London, 1976.（《维多利亚中期工人阶级激进主义》）

Thomas, W. E. S., "Francis Place and Working Class History," *Historical Journal*, 1962.（《弗兰西斯·普雷斯和工人阶级史》）

Thomis, M. I., and Holt, P., *Threats of Revolution in Britain, 1789-1848*, London, 1977.（《1789—1848 年英国的革命威胁》）

Thomis, M. I., *Responses to Industrialization: The British Experience 1780-1850*, London, 1976.（《对工业化的反应：1780—1850 年英国的经验》）

Thomis, M. I., *The Town Labourer and the Industrial Revolution*, London and Sydney.（《城镇劳工和工业革命》）

Thompson, Dorothy, "Chartism in the Industrial Areas," *The Amateur Historian*, Vol. 3, No. 1, Autumn 1956.（《工业区的宪章主义》）

Thompson, Dorothy, *The Chartists*, London, 1984.（《宪章派》）

Thompson, Dorothy, *The Early Chartist*, London, 1971.（《早期宪章派》）

Thompson, Edward, *The Making of English Working Class*, Pelican Book, [1963] 1979.（《英国工人阶级的形成》）

Thrale, Mary(ed), *The Autobiography of France Place*, Cambridge, 1972.（《弗兰西斯·普雷斯的自传》）

Topham, E., and Hough, J. A., *The Co-operative Movement in Britain*, London, 1944.（《英国的合作运动》）

Vincent, David, *Testaments of Radicalism: Memoirs of Working-Class Politicians 1790-1885*, Europa, 1977.（《激进主义的遗嘱》）

Ward, J. T., *Chartism*, New York, 1973.（《宪章主义》）

Ward, J. T., *Popular Movement, c.1830-1850*, London, 1978.（《1830—1850年代的人民运动》）

Ward. J. T., *The Factory Movement 1830-1855*, London, 1962.（《工厂运动，1830—1850年》）

Wearmouth, R. E., *Some Working Class Movement of the Nineteenth Century*, London, 1948.（《19世纪的一些工人运动》）

Weisser, H., "Chartist Internationalism," *Historical Journal*, Vol. XIV (2), 1971.（《宪章派的国际主义》）

Weisser, H., *British Working Class Movements and Europe 1815-48*, Manchester U. P., 1975.（《英国工人运动和欧洲》）

West, J., *A History of the Chartist Movement*, London, 1920.（《宪章运动史》）

Whittaker, J. W., *The Church and the Chartists in Blackburn, 1839: A Sermon Preached at the Parish Church on Sunday, 4th August, 1839*.（《1839年布莱克本的教会和宪章派》）

Wiener, J. H.(ed), *Great Britain: The Lion at Home: A Documentary History of Domestic Policy 1689-1973*, 4 Vols, New York and London, 1974. (《大不列颠国内政策文件》)

Wiener, J. H., *The War of the Unstamped: The Movement to Repeal the British Newspaper Tax, 1832-1836*, Cornell U. P., 1969 (《反印花税之战》)

Williams, D., *The Rebecca Riots: A Study in Agrarian Discontent*, Cardiff, 1955. (《卢卑克暴动》)

Wilson, A., *The Chartist Movement in Scotland*, Manchester U. P., 1970. (《苏格兰的宪章运动》)

Woodward, E., *The Age of Reform, 1815-1870*, Oxford, 1949. (《改革时代》)

Wright, L. C., *Scottish Chartism*, Edinburgh-London, 1953. (《苏格兰的宪章运动》)

Yeo, E., "Christianity in Chartist Struggle 1832-1842," *Past and Present*, No. 91, May 1981. (《宪章派斗争中的基督教精神》)

大事年表

1829 年

 5 月 不列颠促进合作知识协会成立

 12 月 伯明翰政治同盟成立

1830 年

 9 月 奥斯特勒在约克郡发动工厂制改革

1831 年

 3 月 首都工会联合会成立

 5 月 工人阶级全国联合会成立

1832 年

 1 月 本鲍发表《全国休假日》

 6 月 议会改革法案通过

1833 年

 8 月 阿索普的"工厂法"在议会通过

1834 年

 2 月 全国各业统一工会成立

 3 月 托尔普都尔农业工人案

 7 月 "新济贫法"通过

8月 全国各业统一工会解散

1835年

9月 "市镇法"通过

伦敦马里本激进协会成立

1836年

4月 财政危机发生

工人争取廉价和高尚出版物协会成立

5月 印花税降低

6月 伦敦工人协会成立

8月 苏格兰全国激进协会成立

1837年

1月 东伦敦民主协会成立

新济贫法在英格兰北部推行

2月28日 伦敦皇家和铁锚酒家大会

3月 伯明翰请愿书发表

英格兰北部灾害和民众反抗

中央全国协会成立

4月 格拉斯哥大罢工

5月 伯明翰政治同盟复兴

5月31日—6月7日 激进派议员与伦敦工人协会代表磋商请愿事宜

7月 大选

11月 《北极星报》创刊

1838年

4月 大北联合会成立

5月 东伦敦民主协会易名为伦敦民主协会

5月8日 《人民宪章》发表

5月14日 《全国请愿书》提出

5月21日 格拉斯哥大会

6月 北方政治同盟成立

8月6日 伯明翰大会

夏末、秋季 选举国民大会代表

9月 曼彻斯特反谷物法协会成立

1839年

1月 《宪章报》创刊

2月4日 国民大会在伦敦举行

3月20日 反谷物法同盟成立

4月 《伦敦民主》创刊

4月30日 兰尼卢暴动

5月13日 国民大会迁往伯明翰

5月 卢卑克暴动

6月14日 阿特伍德等向议会递交请愿书

7月4日 伯明翰牛场冲突

7月10日 国民大会迁回伦敦

7月12日 下院否决第一次《全国请愿书》

7月24日 "乡村警察法"交议会讨论

8月15日 苏格兰普选权运动中央委员会成立

夏季 大批宪章派被捕

《宪章派通报》创刊

11月4日 新港起义

1840年

1月11—12日 设菲尔德起义

1月26—27日 贝德福德起义

4月 "北方政治同盟"重组

7月20日 宪章派国民大会在曼彻斯特举行

全国宪章协会成立

7月24日 洛维特和柯林斯发表《宪章主义》

8月 里兹宪章派和资产阶级激进派尝试联合

1841年

1月23日 《英格兰宪章派通报》创刊

4月 奥康诺提出解决土地问题的方案

11月 托利党在大选中获胜

1842年

1月 全国选举协会在伯明翰成立

4月 全国选举协会伯明翰大会

宪章派国民大会

5月　宪章派第二次《全国请愿书》

　　7月　经济危机

　　8月—9月　英格兰北部工业区大罢工

　　8月12日　曼彻斯特工会代表会议

　　10月　对宪章派的审讯开始

　　12月　宪章派和全国选举协会伯明翰大会

1843年

　　3月　对奥康诺等宪章派的审讯

　　9月　伯明翰宪章派国民大会

　　　　土地计划被接受

　　10月　哈尼任《北极星报》副编辑

1844年

　　4月　宪章派国民大会在曼彻斯特举行

　　8月　奥康诺和科布登北安普顿辩论

　　11月　《北极星报》迁往伦敦

　　12月　"罗其代尔先锋"合作商店建立

1845年

　　3月　恩格斯《英国工人阶级状况》出版

　　4月　宪章派国民大会在伦敦举行

　　　　宪章派土地合作协会成立

　　9月22日　民主兄弟协会成立

　　10月30日　哈尼任《北极星报》编辑

12月 曼彻斯特宪章派代表会议

1846年

6月26日 谷物法废除

12月26日 全国土地和劳动银行建立

1847年

4月 财政危机

5月 10小时工作制立法

7月 奥康诺在诺丁汉当选为议员

8月 劳班德大会

　　　商业危机开始

秋、冬季 失业人口剧增

1848年

2月 法国二月革命

　　《共产党宣言》发表

3月 伦敦特拉法加广场示威

　　格拉斯哥骚动

　　曼彻斯特骚动

3月22日 "人民宪章同盟"成立

4月 宪章派国民大会在伦敦召开

4月10日 肯宁顿公地请愿

4月20日 "人民联盟"在伦敦成立

　　　"小宪章"运动开始

5月 宪章派全国大会

5月28日 贝德福德骚动

5—7月 对宪章派的大逮捕

7月 爱尔兰起义失败

8月 下院特别委员会发表关于土地公司的调查报告

1849年

1月 全国议会和财政改革协会成立

5月 哈尼离开《北极星报》

6月 《民主评论》创刊

10月 民主兄弟协会改组

12月 伦敦宪章派大会

1850年

1月 奥布莱恩创立全国改革同盟

　　 哈尼同奥康诺论战

3月 全国宪章同盟建立

6月 《红色共和主义者》创刊

7月 琼斯获释

12月 全国宪章协会执委会改选

1851年

3月 宪章派1851年纲领

5月 《寄语人民》创刊

　　 伦敦国际博览会

8月 议会通过解散全国土地公司法令

12月 哈尼、琼斯退出全国宪章协会执委会

1852年

1月 《北极星报》易主，易名为《自由之星》（4月）

5月 琼斯创办《人民报》

5月17日 曼彻斯特宪章派国民大会

7月 琼斯在哈利法克斯竞选

1853年

9月 普雷斯顿大罢工开始

1854年

3月 "工人议会"在曼彻斯特召开

克里米亚战争爆发

10月 甘米季《宪章运动史》第一部分发表

1856年

7月 弗罗斯特从流放地回国

1858年

2月 宪章派国民大会决定与资产阶级激进派合作

8月 奥康诺精神失常

译名对照表

Aberdeen 阿伯丁

Abinger 阿宾杰

Accrington 阿克林顿

Agreement of People 人民公约

Anti-Corn Law League 反谷物法同盟

Ardill, John 阿迪尔

Ashley 阿希利（艾释黎）

Ashton 阿希顿

Association of Working Men to Procure a Cheap and Honest Press 争取廉价与正直报刊的工人协会

Attwood, Thomas 阿特伍德

Australia 澳大利亚

Bannister, Samuel 巴尼斯特

Barnett, W. 巴尼特

Bassett, James 巴塞特

Bath 巴思

Bavaria 巴伐利亚

Bayley 贝莱

Beaumont, Augustus 波蒙特

Bell, John 拜尔

Benbow, William 本鲍

Beniowski 本尼乌斯基

Bentham, Jeremy 边沁

Bernard, James 伯纳德

Binns, George 宾斯

Birmingham 伯明翰

Birmingham Political Union 伯明翰政治同盟

Black Dwarf 《黑矮子》

Black, John Roberts 布莱克

Blackburn 布莱克本

Blanc, Louis 勃朗

Bolton 博尔顿

Bowring, John 鲍林

Bradford 布雷德福

Bray, John 勃雷

Bright, John 布赖特

Brighton 布莱顿

Bristol 布里斯托尔

British Association for Promoting Co-operative Knowledge 不列颠促进合作知识协会

Bronterre's National Reform 《布朗特里的全国改革者报》

Brophy, P. M 布罗菲

Brotherton, Joseph 布拉泽顿

Brougham, Henry　布鲁姆

Brawn　布朗

Brussels　布鲁塞尔

Buonarotti, F. M.　邦纳罗蒂

Burslem　伯斯利姆

Burton, William　伯顿

Bury　伯里

Brssey, Peter　布西

Campbell, John　坎贝尔

Canterbury　坎特伯雷

Cardo, William　卡都

Carlisle　卡莱尔

Carmarthen　卡马森

Carpenter, William　卡本脱

Cartwright, John　卡特莱特

Cato Street Conspiracy　卡图街密谋

Chadwick, Edwin　查德威克

Charles X　查理十世

Cheshire　柴郡

Clark, Thomas　克拉克

Cleave, John　克利夫

Cobbett, William　科贝特

Cobden, Richard　科布登

Cold Bath Field　科德巴思场

Colins, John　柯林斯

Cooper, Thomas　库珀

Copenhagen Field　哥本哈根场

Corn Law　谷物法

Coventry　考文垂

Cronkey Shaw　克隆克肖

Crossley　克罗斯利

Cumberland　库伯兰德

Davonpert, Allen　达文波特

Davis, George　戴维斯

Deegan, John　迪根

Derby　德比

Devon　德文

Dewsbury　杜斯伯里

Dixon, William　狄克森

Doherty, John　杜赫蒂

Donaldson　唐纳德逊

Donkin, Bryan　唐金

Donovan, Daniel　道罗文

Dorset　多塞特

Doyle, Christopher　多伊尔

Dublin　都柏林

Dukinfield　达金菲尔德

Duncombe, Thomas　邓库姆

Dundee　敦堤

Durham　达勒姆

Durham, Messrs　德拉姆

East Anglia　东盎格利亚

East London Democratic Association　东伦敦民主协会

Edinburgh　爱丁堡

Elton　埃尔顿

Engels, Friedrich　恩格斯

Essex　埃塞克斯

Factory Act　工厂法

Fenton　芬顿

Fenny, James　芬尼

Fielden, M. J.　菲尔登

Finsbury　芬斯伯里

Fletcher, Mattew　弗莱彻

Fraser, John　弗雷泽

Fraternal Democrats Society　民主兄弟协会

Frost, John　弗罗斯特

Fussell　富塞尔

Galicia　加利西亚

Galloway, Alexander　盖洛维

Gammage, R. G.　甘米季

Garnier-Pagès　加尔涅-帕热斯

Gast, John　加斯特

《Glauntlet》《臂铠报》

George, William　乔治

Glasgow　格拉斯哥

Gloucester　格罗斯特

Graham, James　格拉姆

Grand National Consolidated Trades' Union　全国各业统一工会

Gray, Charles　格雷

Gray, John　格雷

Gray Inn　格雷法学院

Great North Union　大北联合会

Grote, George　格罗特

Guizot　基佐

Hadley, Benjamin　哈德利

Haigh　海伊

Hampdon Club　汉普顿俱乐部

Hanley　汉莱

Hanson, J. B.　汉森

Harney, George Julian　哈尼

Harper, John　哈普

Hartwell, Robert　哈特维尔

Haworth, Lawrence　海沃思

Hemmings, George　海明斯

Henshaw　亨肖

Hetherington, Henry　赫瑟林顿

Heynau　海瑙

Heywood, Abel　海伍德

Higgins, Timothy　希金斯

Hill, William　希尔

Hobhonse, James 霍布豪斯

Hobson, Joshua 霍布森

Hodgskin, Thomas 霍奇斯金

Holberry 霍尔贝里

Holyoake, G. J. 霍利约克

Honeybold 霍尼博德

Huddersfield 哈德斯菲尔德

Hull 赫尔

Hume, Joseph 休谟

Hunt, Henry 亨特

Hutchinson, Alexander 哈钦森

Hyde 海德

Lpiswich 伊普斯韦奇

Ireland 爱尔兰

Ireland, Thornas 埃尔兰

Jamaica 牙买加

Jebb, John 杰布

Jones, Daved 琼斯

Jones, Ernest 琼斯

Jones, Llayd 琼斯

Jones, William 琼斯

Kent 肯特

Kingsley, Charles 金斯莱

Krakow 克拉科夫

Kydd, Samuel 基德

Lacey, William　莱西

Lanarkshire　拉纳克郡

Lancashire　兰开郡

Lancaster　兰开斯特

Leach, James　李奇

Ledru-Rollin　赖德律-洛兰

Lee, Richard　李

Leeds　里兹

Leeds Mercury　《里兹使者》

Leicester　莱斯特

Levellers　平等派

Lincolnshire　林肯郡

Linton.W. J.　林顿

Lisbon　里斯本

"Little Charter"　"小宪章"

Liverpool　利物浦

Littler, Richard　利特勒

Llanidloes　兰尼卢

London　伦敦

London Corresponding Society　伦敦通讯社

London Mechanrics' Instiution　伦敦技工学院

London Working Man's Association　伦敦工人协会

Longford　朗福德

Lorymer, J. H. B.　洛里默

Lovett, William　洛维特

Lowery, Robert   洛厄里

Luckins, Richard   洛金斯

Luddites   鲁德派

Lyons   里昂

Macaulay, T. B.   马考莱

MacDouall, P. M.   麦克道尔

Malthus, T. R.   马尔萨斯

Manchester   曼彻斯特

Manory, Joseph   马诺里

Mansfield   曼斯菲尔德

Mansfield, Charles   曼斯菲尔德

Mantle, G. J.   曼特尔

Marat, Jean Paul   马拉

Marrast, Armand   马拉斯特

Marshall, James   马歇尔

Martineau, John   马提纽

Marx, Karl   马克思

Marylebone   马里本

Marylebone Radical Association   马里本激进协会

Marsdon, Richard   马斯顿

Maude   奠德

Maudslay, Henry   马斯莱

Mayhew, Henry   梅休

Mazzini, Giuseppe   马志尼

McCartney, Bernard   麦卡特尼

McGarth, Philip　麦格拉斯

Meath　米思

Melbourne　墨尔本

Mercer, James　默塞尔

Merthyr　默瑟尔

Metropolitan Radical Association　首都激进协会

Metternich　梅特涅

Milan　米兰

Miall, Rev. Edward　梅尔

Middleton　米德尔顿

Midland　密德兰

Mignet, F. A. M.　米涅

Molesworth, William　摩尔斯沃斯

Moll, Joseph　莫尔

Monmouthshire　蒙默思郡

Montgomeryshire　蒙哥马利郡

Morris　莫里斯

Morrison, James　摩里森

Muirhouse, William　米尔豪斯

Murphy, Thomas　墨菲

Municipal Corportions Act　市镇法

Napier, Charles　纳皮尔

National Charter Association　全国宪章协会

National Congress　国民大会

National Consolidate Trade Union　全国各业统一工会

National Convention　国民公会

"National Holiday"　"全国休假日"

National Parliamentary and Financial Reform Association　全国议会和财政改革协会

National Petition　全国请愿书

National Suffrage Movement　全国选举运动

National Union of Working Class　工人阶级全国联合会

Neesom, Charles　尼索姆

Netherland　尼德兰

"New Harmony"　"新和谐"村

"New Poor Law"　新济贫法

Newcastle　纽卡斯尔

Newport　新港

Newton　纽顿

Nonconformists　非国教派

Northern Star　《北极星报》

Northampton　北安普顿

Northumberland　诺桑伯兰

Nottingham　诺丁汉

Oastler, Richard　奥斯特勒

O'Brien, James Bronterre　奥布莱恩

O'Connell, Daniel　奥康奈尔

O'Conor, Arthur　奥康诺

O'Connor, Feargus　奥康诺

O'Connor, Roger　奥康诺

Ogilvie, William　奥吉耳维

Oldham　奥德姆

Owen, Robert　欧文

Owenites　欧文派

Paine, Thomas　潘恩

Paisley　佩斯利

Palmerston　帕麦斯顿

Paris　巴黎

Parliament Reform　议会改革

Payne　佩恩

Peel, Robert　皮尔

People's Charter Union　人民宪章同盟

Percy　珀西

Philip, R.K.　菲力普

Pioneer　《先锋》

Pilling, Richard　皮林

Pitkethly, Lawrence　皮特基思利

Pitt　皮特

Place, Francis　普雷斯

Political Register　《政治纪事报》

Pollock, Frederick　波洛克

Poor Man's Guardian　《贫民卫报》

Portugal　葡萄牙

Powell, Thomas　鲍威尔

Powys　波伊斯

Prentice, A. 普伦蒂斯

Preston 普雷斯顿

Reynolds, G. W. M. 雷诺兹

Ricardo, David 李嘉图

Richards, John 理查兹

Rider, William 赖德

Ridley, Ruffy 里德利

Robertson, Joseph 罗伯逊

Rochdale 罗其代尔

Rochdale Pioneer 罗其代尔先锋

Roebuck, John Arthur 罗卑克

Rose, John 罗斯

Rotton Borough 衰败选区

Rotunda 圆厅党

Royton 罗顿

Rushton, Benjamin 腊希顿

Russell, John 拉塞尔

Sadler, Michael 萨德勒

Salford 索尔福德

Salt, T. C. 索尔特

Sankey 桑基

Saxon 萨克森

Schapper, Carl 沙佩尔

Scotland 苏格兰

Senior, Nassau William 西尼尔

Shaw, Charles　萧

Shefield　设菲尔德

Shropshire　希罗普郡

Smart　斯马特

Smith, James　史密斯

Simth William　史密斯

Snowdon, John　斯诺登

Somerset　萨默塞特

Southern Star　《南极星报》

Sowerbutts, George　索尔伯斯

Speenhamland System　斯宾汉姆兰制

Spitalfield　斯宾特菲尔德

Stafford　斯塔福德

Stallwood, Edmund　斯托尔伍德

Stalybridge　斯塔布里奇

Stansfeld, Hamer　斯坦斯菲尔德

Stephens, J. R.　斯蒂芬斯

Stockport　斯托克堡

Stoke　斯托克

Sturge, Joseph　斯特季

Suffolk　萨福克

Sunderland　森德兰

Surry　萨里

"Swing Riots"　斯温暴动

Tasmania　塔斯马尼亚

Taylor, W. Cooke 泰勒

Taylor, James 泰勒

Taylor, John 泰勒

Thompson, Dorothy 多萝西·汤普森

Thompson, Edward 爱德华·汤普森

Thompson, George 乔治·汤普森

Thompson, William 威廉·汤普森

Tillman, William 蒂尔曼

Tipperary 蒂珀雷里

Tiverton 梯弗顿

Todmordon 托德莫顿

Tolpuddle 托尔普都尔

Tories 托利党

Tottington 托廷顿

Universal Suffrage Club 普选权俱乐部

Vienna 维也纳

Vincent, Henry 文森特

Waddington, Samuel 瓦丁顿

Wales 威尔士

Walter, John 华尔特

Warre, William 沃尔

Warwick 沃里克

Watson, James 沃森

Wellington 威灵顿

West Riding 西雷丁

Westminster　威斯敏斯特

Westminster Sub-Committee　威斯敏斯特小组委员会

Wheeler　惠勒

Whigs　辉格党

White, George　怀特

Wigan　维根

Wight, Isle of　怀特岛

William IV　威廉四世

William, Hugh　威廉

Willams, Joseph　威廉斯

Williams, Morgan　威廉斯

Williams, Zephania　威廉斯

Wocester　伍斯特

Wood, Charles　伍德

Woodhouse, James　伍德豪斯

Wooler, Thomas　伍勒

Yarmouth　雅茅斯

York　约克

Yorkshire　约克郡

Young Ireland　青年爱尔兰

Young Italy　青年意大利

作者著译作目录

著作：

1. 《英国议会政治史》（合著，南京大学出版社 1991 年版）

2. 《欧洲从封建社会向资本主义社会过渡研究 —— 形态学的考察》（合著，南京大学出版社 1993 年版）

3. 《西方国家形态史》（甘肃人民出版社 1993 年版）

4. 《英国宪章运动》（甘肃人民出版社 1997 年版）

5. 《西方社会结构的演变 —— 从中古到 20 世纪》（珠海出版社 1998 年版）

6. 《反叛的一代 —— 20 世纪 60 年代西方学生运动》（合著，甘肃人民出版社 2002 年版）

7. 《英国土地制度史》（学林出版社 2005 年版）

8. 《资本主义史 —— 从世界体系形成到经济全球化》（主编，学林出版社 2008 年版）

9. 《资本主义史》（第 1 卷，人民出版社 2009 年版）

10. 《世界史的结构和形式》（自选论文集，生活·读书·新知三联书店 2013 年版）

11. 《资本主义史》（第 2 卷，人民出版社 2015 年版）

12. 《资本主义史》（第 3 卷，人民出版社 2015 年版）

13.《中西近代思想形成的比较研究——结构发生学的考察》（人民出版社 2016 年版）

14.《英国近代知识分子的形成——从府邸宫廷到都市街巷》（商务印书馆待出）

15.《资本主义时代农业经济组织研究》（主编，上、下册，人民出版社待出）

16.《非资本主义、半资本主义和资本主义农业：资本主义时代农业经济组织的系谱》（商务印书馆待出）

17.《资本主义国家制度的兴起》（商务印书馆待出）

译作：

1.《资本主义社会的国家》（拉尔夫·密里本德著，合译，商务印书馆 1997 年版）

2.《近代国家的发展——社会学导论》（贾恩弗兰科·波齐著，商务印书馆 1997 年版）

3.《共有的习惯》（爱德华·汤普森著，合译，上海人民出版社 2002 年版）

4.《合法性的限度》（艾伦·沃尔夫著，合译，商务印书馆 2005 年版）

5.《宗教与资本主义兴起》（理查德·托尼著，合译，商务印书馆 2017 年版）